全国城市轨道交通专业高职高专规划教材

Chengshi Guidao Jiaotong Daolun

城市轨道交通导论

慕 威 主 编

杨松尧 于永鲲 副主编

金福来[沈阳地铁集团有限公司] 主 审

人民交通出版社

内 容 提 要

本书为高等职业教育城市轨道交通专业的专业基础性课程教材。依据城市轨道交通的基本构成要素,从多年的教学实践出发,结合香港地铁公司员工理论基础培训的基本内容,较全面地对城市轨道交通的基本内容进行了阐述。全书共有十个项目,内容包括:城市轨道交通概述,城市轨道系统的类型,城市轨道交通规划与线网设计,城市轨道交通车辆及车辆基地,城市轨道交通线路与车站,城市轨道交通信号与通信设备,城市轨道交通其他设备,环保、防灾与安全系统,城市轨道交通的运营管理,城市轨道交通系统发展展望。

本书可作为高等职业教育城市轨道交通专业的专业基础性课程教材,以及相关城市轨道交通专业的教学参考书使用,还可以作为城市轨道交通企业的职业培训教材,同时也可供从事城市轨道交通运营的专业技术人员参考。

图书在版编目(CIP)数据

城市轨道交通导论 / 慕威主编. —北京:人民交通出版社,2012.9

全国城市轨道交通专业高职高专规划教材

ISBN 978-7-114-10087-1

Ⅰ. ①城… Ⅱ. ①慕… Ⅲ. ①城市铁路 – 高等职业教育 – 教材 Ⅳ. ①U239.5

中国版本图书馆 CIP 数据核字(2012)第 219575 号

全国城市轨道交通专业高职高专规划教材

书　　名:	**城市轨道交通导论**
著 作 者:	慕　威
责 任 编 辑:	任雪莲　贾秀珍
出 版 发 行:	人民交通出版社股份有限公司
地　　址:	(100011)北京市朝阳区安定门外外馆斜街 3 号
网　　址:	http://www.ccpress.com.cn
销 售 电 话:	(010) 59757973
总 经 销:	人民交通出版社股份有限公司发行部
经　　销:	各地新华书店
印　　刷:	北京市密东印刷有限公司
开　　本:	787×1092　1/16
印　　张:	12
字　　数:	277 千
版　　次:	2012 年 9 月　第 1 版
印　　次:	2020 年 1 月　第 5 次印刷
书　　号:	ISBN 978-7-114-10087-1
定　　价:	30.00 元

(有印刷、装订质量问题的图书由本社负责调换)

出版说明

21世纪初,随着我国城市轨道交通建设进入快速发展时期,各地职业院校面临这一大好形势,纷纷开设了城市轨道交通相关专业。为了满足我国城市轨道交通专业高职高专教育对教材建设的需求,我们在人民交通出版社2009年推出的"全国职业教育城市轨道交通专业规划教材"基础上,协同中国交通教育研究会职业教育分会城市轨道交通专业委员会,组织北京交通运输职业学院、南京铁道职业技术学院、上海交通职业技术学院、湖南铁道职业技术学院、广东交通职业技术学院、辽宁省交通高等专科学校等一线资深教师组成的编写团队,同时组建由北京交通大学交通运输学院、苏州大学城市轨道交通学院、香港地铁、北京地铁、京港地铁、上海地铁、南京地铁等资深专家组成的主审团队,联合编写审定了"全国城市轨道交通专业高职高专规划教材"。

为了做好教材编写工作,促进和规范城市轨道交通行业职业教育教材体系的建设,打造更为精品的城市轨道交通专业教材,我们根据目前职业教育"校企合作,工学结合"的教学改革形势,在多方面征求各院校的意见后,于2012年推出以下16种教材:

《城市轨道交通概论(第2版)》

《城市轨道交通客运服务英语(第2版)》

《城市轨道交通客运组织(第2版)》

《城市轨道交通行车组织(第2版)》

《城市轨道交通运营安全(第2版)》

《城市轨道交通票务管理(第2版)》

《城市轨道交通车站设备(第2版)》

《城市轨道交通客运服务(第2版)》

《城市轨道交通通信信号(第2版)》

《城市轨道交通车辆构造》

《城市轨道交通导论》

《城市轨道交通运营组织》

《城市轨道交通通信与信号系统》

《城市轨道交通安全管理》

《城市轨道交通设备管理》

《城市轨道交通调度指挥》

本套教材具有以下特点：

1. 体现了工学结合的优势。教材编写过程努力做到了校企结合,将北京、上海、广州、南京等地先进的地铁运营管理经验吸收进来,极大地丰富了教材内容。

2. 突出了职业教育的特色。教材内容的组织围绕职业能力的形成,侧重于实际工作岗位操作技能的培养。

3. 遵循了形式服务于内容的原则。教材对理论的阐述以应用为目的,以够用为尺度。语言简洁明了,通俗易懂;版式生动活泼、图文并茂。

4. 整套教材配有教学课件,读者可于人民交通出版社网站免费下载;单元后附有复习思考题,部分单元还附有实训内容。

5. 整套教材配有课程标准,以便师生教学参考。

希望本套教材的出版对职业院校城市轨道交通专业教材体系建设有所裨益。

全国城市轨道交通专业高职高专规划教材

编审委员会

2012 年 7 月

从全世界来看,无论是建设速度,还是建设规模,目前我国的轨道交通发展正处于一个前所未有的高速发展期。城市轨道交通(包括地铁和轻轨)已经成为特大城市,如北京、上海等公共交通建设的重点。现在,我国已有 36 个城市上报了城市轨道交通建设规划。从城市轨道交通密度和城市轨道交通客运量占整个公共交通客运量比例来看,我国城市轨道交通的建设还远远不够。根据 36 个城市计划建设城市轨道交通项目的统计,截至 2020 年,我国城市轨道交通累计营业里程将达到 7 395km。以每公里 5 亿元造价计算,2009 ~ 2020 年将投入 3.3 万亿元,年均达 2 700 亿元,我国城市轨道交通建设将迎来黄金 10 年。

轨道交通的迅速发展,将带动对城市轨道交通专业人才的需求,可以肯定,全国在这个行业的人才需求会是相当巨大的。由于历史原因,目前该专业人才比较缺乏,尤其是生产一线,从事施工、维修养护、运营管理、监理等中、高级应用型人才。培养生产一线的高级应用型人才是高等职业教育的目标,但目前缺乏较系统、完整、与专业岗位所需理论知识及操作技能联系紧密的专业教学与职业培训教材。因此,人民交通出版社组织编写这套丛书,以满足城市轨道交通人才培养的需要。

本书以项目形式编写,对组成城市轨道交通的各系统进行了较全面、系统的描述。内容包括:城市轨道交通概述,城市轨道交通系统的类型,城市轨道交通规划与线网设计,城市轨道交通车辆及车辆基地,城市轨道交通线路与车站,城市轨道交通信号与通信设备,城市轨道交通其他设备,环保、防灾与安全系统,城市轨道交通的运营管理,城市轨道交通系统发展展望。本书可作为高等职业教育城市轨道交通专业的专业基础课程教材,以及相关城市轨道交通专业的教学参考书使用,还可以作为城市轨道交通企业的职业培训教材,同时也可供从事城市轨道交通运营的专业技术人员参考。

本书编写人员的分工如下:辽宁省交通高等专科学校慕威负责编写项目一、项目五,辽宁铁道职业技术学院运输系杨松尧负责编写项目二、项目三,哈尔滨铁道职业技术学院于永鲲负责编写项目四,辽宁省交通高等专科学校王青林负责编写项目六,辽宁省交通高等专科学校张新宇负责编写项目七、项目八,辽宁省交通高等专科学校薛亮负责编写项目九,吉林交通职业技术学院于慧玲负责编写项目十。本书由慕威负责设计全书的框架及编写思路,并负责全书的统稿工作,杨松尧、于永鲲担任副主编。

全书经从事城市轨道交通工作多年、具有丰富实践经验、现任沈阳地铁集团有限公司运营分公司的高级工程师金福来审阅。高级工程师金福来为本书的编写思路和内容提出了许多中肯的意见,在此表示深深的谢意。

本书的编写得到了沈阳地铁、辽宁铁道职业技术学院、吉林交通职业技术学院和哈尔滨铁道职业技术学院等单位的大力支持,在此表示衷心的感谢。本书还引用了许多国内外专家、学者发表的有关城市轨道交通的相关资料与文献,部分城市轨道交通企业的运营资料及相关文献,在此谨向有关专家及部门致以衷心的感谢。

由于编者水平有限,书中不足之处,敬请读者反馈,以便今后修订和完善。真诚期待广大读者和同行多提宝贵意见。

编　者
2012 年 7 月

目录 MULU

项目一　城市轨道交通概述

背景知识

交通运输对社会发展具有深远的影响。交通运输影响和改变着人类的生活方式,但现代城市交通存在以下几个方面的问题:

(1)交通拥挤。已经成为我国许多城市普遍存在的问题。

(2)交通秩序混乱。目前,我国城市传统的出行方式有步行、自行车、低运量的公交工具,这样限制了城市客流的疏散。各种车辆混行在道路上,造成交通秩序混乱。

(3)空气污染。许多城市超过了世界卫生组织(WHO)推荐的标准,据统计,全国500多座大城市,空气质量达到一级标准的不到1%。

(4)交通噪声污染。据经济合作与发展(OECD)组织估计,发达国家有15%的人口生活在65dB以上的高噪声环境下,这些噪声主要来自交通,还有重型载货汽车及夜间装卸引起的振动。

(5)道路安全。世界卫生组织和世界银行联合报告指出,全世界每年有120万人死于日常的车辆碰撞事故。到2020年,全世界每年在公路上死亡的人数将达240万人。中国的汽车碰撞事故每年带走10万人的生命,中国已经是世界上交通死亡事故绝对数字最高的国家,而且是交通死亡事故率最高的国家,是发达国家的10倍。世界卫生组织认为,在未来12年,中国的死亡人数可能达到每年50万人。

(6)能源消耗。运输部门所用的能源约占国家各行业总能源的30%,液体燃料比例更大。以美国为例,运输业消耗的石油占总消耗量的65%。

高效畅通的城市轨道交通是解决现代城市交通问题的良策,也是我国现代化城市发展的必然产物。继北京、天津、上海、广州、深圳、南京、武汉、成都、西安、沈阳等城市开通轨道交通之后,目前国内尚有重庆、长春、武汉、大连、杭州、青岛、哈尔滨、苏州等10多个城市正在筹建新的线路。2015年前,又有8座城市将开通市际轨道交通运营新线。2012年前仅北京轨道交通运营总线路将达到300多公里。

任务一　了解城市与城市交通的基本内容

城市是人类社会发展的产物,随人类社会的发展而发展,也是人类社会发展过程和发展水平的主要表现之一。

一、城市的定义

对于城市的定义,世界各国的学者有不同的看法,如法国地理学家潘什梅尔(P. Pinchemel)认为"城市现象是个很难下定义的现实:城市既是一个景观,一片经济空间,一种人口密度;也是一个生活中心和活动中心;更具体点说,也可能是一种气氛,一种特征或者一个灵魂。"又如德国地理学家拉采尔(F. Ratzal)则认为:"地理学上的城市,是指地处交通方便环境的、覆盖有一定面积的人群和房屋的密集结合体。"上述定义较偏重于城市的地理形态概念。

第二类的定义偏重于城市功能与职能内涵,如意大利地理学家波贝克(H. Bobek)提出:"城市与乡村存在着公务式劳动与田园式劳动的分工,并配置于各自空间,其中城市寻求交通方便的有利环境,是对应于交通经济一定阶段的产物。"此外,也有学者将城市定义为"是具有中心性能的区域焦点","是从事第二、第三产业人群的集中居住地"等。其中,德国地理学家克里斯塔勒的见解更具影响:"城市在空间上的结构是人类社会经济活动在空间的投影。"

综合各方面的见解,现代城市大致可包含如下的主要特征:

(1)在一定的土地面积上聚集着相当数量的、主要从事第二、第三产业的非农业人口;

(2)地理位置往往处于交通便利的地方,是一个国家或一个地区的经济、政治、军事、文化、社会、科技、交通中心;

(3)人与自然协调发展的空间体现与时间过程;

(4)节奏快、容量大、因素多的动态平衡体系;

(5)人类生产力与生产关系,经济基础与上层建筑激烈碰撞运动的表现空间,从而推动人类社会前进的最活跃社会形态;

(6)不以人的意志为转移,是社会发展的自然过程,遵循人类文明发展的必然规律。

城市是在人类社会生产力发展过程中,人们政治、经济、文化、生活诸方面活动需要而形成的空间聚合体,是人类文明的标志,是一个时代经济、文化、科学、社会的渊薮和焦点,代表了一个社会发展的顶峰,集中了人类的智慧和成就,同时也集中了社会(空间)与时代(时间)两方面的矛盾,是矛盾汇合集中、交错叠加、相互消弭与激化、千姿百态、错综复杂的一个时空跨度极大的动态巨大系统。

二、城市发展概述

最早的城市雏形是随着私有制而产生的,即随剩余产品而产生的,从而形成的商品交易地点——"市",以及因为两极分化带来的战争需要的防御工事——"城"。在此之前,人类在原始社会漫长岁月中,只有依附自然条件的穴居、巢居形式。

在奴隶社会向封建社会进化过程中,城市形态渐趋成熟,有了完整的城墙以区分城市与乡村,有了较清晰的功能分区,如政治、居住、殡葬、商业、手工业等;尤为重要的是具有较为完善的交通,道路既供行人与车辆通行,又起到隔离功能区的作用。如古希腊的米列都城已有完整的棋盘式道路体系;我国周代王城也已有"匠人营国,方九里,旁三门,国中九经九纬,经涂九轨,左祖右社,前朝后市,市朝一夫"的详细记载(《国礼考工记》)。由此可见,城市布局有明显的功能区分,尤其是有了完善的道路交通体系,是城市发展的重大转折。

中国的封建社会形成早于欧洲及其他大陆地区。因此,中国封建社会城市发展处于世界各国领先水平。在秦统一中国结束了战国时期长期战乱之后,实施的一系列有利于社会经济发展的措施,繁荣了工商业,也带来了城市的繁荣发展。又如西汉首都长安周长

25.1km,城门 12 座,人口约 35 万人;东晋都城建康城(今南京),周长 20km,共 9 座城门,有人口 100 万人以上;唐长安城周长 36km,总人口近百万人,有完整的棋盘式道路网结构,将全城分为 108 个坊,最宽的道路达 220 m 宽,最窄的市井道路,宽度也有 16～30m;北宋开封城有人口 150 万～170 万人,为当时世界上人口最多的城市;南宋临安(今杭州)也有人口 120 万人左右;到明清时代,中国的城市发展已呈较大规模,著名的大城市已达 30 多个。

蒸汽机首先在欧洲发明并导致了一场工业革命,大量破产农民涌进城市,刺激了城市工业发展与城市形态扩展,带来了资本主义社会阶段的城市快速发展,从而使欧洲大陆城市发展超越了中国城市发展。著名的《雅典宪章》明确了城市的四大功能:工作、居住、交通、游憩,城市发展进入有规划、功能全、条件好、效率高的"社会经济聚合体"。从而出现了诸如科学城、港口城、商业城、旅游城、赌城等专业分工明显的专门化城市,也出现了众多的综合性、多功能中心城市,更多的则是大量涌现的、规模不一的、特征各异的各类城市,更重要的是形成了世界城市化趋势。

一般而言,城市规模发展遵循"自由村落—中心村—镇—小城市—中等城市—大城市—特大城市—超级大都市、城市带、城市圈、城市群等"规律。在此过程中,遵循"优胜劣汰"规律,兴衰迥异。

三、城市的发展与城市交通

在城市的发展过程中,城市区域的功能划分产生了城市道路网。早在奴隶社会向封建社会变革时期,城市的发展就已经出现了区域分工,逐渐形成了城市的政治区域、商业区域、居住区域、劳作区域以及殡葬区域等,尤其是作为区域隔离的道路形成了网络,使得行人和车马的行驶方便而通畅,城市区域的分工和完善的道路体系就是城市发展过程中的一个重要标志,在古希腊的米列都城和我国周代的王城就已经具有了这种方格式的道路体系。

然而在城市的长期发展过程中,由于科学技术和交通工具的制约,城市的发展是十分缓慢的。直到 18 世纪中叶英国人瓦特发明了蒸汽机,在欧洲导致了一场工业革命,从而引起了欧洲工业的大发展,同时也推动了欧洲城市化的发展。在欧洲城市化发展过程中,随着城市区域的不断扩大,城市城墙的功能则在逐渐淡化,而城市的工作、居住和交通的功能则在不断得到强化。尤其在 19 世纪中期,机械交通工具的出现与发展,又引发了城市交通变革,在城市交通的逐渐变革与发展过程中,反过来又促使城市不断地朝着现代化的方向发展。

今天的城市就是在不断完善的交通系统基础上发展而来。一般来说,在从城市边缘到市中心去的旅行时间就是居民单程出行可能承受的最大旅行时间,城市的半径往往等于居民在 1h 内所能到达的距离。例如,在罗马,当步行为出行的主要交通方式时,其城市半径只有 4km;在 19 世纪的伦敦,出行靠公共马车和有轨马车时,城市半径仅有 8km;到 20 世纪,当人们利用市郊铁路、地铁或公共汽车出行时,其城市的半径就已达到 25km;而 20 世纪末,在发达国家,当汽车(即使没有普及)十分常见时,城市半径就达到了 50km。可见,城市半径随着交通工具速度的提高而增大。

交通工具的特性决定了居民出行距离,通过对居民出行活动的影响,又间接作用于城市空间形态的变迁。城市发展的不同时代都以当时的主导交通方式为主要特征,在城市结构、土地使用、人口密度等方面呈现出各自显著的特点。在步行与马车时代,受交通工具速度的限制,城市的规模较小,呈紧凑的同心圆方式演变、发展。电车作为一种交通方式进入城市后,对城市形态产生了重要的影响,城市规模有了扩展,并向外沿电车线呈狭窄的带状发展。

在汽车时代,小汽车作为私人交通工具进入家庭,城市开始大规模的郊区化时代,市区急剧向外蔓延,人口和地域规模扩大,发展轴延伸到更远的地区。

四、城市交通的发展

在 16 世纪前,城市交通的发展只是表现为城市道路网的不断修建与完善,其交通形式则一直为个人行为的步行、骑马和马车出行。直到进入 16 世纪中期的罗马时代,建立了地区性的车辆出租系统,公共交通才开始出现。最早的城市公共交通是在 1625 年左右于伦敦、巴黎出现的马车出租(这是出租车的前身),到 1700 年,伦敦的出租马车大概只有 600辆。这一历史时期的公共交通主要服务于贵族阶层,绝大多数民众仍然依靠步行出行,故而城市结构仍然是密集而紧凑的,城市半径在步行距离之内。

现代意义上的城市大容量公共交通是 1819 年在巴黎运行的公共马车。这是一种可载多人的大型马车,在固定线路上往返运行,任何人只要交付一定的资费就可乘坐的公共交通,因而十分方便市民的出行。这种公共马车因其实用,很快就在欧美一些主要城市出现,1827 年在美国纽约运行了美国的第一条公共马车线路,其马车也得到了改良,马车的载人数也提高到 12 人。

随着城市规模的逐渐扩大,对公共交通运输能力的要求也在不断提高,人们为了有效地利用牵引动力,在改良马车的同时,也在对道路进行不断的改造,通过借鉴矿山的轨道运输,于是有了轨道马车。

1832 年,在美国纽约市的曼哈顿街道上铺设了轨道并开始运行有轨公共马车(城市轨道交通的雏形)。这种有轨马车仅用 2 匹马就可以拉动载有 40 多名乘客的车厢,比普通马车的乘客多出 2 倍。1847 年,英国伦敦出现了最早的双层公共马车,敞开的顶层可以让乘客悠闲地浏览市容。1851 年,顶层有了遮阳防雨的顶篷。到 1861 年,伦敦的街道上也有了有轨马车。

自 1765 年英国人瓦特发明了蒸汽机,带领人类进入了"蒸汽机时代"。人们为了追求高效率的交通运输工具,许多发明家也纷纷把瓦特的发明应用到"自走式车辆"的设计中。法国人居尼奥花了 6 年时间,于 1769 年制成了世界第一辆具有实用价值的蒸汽汽车,但这辆式样很奇特的蒸汽汽车,由于存在许多致命的缺点,在试车中不断发生事故,最终因试车撞墙而变得面目全非。

蒸汽汽车在随后的发展过程中经历了漫长坎坷的历程。这其中不仅受当时科学技术水平的限制,人们头脑中旧的观念和旧的习惯势力更是严重地阻碍了蒸汽汽车的发展。最早发明了蒸汽汽车的法国,则由于 1789 年爆发了资产阶级革命以及后来的社会和政治上的动荡,在蒸汽汽车的研制方面中断了半个多世纪。

直到 19 世纪末,欧美的许多国家才又兴起了研究和制造蒸汽汽车的热潮,到 1902 年,仅美国就制造出了 4 000 多辆蒸汽汽车。由于蒸汽机的不断改进,蒸汽汽车的技术性能有了很大的提高,使得蒸汽机的体积大大缩小,重量减轻许多,速度也随之提高,20 世纪初,蒸汽汽车的性能已经达到了高峰,进入鼎盛时期。

就在第一辆蒸汽汽车出现不久,英国人理查德·特里维西克根据蒸汽汽车工作原理,经过多年的探索、研究与改进,终于在 1804 年制造了一台单汽缸和大飞轮的蒸汽机车,能够牵引 5 辆车厢以 8km/h 的速度在轨道上行驶,这就是在轨道上行驶的最早的机车。因为当时使用煤炭或木柴作燃料,人们就把它叫做"火车"。在此之后,史蒂芬森又积极改进了火车的性能,并且取得了很大的进展,于1814年制造出一辆有两个汽缸能够牵引30t货物爬坡的火车。此时人们开始意识到,火车是一种很有前途的交通运输工具,并于1825年在英国的斯托克顿与达林顿之间开设了世界上第一条营业铁路。从这以后,火车就以速度快、运载能力强逐渐在世界范围得到了广泛的应用与快速的发展。随着牵引动力的改革,铁路发展速度逐步加快,到第一次世界大战爆发前夕,全世界就已经修建铁路达110万km左右。

电能的利用无疑是19世纪人类最伟大的创举,它为我们带来了全新的生活方式和巨大的社会财富。自1831年英国的物理学家、化学家迈克尔·法拉第在试验中发现电磁感应现象,并试制出世界上第一台发电机时,就把人类社会逐渐带入了电的世界。

当时最成功地利用电能作动力的交通工具要算是有轨电车了,它是在有轨公共马车的基础上发展起来的。1879年,德国的西门子—哈尔斯克电报机制作所研制出了第一辆有轨电车。这是一辆通过第三轨供电的电车,车上装有一台2.2 kW的电动机,可拉动3节载有18人的平板车厢。

1881年,德国又发明了以高压输电线供电的电车供电系统,采用架空导线为电车输送电力,而不再需要铺设第三轨,从而提高了电车的负载力和用电的安全性。同年5月,柏林建成世界上第一条有轨电车线路,全长274m。不久后欧美的各大城市也都先后建成了有轨电车线路,一时间有轨电车成了城市中最受欢迎的公共交通工具。在20世纪20年代,美国的有轨电车线路总长就达25 000km左右。1908年,我国上海建成了中国第一条有轨电车线路,1909年又在大连修建了有轨电车线路。随后,我国的北京、天津、沈阳、哈尔滨、长春、鞍山等城市也相继修建了有轨电车线路。但是随着汽车的发展,有轨电车的许多缺点被显现出来,如在钢轨上行驶时产生的振动和噪声,以及只能沿着轨道行驶不够灵便,同时轨道还破坏了城市街道路面的平整等。世界各大城市都纷纷拆除有轨电车线路,我国也不例外。

今天随处可见的汽车则是人们出行最方便的代步工具。然而,汽车的发展历史可以追溯到1860年,这一年法国人鲁诺阿尔发明了第一台内燃机,从此将人类交通带上了内燃动力之路。

1886年,举世公认的第一辆现代意义的汽车在德国诞生。这是德国人卡尔·本茨在不断总结前人发明的基础上研究制造的,该车为单缸四冲程三轮汽车。随后又有德国人戈特利布·戴姆勒制成了四冲程汽油机驱动的四轮汽车。

1908年10月,使福特名垂青史的"T"形"经济车"面世,成为世界最早批量生产的大众化汽车。这种车简单实用、材料出众、结构轻巧,尤其是脚踏变速器操作十分方便。到1913年,由于福特公司建成了世界上第一条汽车装配流水线,致使福特"T"形汽车的制造速度大大加快,制造成本大幅度降低,从而推动了汽车工业和汽车交通的大力发展。

20世纪20年代,由于汽车制造技术的不断创新与完善,从而进入了汽车的快速发展时代。汽车因其速度优势、灵活优势和多用途优势,在货运、客运、邮政、消防、军事以及城市公交等多个运输领域得到广泛发展。

受到汽车快速发展的影响,城市有轨电车因其诸多的缺点很难适应汽车的竞争,因而有轨电车逐渐遭到淘汰。在借鉴汽车构造特点的前提下,很快就制造出无轨电车,在城市公共交通领域与汽车竞争,尤其在20世纪30~40年代,汽油成为战争的统配物资受到严格控制时,汽油的短缺使得无轨电车得到大力发展的机会,使之成为世界许多城市的重要交通工具。无轨电车最早在20世纪20年代初首先行驶在美国一些城市的街道上,随后就在欧洲和世界的许多城市出现。我国大力发展无轨电车是在20世纪50~60年代,这一时期正是我国建国发展初期,当时我国石油资源十分紧缺,为了跟上国家建设发展的步伐,克服石油资源的严重不足,我国许多大都市都在这一时期选择了发展无轨电车来改善城市交通。今天,无轨电车在我国仍是重要的公共交通工具之一。

拓展知识

一、城市化进程

城市形态发展的最终趋势,一种是形成了人口高度集中的超级大城市,为了解决生态环境与城市功效问题,往往会向多中心组团式城市或大都市圈形态发展;另一种则可能会向多个城市组合而成的城市带、群形态发展。从一个国家、一个地区或者从整个世界城市发展趋势来看,随着城市个数增加,城市人口急剧增加,出现了人类社会发展的大趋势——城市化。

由于城市(尤其是大城市)具有极强的吸引力和多种优势(主要表现为聚集效应优势):人口集中带来了信息流通快,时间节省,费用降低,距离缩短,效率提高,竞争加剧;产业分工明确带来专业化水平提高,高新技术发展,生产成本降低,经济效益提高。因此,虽然城市同时具有环境污染严重、交通拥挤、居住条件差、社会问题多等弊端,但仍然挡不住人口向城市流动的趋势,依然无法阻止乡镇向城市发展的趋势,城市发展的高级阶段——城市化也就成为必然。

城市化特征表现为:

(1)人口高度集中到城市的过程,见表1-1、表1-2。

世界人口变动情况　　　　　　　　　　　　　　表1-1

地区	城市人口占总人口的比例(%)		人口增长情况(%)			
	1950 年	1970 年	1950~1960 年		1960~1970 年	
			总人口	城市人口	总人口	城市人口
东非	5.6	9.9	2.5	5.5	2.5	5.3
南非	39.1	5.04	2.5	3.9	2.3	3.5
北美	63.8	75.1	1.8	2.7	1.4	2.2
加勒比	35.2	42.5	2.2	3.1	2.4	3.5
东亚	12.1	25.3	1.8	6.0	1.3	4.8
日本	37.4	83.2	1.1	6.0	1.0	3.7
北欧	69.5	74.9	0.4	0.8	0.7	1.0
东欧	42.2	54.6	0.9	2.2	0.7	1.9
澳、新	70.0	84.3	2.3	3.4	1.8	2.6

发达地区与欠发达地区城市人口变动情况　　　　　　　　　　表1-2

城市人口状况发达程度年份(年)		1950	1960	1970	1980
城市人口(百万人)	较发达	460	690	724	790
	欠发达	259	421	630	771
城市人口(占总人口比重)(%)	较发达	53.6	60.5	66.8	69.8
	欠发达	15.8	21.0	24.9	27.2

(2)城市个数不断增加的过程。

（3）各类城市不断出现，尤其是特大城市、超级大都市数量增加的过程，见表1-3。

2006年世界上人口超千万的城市

表1-3

序　号	城　市	国　家	人口（万人）
1	东京	日本	3 530
2	纽约	美国	2 165
3	首尔	韩国	2 135
4	墨西哥城	墨西哥	2 095
5	圣保罗	巴西	1 990
6	孟买	印度	1 840
7	大阪	日本	1 805
8	德里	印度	1 750
9	洛杉矶	美国	1 690
10	上海	中国	1 610
11	雅加达	印尼	1 605
12	开罗	埃及	1 530
13	加尔各答	印度	1 470
14	布宜诺斯艾利斯	阿根廷	1 380
15	马尼拉	菲律宾	1 365
16	莫斯科	俄罗斯	1 320
17	卡拉奇	巴基斯坦	1 255
18	北京	中国	1 210
19	里约热内卢	巴西	1 205
20	伦敦	英国	1 185
21	天津	中国	1 155
22	德黑兰	伊朗	1 115
23	伊斯坦布尔	土耳其	1 065
24	达卡	孟加拉	1 050

（4）城市中三次产业比例发生根本变化的过程，尤以第三产业的比例逐步提高为主要表现。

就目前世界城市化进程来看，有三个特征十分明显：

（1）城市人口增加速度超过总人口增长速度，这是城市化趋势的主要基础条件与表征。

（2）城市化水平与该地区经济发展水平正相关，表明城市化发展是人类社会经济发展的产物。

（3）发展中国家城市化发展基础差，但发展速度高于发达国家，发达国家城市化水平已达到较高指数值（如城市人口占总人口比例已达70%以上），因此发展速度相对趋于平缓，发展中国家城市化发展方兴未艾，但其中的问题较多。

中国城市与城市化发展经历了一个曲折反复的过程，从封建社会时期世界领先水平，到殖民地、半殖民地时期落后于资本主义国家。即使在新中国成立后60多年的发展过程中，也因为种种主客观因素经历了"正常发展—逆城市化—快速发展"的过程，见表1-4。

中国城市人口占总人口比例变动情况　　　　　　　　　表1-4

年份 （年）	全国总人口（亿人） A	城市人口（亿人） B	B/A（%）	城市个数 （个）
1949	5.42	0.58	10.6	67
1952	5.75	0.72	15.4	
1965	7.25	1.02	14.0	
1975	9.20	1.12	12.1	
1979	9.71	1.29	13.3	
1982	10.32	1.4	13.56	233
1990	11.43	3.02	26.41	
1996	12.43	3.60	29.4	666
2001	12.95	4.56	36.09	660
2010	13.40	6.66	49.68	661

二、现代化城市交通系统

城市交通是城市形成与发展的产物,是为城市服务的最重要的基础设施。城市内人员的流动、物质的运输是依靠城市交通来完成的。城市交通肩负着市民日常生活必需的衣食住行中"行"的任务,直接展示了城市的面貌和活力,体现着城市的承载能力。城市交通作为城市社会经济发展的纽带和命脉,与城市的形成、发展和兴衰紧密相连。考察城市化发展历程,不难发现,一方面,城市社会经济的发展产生不断增长的交通需要,诱发城市交通便捷程度的提高;另一方面,城市交通的发展吸引更多的客流向城市集中,进一步促进了城市社会经济的发展,这两者具有一种明显的相互作用关系。从现代城市的发展趋势看,交通对城市,尤其是对大城市的发展具有极其重要的作用。其主要理由是:

(1)城市交通是城市生存与发展的必要条件,是城市正常运转的"供血系统",相适应则城市兴,不适应则城市衰。

(2)城市交通是城市内外联系的通道,是城市的主要组成部分。

(3)城市交通是城市生活的主要组成部分,市民交通出行的时间、内容、影响,均占全部生活的重要部分。

(4)城市交通是城市布局的框架,交通既保证城市布局优化合理的可能,又是科学合理完善城市布局的主要构架依据。

(5)城市交通是城市运转的润滑剂,高效畅通的交通将使城市的运转高速顺畅。

(6)城市交通是城市现代化水平的标志之一,交通系统的水平直接体现了城市现代化水平。

(7)城市交通是城市化组合的纽带,现代化的交通系统是城市带、城市圈、城市群等城市组合的主要形成及发展条件。

总之,城市交通在城市发展的进程中始终是一个最活跃的因素,其发达的水平不仅对城市化水平具有质的含义,而且也是许多城市形成、发展的动力。既有因依靠它发展起来的城市,也有因失去它而衰落的城市。城市交通能给城市带来动力,是城市开发的工具。正如马克思所言:"没有现代的交通,就没有城市的繁荣。"

城市交通,包括城市对外交通和城市内交通。城市对外交通是城市间及城市与乡村间的交通,其交通形式有铁路、航空、公路、水路及管道等。市内交通是服务于城市的交通,根据服务对象的不同有客运交通和货运交通之分,其客运交通因交通性质的不同有公共交通和私人交通之分,作为大城市应大力发展公共交通。城市公共交通又因交通形式的不同有轨道交通、非轨道交通和特殊交通之分(图1-1)。

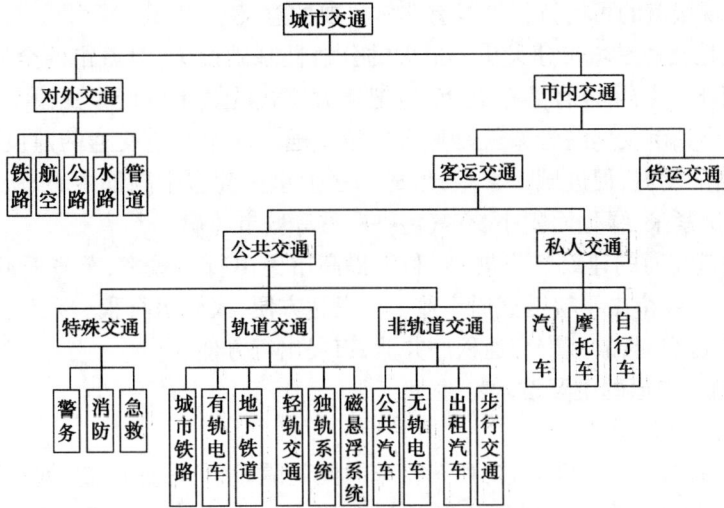

图1-1 城市交通系统的主要构成图

现代化的城市交通系统是一个复杂的庞大系统,在这个系统里交通形式呈现出多样性,道路设施呈现出网状性和立交性,交通服务要求呈现出方便性、快速性和舒适性等。如何根据城市自身情况,合理发展城市交通是各个城市所面临的共同问题。

任务二 了解城市轨道交通的起源与发展

一、城市轨道交通概述

(一)城市轨道交通的定义

城市中使用车辆在固定导轨上运行并主要用于城市客运的交通系统称为城市轨道交通。在我国国家标准《城市公共交通常用名词术语》中,将城市轨道交通定义为"通常以电能为动力,采取轮轨运输方式的快速大运量公共交通的总称"。

城市轨道交通是指具有固定线路,铺设固定轨道,配备运输车辆及服务设施等的公共交通设施。"城市轨道交通"是一个包含范围较大的概念,在国际上没有统一的定义。一般而言,广义的城市轨道交通是指以轨道运输方式为主要技术特征,是城市公共客运交通系统中具有中等以上运量的轨道交通系统(有别于道路交通),主要为城市内(有别于城际铁路,但可涵盖郊区及城市圈范围)公共客运服务,是一种在城市公共客运交通中起骨干作用的现代化立体交通系统。

城市轨道交通,以其大载客量、快捷、准时、安全、环保,而成为解决交通拥挤的最有效手段。城市公共交通的轨道化程度已成为一个城市现代化的重要标志之一。城市轨道交通经历了自1863年以来近一个半世纪的发展,它技术成熟、安全可靠、形式多样、用途广泛,正成为城市交通的骨干。

(二)城市轨道交通在城市公共交通的地位与作用

(1)城市轨道交通是城市公共交通的主干线,客流运送的大动脉,是城市的生命线工程。建成运营后,将直接关系到城市居民的出行、工作、购物和生活。

(2)城市轨道交通是世界公认的低能耗、少污染的"绿色交通",是解决"城市病"的一把金钥匙,对于实现城市的可持续发展具有非常重要的意义。

(3)城市轨道交通是城市建设史上最大的公益性基础设施,对城市的全局和发展模式,将产生深远的影响。为了建设生态城市,应把摊大饼式的城市发展模式改变为伸开的手掌形模式,而手掌形城市发展的骨架就是城市轨道交通。城市轨道交通的建设可以带动城市沿轨道交通廊道的发展,促进城市繁荣,形成郊区卫星城和多个副部中心,从而缓解城市中心人口密集、住房紧张、绿化面积小、空气污染严重等城市通病。

(4)城市轨道交通的建设与发展,有利于提高市民出行的效率,节省时间,改善生活质量。国际知名的大都市由于轨道交通事业十分发达方便,人们出行很少乘私人车辆,主要依靠地铁轻轨等轨道交通,故城市交通秩序井然,市民出行方便、省时。

(三)城市轨道交通的主要技术特性

1.具有较大的运输能力

城市轨道交通由于高密度运转,列车行车时间间隔短,行车速度高,列车编组辆数多而具有较大的运输能力。单向高峰每小时的运输能力最大可达到 6 万 ~ 8 万人次(市郊铁道),地铁达到 4 万 ~ 6 万人次,轻轨 1 万 ~ 4 万人次,有轨电车能达到 1 万人次,城市轨道交通的运输能力远远超过公共汽车。据统计,城市轨道交通每公里线路年客运量可达 100 万人次以上,最高达到 1 200 万人次,如莫斯科地铁、东京地铁、北京地铁等;城市轨道交通能在短时间内输送较大的客流,城市轨道交通在早高峰时 1h 能通过全日客流的 17% ~ 20% ,3h能通过全日客流的 31% 。

2.具有较高的准时性

城市轨道交通,由于在专用行车道上运行,不受其他交通工具干扰,不产生线路堵塞现象并且不受气候影响,是全天候的交通工具,列车能按运行图运行,具有可信赖的准时性。

3.具有较高的速达性

与常规公共交通相比城市轨道交通由于运行在专用行车道上,不受其他交通工具干扰,车辆有较高的运行速度,有较高的启动和制动加速度,多数采用高站台,列车停站时间短,上下车迅速方便,而且换乘方便,从而可以使乘客较快地到达目的地,缩短了出行时间。

4.具有较高的舒适性

与常规公共交通相比,城市轨道交通由于运行在不受其他交通工具干扰的线路上,城市轨道车辆具有较好的运行特性,车辆、车站等装有空调、引导装置、自动售票等直接为乘客服务的设备,城市轨道交通具有较好的乘车条件,其舒适性优于公共电、汽车。

5.具有较高的安全性

城市轨道交通,由于运行在专用轨道上,没有平交道口,不受其他交通工具干扰,并且有先进的通信信号设备,极少发生交通事故。

6.能充分利用地下和地上空间

大城市地面拥挤,土地费用昂贵。城市轨道交通由于充分利用了地下和地上空间的开发,不占用地面街道,能有效缓解由于汽车大量发展而造成的道路拥挤、堵塞,有利于城市空间合理利用,特别有利于缓解大城市中心区过于拥挤的状态,提高了土地利用价值,并能改善城市景观。

7. 系统运营费用较低

城市轨道交通,由于主要采用电气牵引,而且轮轨摩擦阻力较小,与公共电、汽车相比,节省能源,运营费用较低。

8. 对环境低污染

城市轨道交通,由于采用电气牵引,与公共电、汽车相比不产生废气污染;另外城市轨道交通的发展,还能减少公共汽车的数量,进一步减少了汽车的废气污染;还有城市轨道交通在线路和车辆上采用了各种降噪措施,一般不会对城市环境产生严重的噪声污染。

(四)城市轨道交通体系构成

城市轨道交通是属于集多专业、多工种于一身的复杂系统,通常由轨道路线、车辆、通信信号、供变电、车站、维护检修基地、指挥控制中心等组成。城市轨道交通的运输组织、功能实现、安全保障均应遵循有轨交通的客观规律。在运输组织上要实行集中调度、统一指挥、按运行图组织行车。在功能实现方面,各有关专业如线路、车站、隧道、车辆、供电、通信、信号、机电设备及消防系统,均应保证状态良好,运行正常。在安全保障方面,主要依靠行车组织和设备正常运行,来保证必要的行车间隔和正确的行车线路。

为了保证列车运行安全、正点,在集中调度、统一指挥的原则下,行车组织、设备、车辆检修、设备运行管理、安全保证等均由一系列规章制度来规范。列车运行是一个多专业、多工种配合的工作,围绕安全行车这一中心而组成的有序联动、时效性极强的系统。

轨道交通系统中,采用了以电子计算机处理技术为核心的各种自动化设备,从而代替人工的、机械的、电气的行车组织、设备运行和安全保障系统。如 ATC(列车自动控制)系统可以实现列车自动驾驶、自动跟踪、自动调度;SCADA(供电系统管理自动化)系统可以实现主变电所、牵引变电所、降压变电所设备系统的遥控、遥信、遥测和遥调;BAS(环境监控系统)和 FAS(火灾报警系统)可以实现车站环境控制的自动化和消防、报警系统的自动化;AFC(自动售检票系统)可以实现自动售票、检票、分类等功能。这些系统全线各自形成网络,均在 OCC(控制中心)设中心计算机,实现统一指挥,分级控制。

城市轨道交通各系统的功能和结构,将在后面有关章节中详细叙述。

二、城市轨道交通的起源与发展

(一)城市轨道交通的起源

法国人巴斯卡于 1662 年在巴黎首创无轨公共马车,它有固定路线和班次,由此诞生了城市公共交通。无轨马车虽然是城市公共交通的先驱,但它缓慢颠簸、不舒服,且容易造成街道的车辆拥挤及阻塞。

把马车放在钢轨上行驶,可以提高速度及平稳性,还可以利用有多匹马组成的马队来提高牵引力,增大车辆规模,降低运输成本及票价。1827 年,世界上第一条有轨马车出现在纽约百老汇大街上,1832 年马拉的城市街道铁路(有轨马车)在美国纽约的第 4 大街正式运营。从 1855 年开始有轨马车大规模地替代公共马车,在美国及欧洲迅速扩展,至 1890 年总的轨道里程达到 9 900km。

虽然有轨马车比公共马车有了很大的改进,但随着城市人口及车辆的增加,在平交道口出现了交通的阻塞,这种情况在较大城市非常严重。交通的拥堵使人们想到了将交通线路往地下发展,以便很好地解决客流膨胀与土地紧张的问题。19 世纪中叶的英国伦敦交通十分拥堵。1843 年,有"地铁之父"之称的英国律师查尔斯·皮尔逊建议修建地铁。经过 20 年的酝酿和建设,世界上第一条快速轨道交通地下线(地铁)于 1863 年 1 月 10 日在伦敦正式运营。它标志着城市轨道交通在世界上诞生。用明挖法施工的伦敦地铁,通车时采用蒸汽机车牵引,线路全长 6.5km。由于列车在地下隧道内运行,尽管隧道里烟雾熏人,但当时的伦敦市民甚至皇亲显贵们都乐于乘坐这种地下列车,因为在拥挤不堪的伦敦地面街道上乘坐公共马车,其条件和速度还不如地铁列车。

世界第一条地下铁道的诞生,为人口密集的大都市如何发展公共交通取得了宝贵经验。特别是伦敦地铁,线路仅 6.5km,第一年就运载了 950 万乘客,为解决城市交通的拥堵树立了成功的典范。特别是 1879 年电力机车的研制成功,使得地下运输环境和服务条件得到了极大的改善,从此世界上一些著名的大城市先后修建了地下铁道。从 1863 年到 1900 年期间,修建地下铁道的就有 5 个国家的 7 座城市,它们是英国的伦敦,美国的格拉斯哥、纽约和波士顿,匈牙利的布达佩斯,奥地利的维也纳以及法国的巴黎。在 20 世纪初期的欧美地区,包括德国的柏林和汉堡、美国的费城、西班牙的马德里等 9 座大城市又都相继修建了地下铁道。从此,城市交通进入了轨道交通时代。

(二)世界城市轨道交通的发展

自 1863 年伦敦开通世界上第一条地铁以来,至 2007 年,世界城市轨道交通的发展已有 144 年历史。已有近 50 个国家的 330 余座城市修建了轨道交通,线路总长度有数万公里。各大城市的地铁、轻轨、城市铁路、新型城市轨道交通都得到了很好的发展,为城市的客运交通和经济发展作出了重要的贡献。

世界城市轨道交通的发展经历了一个曲折的过程,大致可分为以下几个阶段。

1. 初步发展阶段(1863 ~ 1924 年)

在这一阶段,欧美的城市轨道交通发展较快,其间 13 个城市建成了地铁,还有许多城市建设了有轨电车。20 世纪 20 年代,美国、日本、印度和中国的有轨电车有了很大发展。这种旧式的有轨电车行驶在城市的道路中间,运行速度慢,正点率很低,而且噪声大,加速性能低,乘客舒适度差,但在当时仍然是公共交通的骨干。

2. 停滞萎缩阶段(1924 ~ 1949 年)

第二次世界大战的爆发和汽车工业的发展,导致了城市轨道交通的停滞和萎缩。汽车的灵活、便捷及可达性,一度成为城市交通的宠儿,得到飞速发展。而轨道交通因投资大,建设周期长,一度失宠。这一阶段只有 5 个城市发展了城市地铁,有轨电车则停滞不前,有些线路被拆除。美国 1912 年已有 370 个城市建有有轨电车,到了 1970 年,只剩下 8 个城市保留了有轨电车。

3. 再发展阶段(1949 ~ 1969 年)

汽车过度增加,使城市道路异常堵塞。行车速度下降,严重时还会导致交通瘫痪。加之空气、噪声污染,大量耗费石油资源,市区汽车有时甚至难以找到停车地方,于是人们又重新认识到,解决城市客运交通必须依靠电力驱动的轨道交通。轨道交通因此重新得到了重视,而且逐步扩展到日本、中国、韩国、巴西、伊朗、埃及等国家,这期间有 17 个城市新建了地铁。

4. 高速发展阶段(1970 年至今)

世界上很多国家都确立了优先发展轨道交通的方针,立法解决城市轨道交通的资金来源。世界各国城市化的趋势,导致人口高度集中,要求轨道交通高速发展以适应日益增加的客流运输,各种技术的发展也为轨道交通奠定了良好的基础。近几年又有四十几个城市修建了地铁、轻轨或其他轨道交通。

📖 拓展知识

世界主要城市轨道交通系统简介

(1)纽约地铁。纽约是当今世界地铁运行线路最长的城市,其线路有37条,全长432.4km,车站多达498个,设施较为陈旧。

(2)莫斯科地铁。莫斯科地铁是世界上最豪华的地铁,有欧洲"地下宫殿"之称。天然的料石、欧洲的传统灯饰与莫斯科气势恢弘的各类博物馆交相辉映,简直是一座艺术的博物馆。市区9条地铁线路纵横交错,充分体现了前苏联城市交通规划和建筑业的一流水平。

(3)巴黎地铁。巴黎地铁是世界上最方便的地铁,每天发出4 960列车,在主要车站的出入口,均设有电脑显示应乘的线路、换乘的地点等,一目了然。巴黎地铁也是世界上层次最多的地铁,包括地面大厅共有6层(一般为2~3层)。法国里尔地铁是当今世界最先进的地铁,全部由微机控制,无人驾驶,轻便、省钱、省电,车辆行驶中噪声、振动都很小,高峰时每小时通过60列车,为世界上行车间隔最短的全自动化地铁。

(4)香港地铁。世界各国地铁均靠政府补贴,唯独我国香港地铁既解决了市区出行,同时又可创利。1994年总收入51.3亿港元,扣除经营开发、折旧、利息和财务开支后,当年利润10.38亿港元。

(5)新加坡地铁。新加坡地铁车站和线路清洁明亮,一尘不染,是世界上最安全、最清洁、管理最好的地铁。新加坡地铁像莫斯科地铁一样考虑了战时的防护掩蔽,车站出入口均设置有防护门、密闭门等防护设施。

(6)主要城市地铁。美国旧金山地铁,是当今世界地铁列车速度之冠。墨西哥城在1990~2000年短短的10年间修建了150km地铁,到2000年开通21条地铁线路,全长400km,承担全城客运量的58%。韩国首尔地铁1971年开始建设,到2000年建成8条线,总长285km;墨西哥城与首尔是世界上地铁发展较快的城市。世界各国修建地下铁道的情况如表1-5所示。

世界各国地下铁道　　　　　　　　　　　　　　　　　　　　表1-5

城市 (国家)	开始通车 年代(年)	当时人口 (万人)	线路条数 (条)	线路长度(km)		车站数目 (个)	轨距 (mm)	牵引供电	
				全长	地下			方式	电压(V)
伦敦(英国)	1863	670	9	408	167	273	1 435	第三轨	630
纽约(美国)	1867	730	29	443	280	504	1 435	第三轨	660 650
芝加哥(美国)	1892	370	6	174	18	143	1 435	第三轨	600
布达佩斯(匈牙利)	1896	210	3	27.1	23	30	1 435	第三轨	750
格拉斯哥(美国)	1897	75.1	1	10.4	10.4	15	1 435	第三轨	600
波士顿(美国)	1898	150	3	34.4	19	39	1 220	第三轨	600
维也纳(奥地利)	1898	150	3	34.4	19	39	1 435	第三轨	750
巴黎(法国)	1900	210	15	199	175	367	1 440	第三轨	750

城市 (国家)	开始通车 年代(年)	当时人口 (万人)	线路条数 (条)	线路长度(km)		车站数目 (个)	轨距 (mm)	牵引供电	
				全长	地下			方式	电压(V)
柏林(德国)	1902	320	10	134	106	132	1 435	第三轨	750
费城(美国)	1905	170	4	62	62		1 435	第三轨	600 700
汉堡(德国)	1912	160	3	92.7	92.7	82	1 435	第三轨	750
布宜诺斯艾利斯 (阿根廷)	1913	290	5	39	39	63	1 435	架空线	600 1 100

任务三 我国城市轨道交通的发展

我国城市轨道交通的发展,可以划分为早期有轨电车交通和现代城市轨道交通两个历史时代。

一、有轨电车交通时代

我国有轨电车起源于 20 世纪初,至 20 世纪 50 年代,我国有轨电车交通达到了高峰。北京、上海、天津、哈尔滨、长春、大连、鞍山等诸多城市都建成了多条有轨电车。有轨电车在我国城市交通中发挥了历史性的作用。

由于有轨电车与城市发展的诸多矛盾,我国有轨电车同国外一样,从 20 世纪 50 年代逐步拆除。至今,只有大连、长春等极少数城市保存了有轨电车并进行了改造,使之与现代城市交通的发展相适应。

二、现代城市轨道交通时代

我国现代城市轨道交通是以 1965 年 7 月 1 日开工建设的北京地铁为开端,发展至今,大致经历了以下五个阶段。

(一)起始阶段

该阶段是以 1965 年开始建设、1969 年 10 月 1 日建成通车的北京地铁(复兴门站—苹果园站)全长 23.6km 和 1970 年开始兴建、1976 年建成通车的天津地铁(新华路站—西南角站)全长 5.2km 为代表。

这一阶段地铁的规划与建设,除了实现城市的客运功能之外,更重要的是考虑满足人防战备的需要。

(二)开始建设阶段

这一阶段以北京地铁 1 号线完全建成(复八线建设和 1 号线改造)、上海地铁 1 号线(上海火车站—莘庄)、广州地铁 1 号线(西朗站—广州东站)的建成为标志。在这一阶段,随着改革开放和经济体制改革的逐步深入,城市交通需求剧增,导致道路交通供给能力严重不足,交通供需矛盾突出,成为城市社会经济发展的一个重要制约因素。为适应城市发展的需要、缓解城市交通的紧张状况,从 20 世纪 90 年代开始,我国政府加大了对城市交通基础设施的投入,强调轨道对解决城市交通问题和引导城市发展的作用。从此,发展大容量轨道交通方式的理念开始显现,我国开始了城市轨道交通的建设阶段。在这一阶段除地铁建设外,以上海明珠线一期工程为代表的轻轨交通也开始建设。

(三)建设高潮阶段

随着我国经济的发展和城市化进程的加快,我国城市的规模和人口在不断扩大,城市交通问题更加突出。城市交通问题的解决必须依赖公共交通的发展,大城市及特大城市还必须建设一个以轨道交通系统为骨干,以公共交通为主体,多种交通方式相互协调的综合交通系统,已成为共识。同时,经济的快速发展也为发展城市轨道交通奠定了雄厚的物质基础。自20世纪末至21世纪初,我国城市轨道交通进入快速发展的建设高潮阶段。

在这一阶段,城市轨道交通的建设具有以下特点。

1.兴建城市轨道交通的城市迅速增多

截至2005年底,全国已开通城市轨道交通的城市有北京、上海、天津、广州、长春、大连、重庆、武汉、深圳、南京10个城市20条线路,运营线路总长444km。全国48个百万人口以上的大城市中已有20多个城市开展了城市轨道交通建设的前期工作,初步统计规划建设55条线路,长约1 700km,总投资近6 000亿元。除上述10个开通了轨道交通的城市外,已开工建设的还有沈阳、成都、西安、杭州、哈尔滨、苏州、青岛等城市。我国总计有33个城市正在建设和筹建轨道交通,我国的城市轨道交通处于良好的快速发展阶段。

2.城市轨道交通的网络化

目前,我国部分城市的轨道交通建设出现网络化的发展。无论是北京还是上海、天津、广州等城市均在建和筹建多条城市轨道交通线路,形成纵横交错、相互沟通连接的网络交通体系。

3.城市轨道交通类型的多元化

目前,我国的城市轨道交通已不再是单一的地铁交通。北京建成了市郊城市铁路交通;天津建成了滨海快速轨道交通;大连、长春、武汉建成了轻轨交通;重庆建设了跨座式单轨交通;上海开通了常导高速磁悬浮交通;广州出现了直线电机驱动的列车。城市供电系统不仅有第三轨供电,而且还有架空线接触网供电形式。轨道交通类型呈多元化发展。

4.城市轨道交通的现代化

随着城市轨道交通的发展,以车辆为代表的技术体系也实现了现代化。通过国际技术交流合作,引进先进技术,实现设计制造技术的现代化。在提升技术水平的同时,也促进了国产化的进程。

(四)建设调整阶段

在我国城市轨道交通的发展过程中,值得指出的是,从1995年到1998年,由于地铁建设发展迅猛,有部分城市不顾地方经济实力,盲目上马建设轨道交通项目,速度过快、过猛。还有的城市盲目追求高标准,忽视了是否适合本城市的实际情况等问题,使城市轨道交通建设带有很大的盲目性。针对工程造价高(每公里地铁造价接近7亿元人民币)、车辆全部引进、大部分设备大量引进等问题,1995年国务院办公厅60号文通知,除上海地铁2号线项目外,所有地铁建设项目一律暂停审批,并要求做好发展规划和国产化工作。2002年10月中旬,国务院冻结了近20个城市的地铁立项,委托中国国际工程咨询公司对国内的地铁项目做全面的调查分析,准备出台一系列有关地铁项目审批的新政策,加大地铁项目的宏观调控力度。从1995年到1998年,近3年时间国家没有审批城市轨道项目,轨道交通的建设与发展经历了一段曲折的历程。

(五)蓬勃发展阶段

我国的城市轨道交通建设,在经历了早期建设、高速发展、建设调整等曲折过程后,正步入稳步、持续、有序的蓬勃发展阶段。

《国家中长期科学和技术发展纲要》明确提出构建以城市轨道交通为骨架的城市公共综合交通体系,我国城市轨道交通建设在"十一五"期间迎来真正的建设高潮。

国家"十一五"规划提出轨道交通"超前规划、适时建设"。有条件的大城市和城市群地区要把轨道交通作为优先发展领域。在国家政策的指导下,今后一段时间是我国轨道交通的快速发展时期,各地规划建设轨道交通约 500~600km,总投资约 1 700 亿元;目前在建的有 20 余个项目,线路里程 420 多公里,投资规模 1 200 亿元。"十一五"期间轨道交通的建设速度远远超过过去十年建设历程。

随着我国经济社会的不断发展和进步,我国城市轨道交通快速发展。在肯定我国轨道交通长足发展的同时,也应清醒地看到,轨道交通的发展目前仍存在一些问题。主要表现在四个方面:一是城市轨道交通规模小,财务效益差,对经济社会发展的"瓶颈"制约仍较严重。高峰期运输紧张问题突出,路网规模总量、结构仍然有待提高和改善。二是在城市交通问题日益尖锐,大城市交通拥堵,路网结构不够合理的状况下,大城市快速大容量的轨道交通方式发展仍较缓慢。三是城市群快速发展,城际旅游流量不断增加,城际间交通运输能力越来越不适应,城际间大容量、高效、低污染和节省资源的轨道交通建设滞后。四是国产化率偏低,有待进一步提高。

为了实现我国轨道交通的可持续发展,2003 年国务院办公厅出台了《关于加强城市快速轨道交通管理的通知》(国办发[2003]81 号),对城市轨道交通的建设进行严格的控制管理。根据通知的要求,人口规模、交通需求和经济水平将是衡量一个城市能否建设轨道交通的三大基本要素,缺一不可。城市轨道交通的建设应坚持"量力而行、规范管理、稳步发展"的方针。

为了保证城市轨道交通的稳步发展,目前迫切需要整合全国资源,构建国家级技术标准,建立国家级技术标准体系。原建设部于 2006 年 7 月 19 日召开会议,集中研究城市轨道交通关键技术有关问题,形成具有中国特色的城市轨道交通政策、法规和标准体系。

展望未来,轨道交通作为一种与我国国情和资源禀赋相适应的交通运输方式,发展前景十分广阔。

拓展知识

城市轨道交通建设的必要性和充分性

1. 城市轨道交通建设的必要性

(1)城市公共客运交通运量需求必要性。

城市交通中,客运交通量大,时间性强,牵制因素多,影响面广,调整弹性差。因此,相对而言,客运交通比之货运交通地位更特殊,更难协调供需矛盾,对城市生活与发展影响更大,尤其是现代化大都市更为突出。

我国城市现有轨道交通线路及中期规划情况见表1-6。

我国城市现有轨道交通线路及中期规划情况　　　　　表1-6

城　　市	城市轨道交通线路长度(km)	中期规划长度(km)
北京	372.93	666
上海	425.02	570
广州	229.32	480
深圳	156.05	343
天津	75.41	218
大连	63.06	273
长春	31.14	197
南京	81.55	136
重庆	73.95	164
武汉	28.9	215
沈阳	49.79	216
成都	17.56	82
西安	19.87	87
合计	1 624.55	3 647

城市客运交通中,公共交通所占比例较大,是城市客运交通的主要方式与最佳的发展方向。无论是从人均占地面积(城市空间)、所耗能源、所产生的污染、发生的交通事故,还是从市民出行的时间、费用、舒适度、可靠性等交通服务水平来考察,公共交通比之私人交通(其代表是小汽车、摩托车、自行车)具有更强的优势与可持续发展特征。

在城市公共客运交通中,最常见的是地面公共汽电车交通,这是一类一次性投资较低、可调整性较强、适应面较广、技术要求相对较低的公共客运交通方式,但其也具有不可避免的局限性。

①运量有限:在限定的舒适度条件下(主要指拥挤度指标),如在车厢内每平方米站立乘客7~11人的极拥挤程度下,一条公共汽电车路线单向高峰小时的最大运量为5 000~8 000人次。如果再要提高运量的话,必然会形成两个后果:其一是车辆内拥挤度提高,如达到每平方米站立12~14人的"极其拥挤"程度;其二是路线上车辆连发频率过高,形成首尾相接的"列车"运行现象。

②道路拥塞:由于公共汽电车在城市道路上行驶,一般没有专用车道。因此,交通高峰时期,正是道路最拥挤时段,公共汽电车路线按运量投放车辆,恰是造成道路拥塞的原因之一。即使有公交专用车道,也会如①所述,形成"列车"运行,造成速度下降、秩序混乱、效果不佳的后果。

因此,地面公共汽电车交通方式仅能满足一定运量的城市客运交通需求,无法适应大城市主要交通方向大运量交通要求。诸如大型居民区的通勤出行交通,市中心区的吸引交通,大型文体场馆、车站、机场、码头产生的密集到发客流,均需具有运量大、速度快、可靠性强的城市轨道交通系统来承担。

一般认为,城市客运交通体系建设轨道交通的客运量需求必要性表现在:

①满足单一方向的极大客运量需求,即在某一客运交通方向上,单向高峰小时客流量大

于 8 000 人次时,就有必要建设城市轨道交通系统;否则,该方向地面常规公交路线服务水平必然下降,表现在车内拥挤不堪、车速极低、延误严重等。

②满足城市交通整体客运量需求。城市地面道路拥挤(尤其是在高峰时段,市中心区及主要干道)是一个世界性城市通病,地面道路不可能无限拓宽增加,即使拓宽增加,也难以跟上城市人口增加、经济发展引发的车辆增加与交通量增加的速度。因此建设运载量大、人均占道路面积极少的轨道交通(地下或高架系统占地更少或接近于零),是有效减少地面交通车辆、缓减地面道路拥挤的最佳办法。

对一个城市而言,具有一个功能完善、布局合理的轨道交通网,有望构筑层次清晰、结构合理、高效低耗、对城市发展起到积极牵动作用的城市客运交通体系。

(2)城市客运交通运距需求必要性。

随着城市范围扩展,布局进一步调整,功能区日益清晰且分布合理,城市客运交通的运输距离有增大的趋势。尤其是大都市圈、群、带等城市化形式的出现,市民出行的距离拉长,在途时间增加,旅途疲劳度影响凸显,地面公共交通方式难以满足交通运距变大引起的服务方面的需求,唯有轨道交通系统恰好能发挥其优势。

城市交通的主要集散点之间,尤其是城市中心区与边缘功能区(如工业区、居民区、游览区)之间,或各功能区之间,以及大都市中心区与副中心、卫星城、新城区互相之间,轨道交通是唯一一种既能以合适的"时间距离"缩短过大的空间距离,又能避免种种交通发展负效应的现代交通方式。

如果城市布局因地理条件限制而出现条形结构,轨道交通则是最佳的交通发展轴。

一般而言,市民一次出行的合理在途时间应视交通工具的便利性、舒适性而定,有一个可容忍限度。前苏联城市交通专家的研究结果表明,一次出行在途时间以不超过40min为限(包括步行到车站、乘车、换车及到站后步行等各种耗时),并认为每超过10min,出行者的工作效率将下降5%。按此标准,如果一个城市中心区的地面公交车辆平均运行速度为10～15km/h 的话,该中心区的居民一次出行的距离仅为 6～10km 之间(需扣除步行、候车耗时)。换言之,该城市的市民活动半径大约就在6～10km,城市区的面积也仅120～300km^2。

因此,一个占地面积扩展至几千平方公里,乃至上万平方公里的特大城市,维系城市各功能区有效紧密联系的交通方式只能依靠轨道交通。假设某轨道交通系统的平均旅行速度为 35～40km/h,该城市中心区范围可望扩展到 19～22km 的吸引半径(已扣除步行到站、候车换乘等时间),近 1 600km^2 面积。

下面是城市轨道交通决定的城市中心区吸引范围的计算公式:

$$R = V_旅 \times (T - t) \quad (km)$$

式中:$V_旅$——轨道交通系统列车运行平均旅行速度,km/h;

T——城市居民出行一次最大在途时间,h;

t——城市居民出行一次步行到轨道交通系统车站及候车时间,h。

就此而言,城市轨道交通系统是城市中心区扩展,城市布局合理扩散,城市范围得以扩大的基本保证。无论对于单一中心的多环同心圆结构,还是适度扩散的多中心组团式结构,一个现代化大都市或形成大都市圈的城市发展模式,缺少城市轨道交通的支撑是绝对不行的。

(3)城市现代化发展的技术需求必要性。

城市发展过程是综合经济实力与科技水平的集中表现,城市交通是重要的标志之一。

18

很难设想一个极具现代化水平的经济发达城市,只有单一的地面公共交通工具能为城市庞大的、高标准的客运提供交通服务。尤其是在人口密度高、土地面积并不宽余的城市,采用盲目拓宽道路或发展高架道路和私人小汽车的城市交通发展战略,无疑是一种短期策略表现,而非可持续发展的战略抉择。

城市轨道交通的建设,在某种意义上反映了城市的综合实力,反映了城市交通科技含量与发展水平,也为城市产业发展与产业结构调整带来新的生长点。

(4)满足城市可持续发展的长远需求必要性。

最新的城市发展观念,是以环境保护与资源利用两项可持续发展重点指标作为主要评价目标。对城市环境保护与资源利用具有破坏作用的重要原因之一,就是无限制地发展汽车交通,由此带来的大量侵占城市用地(道路面积率不断扩大,个别城市已达30%以上),大量排放废气污染物,大面积地形成道路堵塞,大规模地消耗能源(个体交通方式,大排量汽车),大幅度地造成伤亡事故(造成大规模的人力、物力、财产损耗),大量地耗费管理管制人力、物力,已成为城市可持续发展的主要制约因素。

因此,从城市可持续发展角度来看,公共交通优于私人交通;公共交通范畴中,轨道交通优于公共汽电车。

此外,城市环境改善与资源利用的重要环节是产业结构调整与功能区布局调整。一方面创造良好的环境条件(如增加绿地面积,压缩高能耗、高污染、高成本、低效益产业,降低建筑密度与人口密度,提高空气、水、居住等生活质量);另一方面构筑科学合理的城市布局,促进城市资源的优化配置(如土地资源,水、能源资源,人力、物资资源等),使城市发展具有潜力与后劲。要实现上述目标,客运交通方面切不可盲目发展私人汽车,而需建设轨道交通体系。

2. 城市轨道交通建设的充分性

城市轨道交通建设需要巨额投资(目前国内地下铁道建设投资已高达5亿元人民币/km以上),建筑施工技术要求高,难度大(尤其是在市中心区),设备技术含量高,运营管理要求高(现代高科技系统),经营风险大(运营成本高,经营收入有限)。因此,即使在十分必要建设轨道交通系统的城市,也可能因为种种主客观原因(主要有观念认识偏差、经济实力基础薄弱、技术储备基础差等),而难以及时建设。至少到目前为止,各大城市建设轨道交通系统,均是在城市交通到了十分窘迫的境地,才"被迫"上马,匆忙建设。

对于经济并非十分发达的国家或地区的城市来说,轨道交通系统建设更是处于两难境地:一方面城市人口密集,客运交通急需轨道交通早日建成,也即必要性十分迫切;另一方面,则因经济实力有限,资金难以筹措,而无法及时有效地完成轨道交通的规划与建设。这就是城市轨道交通建设除了必要性之外,更重要的还有其充分性。

(1)充分认识城市轨道交通建设的必要性与重要性。

城市轨道交通建设的重要性与必要性,近年来经过激烈争论和实践验证,已在学术界获得基本共识,关键在于是否得到政府管理层决策层的充分认识。唯有后者的充分认识,才有城市轨道交通建设在筹资立项程序上的充分可能性。

(2)充分具备城市轨道交通建设的经济基础。

一方面城市发展的综合实力在整体上为城市轨道交通建设带来经济基础和交通需求;另一方面,城市轨道交通建设的项目投资需要较坚实的经济实力,包括融资还贷保本盈利能力,经营管理生产持续能力等。

城市轨道交通路线一般不可能很短(平均长度在15km左右,较长线路则更能显示轨道交通的优势)。因此,即使建设单一轨道交通线路,一次性投资就十分可观,更何况大城市轨道交通系统都是联线成网,具有相当规模。

(3)充分具备城市轨道交通建设的科学技术基础。

城市轨道交通系统,既有高科技特征,又有持续发展不易调整的特征。因此,从规划开始,到建设、运营、发展、改进,不论是网络规划、设备制造,还是运营管理、设备维护等,均需有现代高新技术支持。

城市轨道交通建设的科技领域涉及面较广,如土木、通信、电子、计算机、车辆、供电、环控、防灾、机电等,没有相当程度的科技储备,难以完成城市轨道交通系统的科学规划,高质、高效地建设和运营,即使依赖国际先进技术支持,也难以持续发展,安全、可靠、高效、低耗地运营。

由此可见,城市轨道交通建设的充分性表现在认识到位、经济实力与科技水平达到一定标准三方面,缺一不可。

实践活动

1. 自主查询关于城市化进程的最新数据,并据此说明建设城市轨道交通的必要性。

2. 自主查询世界各国城市轨道交通的发展现状,总结其特点,并说明对我国城市轨道交通建设的借鉴意义。

3. 自主查询我国城市轨道交通的发展现状,总结其特点,并说明对沈阳城市轨道交通建设的借鉴意义。

【具体要求】

1. 以小组为单位进行查询活动,各组人员为6人以下,并推选小组长一人,负责组织活动的开展并督促完成。

2. 要求制作成PPT,并在课堂上进行讲解。

思考与练习

1. 城市交通与城市发展的内在关系是什么?

2. 城市交通的发展经历了什么样的历程?

3. 现代化城市交通的特征是什么?

4. 现代化城市轨道交通系统有何优势?

5. 什么是城市轨道交通?它在城市交通中处于何种地位?

6. 我国目前为什么要大力发展城市轨道交通?

7. 简述我国城市轨道交通的建设与发展过程。

项目二 城市轨道交通系统的类型

![背景知识图标] **背景知识**

优化发展城市公共交通作为解决城市交通问题的有效途径,已成为人们的共识。目前世界上几乎所有的大城市都开始重新认识公共交通,公共交通正处于复兴时期。城市公共交通体系如图2-1所示。本章着重介绍城市轨道交通系统中起主导作用的几种交通方式。

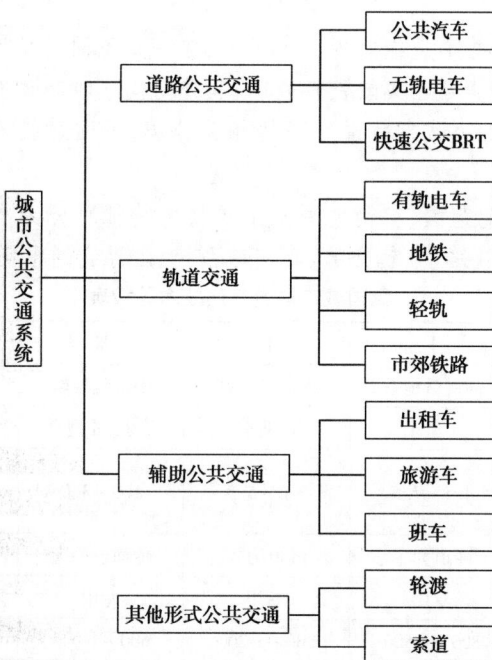

图2-1 城市公共交通体系

城市轨道交通种类繁多,技术指标差异较大,世界各国评价标准不一,并无严格的分类。由于城市轨道交通在世界范围内发展较快,地区、国家、城市的不同,服务对象的不同等,使城市轨道交通发展成为多种类型,目前尚无十分统一的分类标准,不同的分类方法,可以分出不同的结果。

(1)按导向方式分,可分为轮轨导向的城市轨道交通系统和导向轨导向的城市轨道交通系统。

（2）按线路架设方式分,可分为地下(水下)城市轨道交通系统、高架城市轨道交通系统和地面城市轨道交通系统。

（3）按线路隔离程度分,可分为全隔离城市轨道交通系统、半隔离城市轨道交通系统和不隔离城市轨道交通系统。

（4）按轨道材料分,可分为钢轮钢轨城市轨道交通系统和橡胶轮混凝土轨道梁城市轨道交通系统。

（5）按牵引方式分,可分为旋转式直流电动机牵引城市轨道交通系统、交流电动机牵引城市轨道交通系统和直线电动机牵引城市轨道交通系统。

（6）按运营组织方式分,可分为传统城市轨道交通、区域快速轨道交通和城市(市郊)铁路。

（7）根据城市轨道交通系统高峰小时单向运输能力的大小分,可分为高运量轨道交通系统、中运量轨道交通系统和低运量轨道交通系统等类型。高运量轨道交通系统的高峰小时单向运输能力在30 000人次以上,属于该种类型的轨道交通系统主要有地下铁道和高技术标准的轻轨铁路。中运量轨道交通系统的高峰小时单向运输能力为15 000～30 000人次,属于该种类型的轨道交通系统主要有轻轨铁路和独轨铁路。低运量轨道交通系统的高峰小时单向运输能力为5 000～15 000人次,属于该种类的轨道交通系统主要有低技术标准的轻轨铁路和有轨电车。

应当指出,以上分类并不是绝对的。事实上,在一些不同类型城市轨道交通系统之间并没有明确的、清晰的界限。专业文献资料表明,国外对同一种轨道交通系统有轻型地铁和轻轨等不同称呼的情况。综合城市轨道交通的相关分类,不同等级城市的轨道交通技术等级见表2-1。

城市轨道交通按动能范围、车辆类型及主要技术特征可分为有轨电车、地下铁道、轻轨交通、城市(市郊、城际)铁路、独轨交通、新交通系统、磁浮交通七类。

我国城市轨道交通技术等级表　　　　　　表2-1

系统类型		Ⅰ	Ⅱ	Ⅲ	Ⅳ	Ⅴ
		高运量地铁	大运量地铁	中运量轻轨	次中运量轻轨	低运量轻轨
适用车辆类型		A型车	B型车	C-Ⅰ、Ⅱ型车	C-Ⅱ型车	现代有轨电车
最大客运量(单向)(万人次/h)		4.5～7.5	3.0～5.5	1.0～3.0	0.8～2.5	0.6～1.0
线路	线路状态	隧道为主	隧道为主	地面或高架	地面为主	地面
	路用情况	专用	专用	专用	隔离或少量混用	混用为主
车站	平均站距(m)	800～1 500	800～1 200	600～1 000	600～1 000	600～1 000
	站台长度(m)	200	120～160	120	<100	<60
	站台高低	高	高	高	低(高)	低
车辆	车辆宽度(m)	3	2.8	2.6	2.6	2.6
	车辆定员(站6人/m²)	310	240	220	220	104～202
	最大轴重(t)	16	14	11	10	9
	最大速度(km/h)	80～100	80	80	70	45～60
	平均运行速度(km/h)	34～40	32～40	30～40	25～35	15～25
	轨距(mm)	1435	1 435	1 435	1 435	1 435

系统类型	I	II	III	IV	V
	高运量地铁	大运量地铁	中运量轻轨	次中运量轻轨	低运量轻轨
供电　额定电压(V)	DC1500	DC750	DC750	DC750(600)	DC750(600)
供电　受电方式	架空线	第三轨	架空线/第三轨	架空线	架空线
信号　列车自动保护	有	有	有	有/无	无
信号　列车运行方式	ATO/司机驾驶	ATO/司机驾驶	ATO/司机驾驶	司机驾驶	司机驾驶
信号　行车控制技术	ATC	ATC	ATP/ATS	ATP/ATS	ATP/CTC
运营　列车编组	6～8	6～8	4～6	2～4	2
运营　列车最小行车间隔	120	120	120	150	300

任务一　了解有轨电车系统

有轨电车(Tram 或 Streetcar)是使用电车牵引、轮轨导向、1～3辆编组运行在城市线路上的低运量轨道交通系统。有轨电车通常采用地面线,有时也有隔离的专用路基和轨道,隧道或高架区间仅在交通拥挤的地带才被采用。有轨电车轨道系统的建设投资较小,见效较快,但运输能力相对也较小。

有轨电车是最早发展的城市轨道交通之一,一般设在城市中心穿街走巷运行,具有上车方便的特点。

有轨电车起源于城市公共马车,为了多载客,人们把马车放在铁轨上。随着电动机的发明和牵引电力网的出现,世界上第一条有轨电车线于1888年5月在美国弗吉尼亚州里士满开通。到20世纪20年代,美国的有轨电车总长达2.5万km。到20世纪30年代,欧洲、日本、印度和我国的有轨电车有了很大发展。19世纪后期和20世纪前期是有轨电车的发展高峰。

旧式的有轨电车单向运输能力一般在1万人次/h以下,通常采用地面路线,与其他车辆混合运行,运行速度一般在10～20km/h之间。由于与公共汽车及行人共用街道路权,且平交道口多,因而其运行所受的干扰多,速度慢。

1908年3月5日,我国第一条有轨电车线在南京路上建成通车,随后北京、天津及东北一些城市相继修建了有轨电车,在当时的城市公共交通中发挥了重要作用。

旧式有轨电车由于运能、挤占道路、噪声等问题,在20世纪50～60年代世界上各大城市纷纷拆除有轨电车线路,改建运量大的地铁轻轨交通。我国的有轨电车在20世纪50年代末已拆得所剩无几,仅大连、长春和鞍山3城市保留。大连还对有轨电车进行了改造,使其成为城市的一张名片。

旧式的有轨电车已停止了发展,基本上完成了它的历史使命。经改造后的现代有轨电车与性能较差的轻轨交通已很接近,只是车辆尺寸稍小一些,运营速度接近20km/h,但运能可达2万人次/h。

由于近来人们环保意识和能源危机意识的不断提高与加强,有轨电车在世界不少城市有复苏的迹象,我国也有不少城市提出了恢复有轨电车的设想,其中备受瞩目的是天津泰达现代有轨电车项目。泰达现代有轨电车工程将分为两期,全程30km。一期工程为试验段,全长 8.8km,南起轻轨洞庭路站,北至大学城北部的学院区北站;二期工程则将试验段向两端延伸,向北连接北塘,向南接塘沽城区。试验段工程总投资(不含车辆)约 1.9 亿元人民币,预计设置车站 14 座,全部为地面站,并采用岛式站台。在车辆选择方面,将选用 8 列法国劳尔丁 Translohr 有轨电车。该车采用 100% 低底盘设计,地板与地面的距离尚不到 30cm,不但乘客上下车十分方便,就连残疾人的轮椅也能毫不费力地推上车,人性化设计理念显露无遗。而橡胶制成的电车动力轮,将运行时的噪声减到最低,也会大大降低车辆对路面的损坏。

任务二　了解地下铁道系统

一、概述

严格地讲,地下铁道是一个历史名词,其原始意义是修建在地下隧道中的铁路。随着地下铁道的发展,其线路布置已不仅仅只局限在地下隧道中,根据需要也可以布置在地面或采用高架的方式修建,但城区内的线路还是以地下为主。

地下铁道简称地铁(Metro 或 Underground Railway 或 Subway),是城市快速轨道交通先驱。地铁是由电力牵引、轮轨导向、轴重相对较重、具有一定规模运量、按运行图行车、编组运行在地下隧道内,或根据城市的具体条件,运行在地面或高架线路上的快速轨道交通系统。

对世界各国地下铁道系统进行分类研究可知,地下铁道由于所采用的技术标准不同,又可分为重型地铁、轻型地铁与微型地铁三种类型,它们的运载能力因技术标准的不同而差别很大。目前,地下铁道的概念通常是指重型地铁,地铁的单向运能在 3 万人次/h,最高可达 6 万~8 万人次/h。最高速度可达 90km/h,旅行速度可达 40km/h 左右,可 4~10 辆编组。车辆运行最小间隔可低于 1.5min。驱动方式有直流电动机、交流电动机、直线电动机等。地铁造价昂贵,每公里投资在 3 亿~6 亿元人民币。地铁具有建设成本高,建设周期长的弊端,但同时又具有运量大、建设快、安全、准时、节省能源、不污染环境、节省城市用地的优点。地铁适用于出行距离较长、客运量需求大的城市中心区。一般认为,人口超过百万的大城市就应该考虑修建地铁。地铁的主要技术参数如表 2-2 所示。其服务范围主要集中在城市市区。

地铁主要技术参数　　　　　　　　　　　　　　表 2-2

顺序	项　目	技术参数	顺序	项　目	技术参数
1	高峰小时单向运输能力(人)	30 000 ~ 70 000	9	安全性和可靠性	较好
2	列车编组	4~8 节、最多 11 节	10	最小曲线半径(m)	300
3	列车容量(人)	3 000	11	最小竖曲线半径(m)	3 000
4	车辆构造速度(km/h)	80 ~ 100	12	舒适性	较好
5	平均运行速度(km/h)	30 ~ 40	13	城市景观	无大影响
6	车站平均间距(m)	600 ~ 2 000	14	空气污染、噪声污染	小
7	最大通过能力(对/h)	30	15	站台高度	一般为高站台,乘降方便
8	与地面交通隔离率	100%			

二、系统构成

地下铁道由于大部分线路在地下或高架通行,因此技术水平要求较高,可靠性和安全性要求也高。地铁系统与国家铁路干线一样,主要由线网、轨道、车站、车辆、通信信号等设备构成,要求各部分能够有机结合,协同动作,最大限度地完成输送任务。

(一)地铁线网

城市化初期,大都市的地铁线路一般只有1到2条,尚没有形成网络,随着城市范围的扩展,城市人口急剧增加,城市既有交通设施已远远不能满足居民出行的需求,要求建设地铁的呼声越来越高。世界性的大都市开始加快建设地铁的步伐,地铁线路由原先的少数几条相互不甚关联的线路发展成纵横交错、错落有致的地铁网络,由整个网络共同承担繁重的城市客运任务。比如莫斯科地铁从1933年开始修建,迄今为止已有9条地铁线路,8条是放射线,一条是环线,环线把所有地铁线联成一个整体,在城市公共交通中发挥着巨大的作用。据2010年统计,地铁年客运量23亿人次,占莫斯科公共交通总客运量的43%,而且由于地铁线网与城市总体布局有机结合,莫斯科地铁的运营效率与世界各大城市相比是最高的。

(二)轨道与线路

考虑乘客出行方便、土地充分利用、节约建设费用等因素,地铁线路的走向一般选择易于施工和客流相对比较集中的地区。地铁线路按其在运营中的地位和作用划分为正线、辅助线和车场线。正线是车辆载客运营线路,行车速度高、密度大,要保证行车安全和乘坐舒适,线路标准要求高;辅助线是为了保证正线运营而配置的线路,速度要求低,标准也低;车场线是车辆检修作业用的线路,行车速度较低,线路标准只要满足场区作业即可。有时地铁线路间也设置联络线,用以满足车辆调配和转线运行的需要。

地铁轨道与地面铁路轨道基本相似,我国采用标准轨距1 435mm,以便与铁路相互配合,更好地利用我国铁路的技术、设备。地铁钢轨采用重型钢轨,道床为碎石道床或混凝土道床。碎石道床绝缘性和抗振性好,但养护和维修工作量大。混凝土道床维修方便,但需用弹性扣件和橡胶垫板等来改善轨道的弹性。

例如,华盛顿地铁在铁轨下垫放厚38mm的橡胶垫板,并在混凝土道床和隧道结构底板间加铺弹性毡,以减少地铁振动对地面建筑物的影响。为了提高轨道弹性,有少数国家的地铁采用钢筋混凝土纵向连续轨枕。

(三)车站

车站是旅客乘降的场所,也是地铁面向公众开放的窗口,车站的规模大小、设施先进程度、服务水平,从某种程度上也反映了城市的综合实力、科技发展水平以及精神文明程度。因此,世界各国大都市都比较重视地铁车站的建设。莫斯科地铁车站富丽堂皇,艺术价值和观赏性相当强;蒙特利尔地铁车站与周围环境有机融为一体,环境优美,令人流连忘返;华盛顿地铁车站朴实大方,极具实用性;东京地铁车站则多设于都市繁华闹市区,既吸引客流,也进一步促进商务中心的繁荣。

地铁车站按运营性质可分为中间站、尽头站、换乘站和折返站;按结构形式可分为地下车站、地面车站和高架车站;按机能又分为郊外站、市内站、联络站和待避站;按车站与轨道的相对位置又可分为岛式站台车站和侧式站台车站两种。

地铁车站出入口的数目、通道和楼梯的宽度、自动扶梯的条数、检售票设备数量以及站台面积等都要能满足高峰客流量的需要。车站内还应有各种标志、指示图表、广播设备和问讯处等,以保证车站为乘客提供优质服务。

(四)供电系统

电能是地铁系统必需的能源,几乎所有的地铁设备都离不开电力供应,一旦供电中断,整个地铁运输将陷入瘫痪状况。因此,高度安全、可靠的供电系统是地铁正常运营的重要条件和保证。

地铁供电系统一般包括:牵引供电系统、动力照明系统和高压电源系统。牵引供电系统供给地铁车辆运行需要的电能,由牵引变电所和接触网或接触轨组成;动力照明系统提供车站和区间各类照明、风机、水泵等动力机械设备电源和通信、信号、自动化等设备电源,它由降压变电所和动力照明配电线路组成;高压电源系统视各城市具体情况而定,可以是市电直接供给地铁各变电所,也可由城市高压供电线路集中供给地铁线路,然后由电源变压器再分配给地铁沿线各变电所,还可以是这两种情况的综合。

(五)通信信号系统

通信信号系统在地铁中的作用相当重要,既要确保行车安全,指挥列车运行,又要提高运营效率,充分利用通过能力。因此,目前国内外有关科研机构都在进一步加紧研制更加先进的通信信号设备。

根据地铁高速度、高密度、短间隔的特点,地铁信号系统从传统的以地面信号为主发展到自动监控列车速度和自动调整列车追踪间隔的方式。地铁信号系统按其功能可分为以下几部分:自动闭塞、联锁、列车自动监视系统、列车自动监控系统、列车自动防护系统、列车自动运行系统。

地铁通信系统是个自成体系的、独立完整的内部通信网,是为了迅速、准确、可靠地传递和交换语音、图像、数据信息。通信网由光纤数字传输系统、数字电话交换系统、闭路电视监视系统、无线调度系统以及车站广播系统等组成。

(六)环控系统

地铁环境控制系统是地铁的重要组成部分,关系到乘客旅行安全和旅途心情,影响着地铁对广大市民的吸引力。早期地铁较少考虑环境问题,以致乘客乘坐地铁必须忍受高温、高湿及污浊的空气。随着经济和社会发展水平的提高,乘客对乘车环境有了更高的要求,不少城市开始在地铁系统中增设环境控制系统以满足乘客要求。

环境控制系统主要包括:地铁通风、空调和采暖等设备。

(七)车辆

地铁车辆作为旅客运载工具,不仅要保证运行的安全、可靠、快速,而且应考虑乘客的舒适和方便,以及公共交通所需的大容量。

地铁车辆不管采取何种模式,都是将电动车组编组,即装有牵引电机,能自行行走的电动客车。通常把无驾驶室的车辆称为中间车,没有牵引电机但有驾驶室的车辆称为控制车,牵引电机和驾驶室都没有的车辆称为拖车。在编组运行时,带驾驶室的控制车始终在列车的两端,其他车型在列车中的位置可以互换,一般编组辆数为4~8节,最多为11节。编组辆数由预测客流量以及行车间隔时间决定,如上海地铁1号线远期采取8节编组,近期采取6节编组。

无论是动车还是拖车,地铁车辆主要由以下几部分组成:车体、转向架、牵引缓冲装置、制动装置、受流装置、车辆内部设备、车辆电气系统,具体介绍详见项目四"轨道交通车辆与车辆基地"。

由于地铁车辆主要在地下隧道中运行,而且地铁线路曲线半径小,坡度大,站距短,与地面轨道车辆相比应具备更好的技术性能。地铁车辆不同于其他轨道车辆的主要特征在于地铁车辆具有较好的加减速性能,启动快,停车制动距离短,平均运行速度高;地铁车辆具有较大的载客容量,车门数多,便于乘客上下车,缩短停站时分;地铁车辆车型小,适合隧道内运行,而且车辆采用难燃或阻燃材料制成,不容易发生火灾;地铁车辆技术含量较高,一般都安装列车自动控制、自动停车、自动驾驶装置等。

我国现有地铁车辆主要技术参数如表 2-3 所示。

地铁车辆主要技术参数   表 2-3

项 目 名 称	单位	上海地铁车辆	北京地铁车辆
体长度	m	有驾驶室 23.54 无驾驶室 22.1	19.0
车体宽度	m	3.0	2.8
车体高度	m	3.8	3.715
车辆轴距	m	2.5	2.165
每侧车门数	个	5	4
定员	人	310(超 410)	251(超 350)
自重	t	动车 38,拖车 32	动车 30.94,拖车 24.5
最高运行速度	km/h	80	80
平均启动加速度	m/s^2	0～25km/h 时,1m/s^2	0～36km/h 时,0.9m/s^2 0～80km/h 时,0.5m/s^2
平均制动减速度	m/s^2	常用 1 m/s^2,紧急 1.3 m/s^2	常用 1 m/s^2,紧急 1.2 m/s^2

三、适应范围

地下铁道之所以在世界范围内得到广泛的发展,一个很重要的原因就在于它具备城市道路交通不可比拟的优势。首先,地铁是一种大容量的城市轨道交通系统,单向每小时运送能力可以达到 3 万～7 万人次,而公共汽电车单向每小时运送能力只在 8 000 人次左右,远远小于地铁,因而在客流密集的城市中心地带建设地铁可以明显疏散公交客流,分担绝大部分城市公共交通流量;其次,地铁具有可信赖的准时性和速达性,地铁线路与道路交通隔绝,有自己的专用线路,不受气候、时间和其他交通工具的干扰,不会出现交通阻塞而延误时间,因而在保证准时到达目的地方面得到乘客的信赖,对居民出行具有很大的吸引力;第三,由于地铁大多在地下或高架,因而与其他交通方式无相互干扰,安全性高,在当今世界汽车泛滥、交通事故居高不下的情况下,地铁如果不发生意外或自然灾害,乘客安全总可以得到保障,这也是地铁吸引人的地方之一;第四,地铁噪声小,污染少,对城市环境不造成破坏。另一方面,在城市发展空间日益减小的今天,地铁充分利用了地下空间,节约出地面宝贵的土地资源为人类所用,这在一定程度上也刺激了地铁的发展。

虽然地铁具有很多其他交通方式并不具备的优势,但其缺点也相当突出,制约着地铁的进一步发展。地铁的绝大部分线路和设备处于地下,而城市地下由于各种管线纵横交错,极大地增加了施工工作量,而且在建设中还涉及隧道开挖、线路施工、供电、通信信号、水质、通风照明、振动噪声等一系列技术问题以及考虑防灾、救灾系统的设置等,都需要大量的资金投入,因此,地铁的建设费用相当高。在日本,每公里地铁建设费要超过 200 亿日元;在我国每公里地铁造价为 3 亿 ~6 亿元人民币。即使对于工业发达国家来说,大量建设地铁所需的建设费用也是难以承担的。地铁不仅建设费用比较高,而且建设周期长,见效慢。地铁还有一个致命的弱点在于一旦发生火灾或其他自然灾害,乘客疏散比较困难,容易造成人员伤亡和财产损失,对社会造成不良影响。

乘客选择交通方式,主要考虑的是速达性、准时性、便利性、舒适性、安全性和经济性。国外专家的研究表明:人口超过 100 万人的特大城市建设地铁是比较合适的,但如果在特定线路上,由于城市的特殊交通需求,人口在 50 万 ~100 万的城市也可考虑建设地铁;有关文献也指出,如果设计线路日客流量大于 15 万人次或单向高峰每小时客流量为 3 万 ~4 万人次,修建地铁也是比较合适的。当然,随着科学技术的发展,地铁车辆日益小型化、轻量化,建设费用不断降低,地铁的适应范围会不断扩展,为更多的城市所接受。

📖 拓展知识

地铁的新类型

科技发展为地铁车辆提供了广阔的发展空间。为了提高速度,地铁车辆供电电压由以往的直流 750V 且以第三轨供电居多改造为 1 500V;为了把地铁延伸到地面,采用架空接触导线供电。这种延伸到地面的地铁,不仅大大降低了造价、缩短了工期,而且加强了城市与郊区的联系。上海的地铁 1 号线就是这样一种广义的新型地铁。

法国巴黎、加拿大蒙特利尔等城市的地铁采用空气橡胶轮胎车辆。这种地铁车辆的特点是噪声小、黏着力大、乘坐舒适性好,适于坡度大、延伸到地面的地铁使用。

电动车组也在不断改进,目标是提高其加速和减速性能,并实现轻量化。为增加行车密度,保证安全,地铁已广泛使用列车自动控制系统(ATC)。

最近有一种新型地铁值得注意。这就是东京地铁 12 号线所使用的线性电机车辆。这是加拿大在 20 世纪 80 年代中开发成功并投入运营的新型城市轨道交通车辆。它采用线性电机牵引,径向转向架和自动控制等高新技术。由于线性电机相当于把旋转电机的定子和转子剖开展平,因此,相同功率的线性电机要比旋转电机缩小 3/4 的高度,这样就能缩小地铁隧道的横断面;加之这种车辆不是靠轮轨间的黏着力,而是靠电机上定子与地面上转子(导轨)之间的电磁力驱动,具有较大的爬坡能力,因而地铁隧道的纵断面也容许有较大的限制坡度。这种“小断面地铁”可大大降低地铁工程的造价。另一方面,由于线性电机车具有车身矮、质量轻、噪声低、通过小半径曲线和爬坡能力强等优点,因此,它可以“轻而易举”地跑出地面、跃上高架,它是地铁与高架轻轨接轨的理想车型。以线性电机车辆作动力,其深远的意义还在于它引起了轨道车辆牵引动力的变革。

任务三　了解轻轨系统

一、轻轨系统概述

轻轨(Light Rail Transit,LRT)是在有轨电车的基础上改造发展起来的城市轨道交通系统。轻轨是反映在轨道上的荷载相对于铁路和地铁的荷载较轻的一种交通系统。轻轨交通是个比较广泛的概念,公共交通国际联会(UITP)关于轻轨运营系统的解释文件中提到:轻轨交通是一种使用电力牵引、介于标准有轨电车和快运交通系统(包括地铁和城市铁路)、用于城市旅客运输的轨道交通系统。

轻轨铁路的原始含义是指车辆运行的线路所使用的钢轨比重型地铁所使用的钢轨轻。由于轻轨铁路的钢轨较轻,其整体的技术标准也低于地铁,因而轻轨的运输能力也远远小于地铁。当初使用的是轻型钢轨,现在轻轨已采用与地铁相同质量的钢轨。所以,目前国内外都以客运量或车辆轴重的大小来区分地铁和轻轨。轻轨是指运量或车辆轴重稍小于地铁的快速轨道交通。在我国《城市轨道交通:工程项目建设标准》(建标104—2008)中,把每小时单向客流量为 0.6 万～3 万人次的轨道交通定义为中运量轨道交通,即轻轨。

轻轨交通一般采用地面和高架相结合的方法建设,路线可以从市区通往近郊。列车编组采用 3～6 辆,铰接式车体。由于轻轨交通采用了线路隔离、自动化信号、调度指挥系统和高新技术车辆等措施,最高速度可达 60km/h,克服了有轨电车运能低、噪声大等问题。

由于轻轨交通具有投资少(每公里造价在 0.6 亿～1.8 亿元人民币)、建设周期短、运能高、灵活等优点,因此发展很快。目前,无论是发达国家,还是发展中国家,轻轨交通方兴未艾。各国纷纷根据自己的国情,制订相应的轻轨交通发展战略和模式。

纵观各国情况,大致有以下三类发展模式。

(1)改造旧式有轨电车为现代化的轻轨交通。这种模式以德国、前苏联以及东欧各国为典型代表。德国国内共有 35 个城市运行着有轨电车,线路总长 3 200km,有轨电车 5 200辆,是城市公共交通运输的重要组成部分。为了改造成轻轨交通系统,德国首先对有轨电车网进行了整顿,使其趋于合理,有的线路设为专用车道,有的线路改建到地下,从根本上改变了有轨电车与其他交通的混杂运行情况;其次,还对有轨电车车辆进行现代化改造,研制出先进的轻轨车辆以供使用。即使在日本的一些大中城市,尽管它们有完善的轨道交通系统和交通结构,却仍然花大力气改造有轨电车,生产新型的轻轨车辆应用在广岛、长崎、熊本等城市。

(2)将废弃铁路线路改建成轻轨线路。这种方式以美国圣迭戈轻轨交通为代表。那里轻轨交通只有一条线路,全长 25.6km,早先是从市区圣太飞火车站到墨西哥边境的铁路线路,后来被飓风破坏,圣迭戈市于是就将其改造成为轻轨线路,为城市公共交通服务,现在这条线路运营状况良好。圣迭戈市也因此成为美国修建轻轨的第一座城市。类似情况在欧洲也屡见不鲜,瑞典的哥德堡、德国的卡尔·马克思州也都采用这一方式。目前我国上海市轨道交通明珠线一期工程也是将原有城市内部铁路改造为轻轨线路。

(3)建设轻轨交通新线路。对于第三世界国家的大城市而言,修建轻轨交通要比修建地铁更经济实惠。因此,诸如马尼拉、鹿特丹、香港等城市都相继新建了轻轨交通。经过 100多年的发展,轻轨已形成 3 种主要类型:钢轮钢轨系统、线性电机牵引系统和橡胶轮轻轨系统。

①钢轮钢轨系统即新型有轨电车,是应用地铁先进技术对老式有轨电车进行改造的成果。

②线性电机牵引系统(Linear Motor Car)是由线性电机牵引、轮轨导向、车辆编组运行在小断面隧道及地面和高架专用线路上的中运量轨道交通系统。20 世纪 80 年代,加拿大成功地开发了线性电机驱动的新型轨道交通车辆。它采用线性电机牵引、径向转向架和自动控

制等高新技术,综合造价节约近20%。它与轮轨系统兼容,便于维护救援,具有较大的爬坡能力。线性电机技术在加拿大、日本、美国都取得了较大的成功,由此研制的线性电机列车也投入了使用。线性电机列车在我国的广州和北京也有应用。

③橡胶轮轻轨系统采用全高架运行,不占用地面道路,具有振动小、噪声低、爬坡能力强、转弯半径小、投资较少等优点。

二、国外城市轻轨交通概况

目前,世界拥有城市轨道交通系统的320个城市中,拥有地铁的城市占5%,拥有地铁和轻轨的占11%,拥有轻轨和有轨电车的占84%。在轻轨交通中,前苏联占40%,东、西欧各占20%,其余分布在美、日、澳、加等国。第三世界国家也开始认识到轻轨交通的作用,非洲第一届城市公交会议明确指出,在非洲城市中要用轻轨交通来取代拥挤不堪的公共汽车。扎伊尔、突尼斯、泰国、菲律宾、新加坡等国家的城市已建或在建轻轨交通系统。轻轨交通系统正发挥着越来越重要的作用。

下面列举几个有代表性的城市,简要介绍它们的轻轨交通系统。

美国萨克拉门托市,市区人口约92万人,1987年3月建成一条穿越市中心的轻轨交通线路,全长29.4km,共有27个车站,轨距为1435mm,采用直流750V电压制,架空接触网供电。运行间隔1.5min,采用六轴单铰接车辆32辆,并按单一票制进行管理,建成后至1987年9月已运送乘客达百万人次。

法国南特市,市区人口约45万人,1984年建成一条自东向西穿过市区的轻轨交通线路,它也是法国首次建成的第一条现代化轻轨交通系统。线路全长10.6km,共设22个车站,轨距为1435mm,采用直流750V架空接触网供电,选用车型为六轴单铰接车28辆。行车间隔3min,平均旅行速度24km/h,目前年客运量接近2000万人次。

菲律宾马尼拉市,城市总人口800万人,1985年建成一条规模较大的现代化轻轨交通系统,线路全长15km,为全高架式轨线,共设18个车站,轨距为1435mm,采用直流750V架空接触网供电,选用车型为八轴双铰式车辆64辆。高峰时行车间隔2.5min,平时3~5min,并设有信号系统和列车自动防护装置。平均旅行速度为39km/h,采用单一票价制管理,全部车站出入口自动开闭门,配有检查员管理。

加拿大温哥华市,市区人口约120万人,1986年建成世界上第一条全自动化、线性电机牵引的轻轨交通系统,线路全长22.5km,其中有13km为高架,共设车站16座,轨距1135mm,采用直流600V侧轨供电方式,车辆总数为114辆,行车间隔3~5min,信号系统由计算机集中控制,全部列车以无人驾驶全自动控制方式运行。这是当今世界上投入运营技术最先进的轻轨交通系统。

三、主要技术指标

目前,蓬勃发展的轻轨交通,集各种先进技术于一身,无论是轨道、车辆,还是通信信号、供电、环控系统,都采用了现代化程度较高的技术设备,因而可以快速、安全、便捷地完成中等客运量的旅客运输任务。

轻轨交通是中等运量客运交通系统。以现代有轨电车为例,其单向高峰小时客运量在10 000~30 000人次之间,是地铁的1/3~1/2,比公共汽电车的每小时8 000人次高出数倍,而轻轨交通的工程造价却要比地铁减少2/3还多,为广大经济实力并不太强的城市所接受,因此这种中等运量的"客运走廊"受到人们的普遍欢迎。

轻轨交通系统(现代有轨电车)的主要技术参数如下。

1. 客运量

轻轨交通是介于公共汽车和地铁之间的中运量交通系统,客运量适应范围为单向高峰小时 10 000～30 000 人次,最大不宜超过 40 000 人次。中心车站则可以更密集一些。

2. 线路

轻轨线路有地下、地面和高架 3 种形式,具体采用何种形式应结合城市总体布局,充分考虑城市用地、客流方向、环境保护等因素。

线路要与现有交通系统衔接良好,把住宅区、商业区、办公区有机联系在一起,为乘客出行提供方便。

线路最小曲线半径,正线不小于 100m,地面线困难时不小于 50m,车场线不小于 25m,线路正线最大坡度为 60‰,为了保证曲线线路运行平顺,还应设缓和曲线和曲线间的夹直线。

3. 轨道

轻轨系统的轨道结构一般应采用国家标准,以方便维护,而且远期还可以考虑与其他轨道交通方式统一管理,充分发挥网络功能。

正线钢轨一般采用 50kg/m,除小半径曲线地段外,均可铺设无缝线路,以提高行车质量,减少噪声污染。

4. 车辆

轻轨交通车辆基本上可分为四轴车、六轴单铰接式车和八轴双铰接式车 3 种。每种车还可以分为双驾驶室、单驾驶室和无驾驶室车,均为动车。它们既可单节运行,也可编组运行。

我国目前一般选择两端设驾驶室,六轴单铰接直流电动车辆为基本车型,最多可 4 辆连挂。

5. 车站

根据线路位置、地形条件、行车组织要求以及乘降客流量可以决定轻轨车站的规模、形式和位置。

车站应考虑设置在客流集散点,如铁路车站、机场、码头、商业中心、娱乐中心、居民区、办公区及公交枢纽站附近。

车站建筑形式应与城市景观和地面建筑相互协调,浑然一体。

车站间距以 1 000m 左右为好,郊区地段可以适当加长,市中心车站则可以更密集一些。

6. 供电系统

安全、可靠的供电系统是保证正常运输秩序和乘客人身安全的先决条件。因此,轻轨的供电系统属国家一级负荷,由双路电源供电,而且其中一路必须是专用线路,保证电能安全、连续供给轻轨系统。

新建轻轨交通电压制,应按国际标准 DC750V 电压制选用,并采用架空线接触网的馈电方式。

7. 通信信号系统

通信信号起着保证行车安全与提高运输效率的作用,一般应满足如下原则:

系统必须具有确保行车安全,提高运输效率,为乘客提供安全、可靠、舒适服务的能力。

系统必须结合实际,采用先进技术,在经济合理条件下充分利用高科技,提高现代化水平。

系统必须符合功能综合、设备一体化的要求,并留有设计余量,能适应远期发展需要。

8. 环境保护

随着经济和社会发展,城市居民对生活质量的要求相应提高,更加重视人与环境的相互协调、相互依赖的发展关系,因此轻轨交通产生的噪声问题就成为部分城市对轻轨望而却步的主要原因。

采用先进技术、减少噪声污染是轻轨技术发展的重要原动力,而且现在在轨道和车辆的研制上已取得明显效果。在技术上改善的同时,城市规划部门应尽量避免在轻轨线路周围设置住宅区,以使居民避开噪声影响。

科学、合理安排轻轨线路,积极采取措施减少环境污染,轻轨交通对城市的负面作用就微乎其微。

四、轻轨交通在我国的前景展望

在我国的许多大中城市,经济基础薄弱是制约交通建设的主要因素,选择经济合理而且符合我国人口众多这一国情的交通模式是当务之急。轻轨交通,既免除了地铁的昂贵投资,又具有中运量的特点,特别是其建设标准低于地铁,因而其国产化进程容易推进。因此,选择轻轨交通作为城市公共交通的主要发展目标是极为适当和势在必行的。轻轨交通是适合我国大中城市,特别是中等城市的轨道交通运输方式。

我国的轻轨交通建设,必须从国情出发,既要采用先进技术,向国际先进水平靠近,也要考虑实际,充分利用我国现有的技术条件和科技能力,走自力更生发展轻轨交通的道路。

拓展知识

轻轨交通系统的类型

轻轨交通系统由于其不同的使用范围和技术特点,各国的分类大不相同。

1. 日本轻轨交通的分类

日本将其分为有轨电车型、市郊有轨电车型、地下铁道型、铁路电车型、新交通系统型5种类型。其中,有轨电车系指在旧式有轨电车基础上改造而成的新型交通工具,一般采用专用车道,以欧洲一些国家如德国为典型代表;市郊有轨电车型基本采用路面交通,只是在技术上要比旧式有轨电车更先进、安全、可靠,主要应用在人口密度较低的市郊住宅区,波士顿、斯德哥尔摩以及日本的镰仓属于这种类型;由于地铁工程造价昂贵,不易负担,于是人们采用部分地下、部分地面,以及小断面、小曲线、陡坡道等办法节省投资,建造地下铁道型轻轨交通系统,英国纽卡斯尔、比利时布鲁塞尔也称其为"半地铁"或"准地铁"。日本的这种分类方法,有其合理的方面,也有不确切的地方,即把新交通系统、独轨系统等与轻轨导向方式不同的轨道交通系统也包括在轻轨交通系统之中。

2. 德国轻轨交通的分类

德国将轻轨交通划分为四级,按照有轨电车改造的不同阶段作为标准,一级相当于有轨电车的现代化,线路全部在地面上,只是新建线路采取有隔离带的专用车道;二级在人口密集的闹市区修建少量的高架或隧道线,而在郊外则采用路堑或路堤形式,车站根据运营要求和城市具体情况采用高站台或低站台;三级轻轨交通,隧道部分增加,全部为专用行车道,与公路没有共行线路,广泛采用列车速度控制和计算机控制运行的指挥系统;四级轻轨交通只用于特大城市,系统自动化程度高,运量最大可达到单向高峰小时 40 000 人次。

3.其他分类

轻轨交通按路权分,又可分成初级、中级、高级三个等级。初级轻轨交通的线路以地面线为主,采用半封闭行车专用道,主要道口为立交,次要道口为平交,列车 2 ~ 3 辆编组,运送能力为 0.8 万 ~ 1.5 万人次/h;中级和高级地面线路全部采用封闭式行车道,以隧道和高架为主,中级轻轨运送能力在 1.6 万 ~ 2.8 万人次/h,高级轻轨运送能力在 2.8 万 ~ 3.8 万人次/h。

任务四 了解城市(市郊、城际)铁路系统

一、城市(市郊、城际)铁路系统概述

所谓城市铁路,指的是由电气或内燃机牵引、轮轨导向、车辆编组运行在城市中心与市郊、市郊与市郊、市郊与新建城镇间,以地面专用线路为主的大运量快速城市轨道交通系统。通常其所有权不属于所在城市的城市政府,而由铁路部门经营。

线路设施与干线铁路基本相同,服务对象以城市公共交通客流即短途、通勤旅客为主,是连接城市市区与郊区以及连接城市周围几十公里甚至更大范围的卫星城镇的铁路,它往往又是连接大中城市干线铁路的一部分,因此它具有干线铁路的技术特征,如轨道通常是重型的。

城市铁路通常分成城市快速铁路和市郊铁路两部分。城市快速铁路是指运营在城市中心,包括近郊城市化地区的轨道系统,其线路采用电气化,与地面交通大多采用立体交叉。市郊铁路是指建在城市郊区,把市区与郊区,尤其是与远郊联系起来的铁路。市郊铁路一般和干线铁路设有联络线,设备与干线铁路相同,线路大多建在地面,部分建在地下或高架。其运行特点接近于干线铁路,只是服务对象不同。

市郊铁路是城市铁路的主要形式。市郊铁路是伴随着城市规模的扩大、卫星城的建设而发展起来的,通常使用电力牵引和内燃牵引,列车编组多在 4 ~ 10 辆,最高速度可达 100 ~ 120km/h。市郊铁路运能与地铁相同,但由于站距较地铁长,运行速度超过地铁,可达 40km/h 以上。

因为市郊铁路与城市轻轨不同,故又被叫做重轨铁路,因为其与干线铁路亦不同,所以也常被称为通勤铁路或月票铁路。

众所周知,产业革命以后,铁路进入蓬勃发展时期,无论是城市间的客货交流,还是城市交通,铁路都承担了绝大多数客货流量。铁路发达程度成了经济发展与社会进步的象征,当时几乎所有的世界性大都市都有若干条铁路干线通向四面八方,把不同的城市连接成一个整体,极大地促进了经济发展和社会进步。汽车时代的到来改变了这一切,由于汽车乘坐方便,不受线路限制,可以实现“门到门”运输,免去换乘之苦,因而在发达国家迅速发展起来,逐渐取代了铁路的统治地位,成为城市间与城市内交通的主要形式,在美国甚至出现拆铁路的情况。小汽车促使城市范围急剧扩大,城市道路面积与日俱增,但也带来了严重的环境问题,交通阻塞、空气污染破坏着城市这个有机体的良性循环,在曼谷甚至出现市中心行车时

速不足 3km/h 的严重阻塞现象。发达国家的教训使人们发现,在交通量巨大的城市发展小汽车并不是明智之举,于是开始重新重视铁路在城市交通中的应用,而且由于早期形成的铁路设施和客站都在市中心或近郊,可以重新被利用,这就为市郊铁路的发展奠定了坚实的基础,城市铁路在城市中的地位和作用也逐渐得到重视。日本、德国、前苏联以及东欧国家从20 世纪 50 年代起就开始建设市郊铁路。例如,日本东京交通圈包括以东京为中心的 50km半径范围,由东京都和周围 7 个县组成,在白天以通勤、通学、购物、娱乐为目的进城的人很多,尤其是千代田区日间人口是常住人口的 15 倍,交通流量极大,特别是早晨高峰时间,1 小时约有 100 万人从郊外涌向市区,市郊铁路在缓解这一客流方面起到了极为重要的作用。另外,从巴黎市的公共交通运量比例中,也可以看出市郊铁路的重要地位和作用。在巴黎正常工作日的高峰小时交通流量中,市郊铁路的运量占总运量的 40% 以上,地铁占 40%,这说明在 5 个巴黎市民当中,有 2 人使用市郊铁路,2 人使用地铁或其他公共交通工具,只有一人使用私人小汽车,由此不难看出市郊铁路在现代化都市中的作用。

日本研究资料表明,市郊铁路的运营效率、能源消耗、投资费用以及土地利用等指标明显优于其他交通方式,市郊铁路的投资额大约是地铁的 1/10 ~ 1/5,人公里的能源消耗是汽车的 1/7 左右,而且运送能力单向每小时高达 60 000 ~ 80 000 人次,是一种经济可行的交通方式。

二、市郊铁路的形式

根据国外资料,目前大城市的市郊铁路主要有三种形式:

(1)独立的城市铁路网,是指专门或主要用于城市交通的铁路,如日本的 JR、德国的 S-Bahn、法国巴黎的 RER 等。这种铁路的技术设备好,列车运行速度快,效率高,可以实现按运行图行车,高峰小时最小列车间隔可达 1.5 ~2.0min,旅客候车时间短,但由于大多采用地下或高架线路,投资费用比较高,适合于人口密度大的城市。

(2)客运专线,指通常的铁路线路,可用于速度不同的各种旅客列车,包括市郊列车和长途列车,一般在上下班高峰小时为市郊列车专用。这种线路的利用率高,投资费用低,是市郊铁路的普遍形式。

(3)混合运输线。这种线路通常客货混跑,运行速度低,条件较差。

拓展知识

一、国外市郊铁路的运营管理模式

在国外,市郊铁路的运营管理形式多样,各有特色,主要有以下几种。

1. 由国营铁路公司经营

这种市郊铁路与国营铁路连接紧密,或者以前就是国营铁路的一部分,由于城市的发展成为市郊铁路,不再承担大宗货运任务,而以短途客运为主,如日本东京的山手线和武藏野两条环线形成"回"字形,主要担当东京市郊旅客运输。德国的 S-Bahn、伦敦、巴黎、莫斯科等城市的电气化市郊铁路也属于这一类。

2. 由私营铁路公司经营

在日本,除国铁外,不少私营铁路公司也建设了自己的市郊铁路,承担一部分城市公共交通任务。

3. 由城市公共交通公司经营

随着市郊铁路的发展,有的城市出现了专门经营市郊铁路的公共交通公司,如巴黎运输公司从1961年开始修建地区快速铁路线,简称 RER,全长274km,由3条线组成,133个车站,线路标准与大铁路相同,它提供了巴黎市区与20km以外郊区间的快速联系,并通过共用车站与国营铁路及地铁建立了良好的联系。美国旧金山的海湾铁路(BART),1971年由旧金山海湾快速铁路公司修建,全长120km,通勤职工占总客流的70%。它是美国第一条城市快速铁路系统。

4. 采用租赁形式

在加拿大多伦多市,山安大略州政府租用了加拿大国营铁路的市郊线,开展市郊旅客运输服务。在美国也有这种方式。

二、探索我国市郊铁路新模式

我国的大城市,一般同时也是铁路枢纽,由于市郊铁路尚没有形成方便快捷的市郊联络走廊,而且在我国,铁路与城市公共交通分属不同部门,条块分隔,难以协调统一,因此,市郊铁路的发展还很缓慢。

随着我国城市化进程的加速,城市圈、城市群的出现,我国铁路不应该只局限于城际间铁路运输一种模式,而应该积极向城市交通领域进军,大力发展城市轨道交通,尤其是市郊铁路网的建设。在这方面,法国的经验值得借鉴。

法国国营铁路公司积极介入巴黎的城市公共交通。法国国铁的6个火车站分布在巴黎的6个方向,且都成了巴黎城市交通的枢纽站,极大地方便了市民和旅游者。在巴黎,国铁的一部分线路归入了巴黎市交通管理局,有一部分线路由双方共管,还有一部分与巴黎周围铁路干线相连的线路仍由法国国铁管辖。法国国铁与巴黎市交通管理局有协议,上述所有线路上的车票、票价都是统一的。法国国铁的线路网是巴黎郊区与巴黎市中心联系的主要纽带,形成了大巴黎公共交通网的一部分,其运营长度达887km,共有327个车站,每天客运量超过100万人次,真可谓四通八达。这种条块结合的管理体制对我国很有启示。建议铁道部应把促进我国各大城市轨道交通建设作为重要工作,列入议事日程,抓紧抓好。

任务五　了解独轨系统

跨骑式单轨交通系统

一、独轨系统概述

独轨系统是车辆或列车在单一轨道梁上运行的城市客运交通系统。独轨系统的线路通常采用高架结构,车辆则大多采用橡胶轮胎。从构造形式上还可分为跨骑式独轨与悬挂式独轨两种。跨骑式独轨是列车跨坐在轨道梁上运行的形式,而悬挂式独轨则是列车悬挂在轨道梁下运行的形式。独轨系统由于道岔转换时间较长而制约着通过能力,因而单向小时最大运输能力在5 000~20 000人次之间,但它的爬坡性能很好,适合于在地面起伏较大的城市修建。我国重庆现已开通的轻轨线路就是采用的跨骑式独轨系统技术。

独轨交通历史悠久,早在1821年英国人 P. H. Dalmer 就开发了独轨铁路,并因此获得发明专利。1888年,法国人在爱尔兰铺设了约15km 的跨座式独轨铁路,采用蒸汽机车牵引,从此有动力的独轨交通走向实用化阶段,但因为车厢摇摆、噪声大等原因,1942 年这条线路停止运营。1893 年,德国人 Langen 发明了悬挂式独轨车辆,1901 年在伍拍塔尔开始运营,线路长 13.3km,其中 10km 跨河架设,成为利用街道上空建设独轨铁路的先驱。这条线路至今仍在使用,成为该市的一个历史景观。

随着科学技术的进步,独轨交通技术日臻成熟,轨道、车辆和通信信号都有了很大发展,再加上独轨交通可以利用道路和河流的上方空间,独轨技术受到一定的重视。特别是 1958 年研制出跨座式、混凝土轨道和橡胶充气轮胎的独轨交通制式,即目前所称的 ALWEG 型。美国、日本、意大利等许多国家都建设了这种形式的独轨交通,其中,日本建成多条独轨交通系统,是使用独轨交通最多的国家。

我国首条跨座式独轨交通线路是在有"山城"之称的重庆修建的。重庆轨道交通 2 号线(较新线)一期工程于 2004 年建成,全线于 2006 年开通,独轨客车技术是从日本引进的。跨座式独轨交通十分适合重庆市道路坡陡、弯急、路窄的地形特点,同时由于结构轻巧、简洁、易融于山城景色取得较好的景观效果。

二、独轨交通系统的优缺点

1. 优点

独轨交通与轻轨交通相比,突出优点如下。

(1)占用土地少。高架独轨不需要很大空间,每根支柱直径仅为 1～1.5m,双线轨道梁的线路断面总宽度为 5～7m,与其他高架轻轨系统相比是最窄的。

(2)运量较大。国外独轨列车一般由 4～6 辆组成,列车运输能力每小时为 5 000～20 000 人次。

(3)能适应复杂地形要求。由于使用橡胶轮胎,可以适应复杂地形的要求,适宜在狭窄街道的上空穿行,可减少拆迁,降低造价。

(4)建设工期短,造价低。高架独轨结构简单,易于建造,因此工期较短,造价较低,一般为地铁的 1/3。

(5)运输能确保安全。由于车辆与轨道的特殊结构,在轨道梁两侧均有起稳定作用的导向轮,能确保运行安全。

(6)噪声与振动均低,且无排气污染等公害。由于采用橡胶轮胎,所以振动和噪声大大降低,此外,电力驱动也不存在污染环境的问题。

(7)对日照和城市景观影响小。由于高架独轨占用空间少,沿线不会投下很大的遮光阴影,并且对城市景观还能起到一定的点缀作用。

2. 缺点

独轨车辆的弱点有以下几个方面。

(1)它的运量在实践中还没有达到过计算运量。所以,对独轨车辆的最大运量问题尚需进一步论证。

(2)这种类型车辆我国还没有研制的经验,而引进的价格每辆高达 160 万美元。

(3)独轨交通也存在橡胶轮与轨道梁摩擦产生橡胶粉尘的现象,对环境有轻度污染。

(4)列车运行在此区间发生事故时救援比较困难。

(5)独轨铁路的导向、稳定及转辙装置等关键技术问题尚未完全解决。

(6)独轨交通的运输能力与有轨电车接近,技术要求却高得多。

三、适用范围

国外研究表明,在人口不少于100万人的城市建设独轨交通是比较合理的,但城市人口不足100万人的,如德国伍拍塔尔也有独轨交通线路,而且运营良好。因此,各城市应结合自己的实际,对地铁、轻轨交通、独轨交通进行充分细致的技术经济比较,最终选择经济、合理、高效的轨道交通方式。

尽管独轨交通已经经历了一个多世纪的发展历程,但因为独轨铁路的导向、稳定及转辙装置等关键技术问题尚未完全解决,而且独轨交通的运输能力又与有轨电车不相上下,技术要求却高得多,因此在世界范围内并没有得到广泛的应用。

任务六　了解磁悬浮系统

一、磁悬浮系统概述

磁悬浮交通(Magnific Levitation for Transportation)是一种非轮轨黏着传动,悬浮于地面的交通运输系统。磁悬浮列车是利用常导磁铁或超导磁铁产生的吸力或斥力使车辆浮起,用以上的复合技术产生导向力,用直线电机产生牵引动力,使其成为高速、安全、舒适、节能、环保、维护简单、占地少的新一代交通运输工具。由于列车在牵引运行时与轨道之间无机械接触,因此从根本上克服了传统列车轮轨黏着限制、机械噪声和磨损等问题,所以它也许会成为人们梦寐以求的理想陆上交通工具。

磁悬浮系统的轨道往往也采用轨道梁的高架结构,它的时速可达到500km以上,是当今世界上最快的地面客运交通工具,有速度快、爬坡能力强、能耗低的优点,每个座位的能耗仅为飞机的1/3、汽车的70%。它运行时噪声小、安全舒适、不烧油,污染小。

自1922年德国人赫尔曼·肯佩尔(Hermann Kemper)提出了电磁浮原理,并在1934年获得世界上第一项有关磁浮技术的专利,到现在已有90年的历史。而磁浮技术的真正发展始于20世纪70年代,以德国为代表的常导磁浮技术和以日本为代表的低温超导磁浮技术比较成熟,接近或达到商业运营要求。

二、磁悬浮列车的分类

磁悬浮列车从悬浮机理上可分为常导电磁悬浮(EMS)、超导电动悬浮(EDS)及永磁补偿悬浮三种。常导电磁悬浮就是对于车载的、置于导轨下方的悬浮电磁铁通电励磁而产生磁场,悬浮电磁铁与轨道上的铁磁性构件相互吸引,将列车向

中低速磁悬浮列车

上吸起悬浮于轨道上,悬浮间隙一般为8~10mm,通过控制悬浮电磁铁的励磁电流来保证稳定的悬浮间隙。导向原理与悬浮原理相同,是通过车辆下部侧面的导向电磁铁与轨道侧面的导向轨道磁铁相互作用,实现水平方向的无接触导向。列车的驱动是通过直线电机来实现的。由于电磁式悬浮是采用普通导体通电励磁,故又称为常导磁浮。因为常导电磁式悬浮技术的悬浮高度较低,因此对线路的平整度、路基下沉量及道岔结构方面的要求较高。

最新的常导电磁式磁浮列车以德国的Transrapid(简称TR)08型和日本的HSST100L型为代表。常导电磁浮列车根据其原理,既可设计为高速(400~500km/h),如德国的TR型;

也可设计为低速(100km/h 左右),如日本的 HSST 型。

　　超导电动磁悬浮就是当列车运动时,车载磁体(一般为低温超导线圈)的运动磁场在安装于 U 形线路两侧的悬浮线圈中产生感应电流,两者相互作用,产生一个向上的磁力将列车悬浮于路面一定高度(一般为 100~150mm)。由于电动悬浮是利用安装在车辆上的超导线圈,故又称为超导电动悬浮。有低温(热力学温度 4.2K)超导和高温(热力学温度 77.4K)超导之分。

　　导向与悬浮在原理上是相同的,只是使左、右线圈产生的力的方向相差 180°,因而相对车辆中心线的任何左右位移将产生恢复力,即导向力。列车的驱动也是靠直线电机来实现的。与常导电磁式悬浮相比,超导电动悬浮系统在静止时不能悬浮,必须达到一定速度(约 150km/h)后才能起浮。超导电动式悬浮系统在应用速度下,悬浮间隙较大,对线路的要求不十分严格。超导电动悬浮式磁悬浮列车以日本的 MLX 型超导磁悬浮列车为代表。

　　永磁悬浮技术是采用"永磁补偿式悬浮技术"研制出来的磁悬浮交通系统,在中国和美国等国家均有研究。永磁悬浮技术是利用轨磁与翼磁形成斥悬浮工作机构,补磁与导磁板轨形成吸悬浮工作机构,两者协同工作提供悬浮力,实现永磁悬浮列车的运行。永磁悬浮具有悬浮能力大、耗能低、控制简捷、安全可靠、技术实现方式成本低的特点。永磁补偿悬浮系统以中国大连磁谷科技研究所拥有完全自主知识产权的低速暗轨磁悬浮技术验证车"中华01 号"和高速吊轨磁悬浮验证车"中华 06 号"为代表。

　　我国磁悬浮交通的研究始于 20 世纪 80 年代,西南交通大学、国防科技大学都有不少研究成果。2003 年开通的上海高速常导磁悬浮商业运营线更为我国磁悬浮交通的发展提供了动力。

　　2007 年,研发时速 500km 高速磁悬浮交通被列为国家科技支撑计划交通运输领域的重大项目。该项目包括磁悬浮车辆、悬浮导向控制技术、牵引控制技术、运营控制技术和系统集成技术等全套技术设备和部件,建立高速磁悬浮交通系列规划、设计技术和标准体系,建设一条 30 km 高速磁悬浮列车试验线,完成具有自主知识产权的定型化工业试验。该项目的实施,标志着我国磁悬浮交通的发展进入了一个新的时期。

拓展知识

磁悬浮系统的商业运营

　　历史上,1984 年在英国伯明翰开通了速度为 54km/h、长度为 620m 的商业运营线。

　　2003 年,中国上海开通了速度为 430km/h,路线长度 30km 的商业运营示范线。上海磁悬浮列车示范线西起上海地铁 2 号线龙阳路车站南侧,东到浦东国际机场一期航站楼东侧,线路总长 31.17km,设计时速和运行时速分别为 505km/h 和 430km/h,总投资 89 亿元。

　　2005 年 3 月,日本名古屋东部丘陵线开始商业运营,大量世博会期间的宾客通过干线铁路经由名古屋东部丘陵线到达世博园区。

　　虽然磁悬浮交通的发展取得了很大成绩,但目前还是新生的交通系统,从原理、结构、系统配置、运营组织以及商业运作上还有很多不完善的地方。

任务七　了解新交通系统

一、新交通系统概述

新交通系统(Automated Guideway Transit,AGT)是一个模糊的概念,不同国家和城市对此都有不同的理解,目前还没有统一和严格的定义。广义上认为,AGT 是那些所有现代化新型公共交通方式的总称。狭义上新交通系统则定义为:由电气牵引,具有特殊导向、操作和转向方式的胶轮车辆,单车或数辆编组运行在专用轨道梁上的中小运量轨道运输系统。在新交通系统中车辆在线路上可无人驾驶自动运行,车站无人管理,完全由中央控制室的计算机集中控制,自动化水平高。新交通系统与独轨交通有许多相同之处,最大的区别在于该系统除有走行轨外,还设有导向轨,故新交通系统也称为自动导轨交通。新交通系统的导向系统可分为中央导向方式和侧面导向方式,每种方式又可分为单用型和两用型。所谓单用型是指车辆只能在导轨上运行,两用型则指车辆既可在导轨上运行,又可以在一般道路上行驶。

新交通系统最早出现在美国,当初多为一种穿梭式往返运输乘客的短距离交通工具,曾被称为"水平电梯"或称为"空中巴士"、"快速交通"。在逐渐发展成一种城市客运交通工具后,一般称为"客运系统"(People Mover System)。后来日本和法国又作了进一步的技术改进和发展,并使其成为城市中的一种中运量客运交通系统。日本称为新交通系统(意指含有高度自动化新技术的交通系统),以区别于其他各种交通运输工具。法国称为 VAL 系统,名称来源于轻型自动化车辆(Vehicle Automatique Leger)的法文字母字头的拼音,也有一种说法,VAL 一词的来历是线路起始地名字头缩写而得名。

二、适应范围

之所以新交通系统在日本能够得到较快发展,是基于它明显的比较优势。首先,新交通系统客运能力为 5 000 ~ 15 000 人/h,高于公共汽电车,而且建设成本与地铁、轻轨相比又低得多,所以比较容易吸引人们的注意力;其次,新交通系统与独轨系统相似,运行在专用的高架轨道上,与其他车辆构不成干扰,运输效率较高;第三,新交通系统的车辆除采用橡胶轮胎外,其他设备与有轨车辆相差不多,并可利用现有的轨道交通运行规程,在技术上容易实现;第四,新交通系统既可采用车辆无人驾驶、车站无人管理的方式,也可省却自动运行系统,由人工操作,因而机动灵活,使用方便;第五,新交通系统节约能源,基本没有噪声污染,对保护环境有利。当然,新交通系统也有一个无法克服的缺点,就是它采用了独特的导向方式,车辆及轨道结构有别于其他轨道系统,因而兼容性不强,不能适应轨道交通一体化的发展趋势。

对于新交通系统的适应范围,目前日本较统一的看法是如果城市人口超过 100 万人,采用地铁或轻轨交通系统比较适宜,而对于城市人口在 20 万 ~ 100 万人的中等城市,新交通系统则更容易发挥它运量大、速度快、安全、准时的优点,是取代公共汽电车的主要交通方式。

拓展知识

新交通系统的应用

新交通系统自 1963 年美国西尼电气公司研发面世后,在世界许多地方被逐渐推广采用,尤以日本和法国无论是技术还是规模都处于领先的地位。

目前,世界各地已有几十条规模不等,用途不同,具体构造也有所不同的新交通系统线路。日本有10条线路,日本将高架独轨和新交通系统看做现代化的象征,故从1976年起作出规定,新交通系统可使用国家的财政资助,因而促进了新交通系统的发展。

目前,我国内地尚无新交通系统。

我国台湾省的台北市于1994年建成,1996年3月投入运营的木栅线(中山中学至木栅动物园),线路全长10.8km,其中高架线10km,地下线0.8km,采用VAL制式,属中运量新交通系统。

我国香港20世纪90年代后期建设的新机场,从登机厅到机场主楼,为接运旅客也建成了一条长约1km采用VAL制式的新交通系统。

实践活动

1. 自主查询关于各类型轨道交通系统的技术特性,并据此说明我国在建设城市轨道交通系统时如何进行选择。

2. 自主查询世界各国不同的城市轨道交通系统的类型。

3. 自主查询我国城市轨道交通的不同类型,并说明其选择的依据。

4. 自主查询沈阳轨道交通的建设现状。

【具体要求】

1. 以小组为单位进行查询活动,各组人员为6人以下,并推选小组长一人,负责组织活动的开展并督促完成。

2. 要求制作成PPT,并在课堂上进行讲解。

思考与练习

1. 轨道交通的主要技术特性有哪些?

2. 轨道交通的类型有哪些?

3. 地铁与轻轨有何相同点? 有何不同点?

4. 什么是市郊铁路? 有何特点?

5. 什么是独轨系统? 有何特点?

6. 什么是磁悬浮系统? 有何特点?

7. 什么是新交通系统? 有何特点?

8. 谈谈你对各种轨道交通类型的适用性看法,你认为我国轨道交通应该如何选择不同的类型?

项目三　城市轨道交通规划与线网设计

背景知识

城市轨道交通规划与设计是一项涉及城市规划、交通工程、建筑工程以及社会经济等多种学科理论的系统工程。城市轨道交通项目期长、投资大,在城市规划中,城市轨道交通网络的规划与设计非常重要,直接影响城市的基本布局和功能定位,对城市发展有极强的引导作用,对促进城市结构调整、城市布局整合,对整个城市土地开发、交通结构以及城市和交通运输系统的可持续发展都有巨大影响。

城市轨道交通具有大运量、高速度、独立专用轨道的特点,可以作为大城市公共交通系统的骨干运输方式。要真正成为城市客运骨干系统,城市轨道交通就要承担较大比例的城市客运周转量。单一的城市轨道交通线因其客流吸引范围和线路走向的局限,一般很难达到这种骨干要求。因此,城市轨道交通必须形成网络。

城市轨道交通系统规划与设计工作涉及多个专业和学科,是一项复杂的系统工程,也是一项"系统性、专业性、前沿性"很强的工作。资料表明,过去西方一些城市对线网规划与设计研究并不系统,主要利用市场经济杠杆来决定城市轨道交通网建设方案。例如,不少早期形成城市轨道交通网络的城市中,往往在中心区局部有多条城市轨道交通线集中在一条交通走廊内,重合很长的距离。这种情况造成工程难度增加,致使投资增加和线网结构不合理,甚至造成城市中心区土地畸形发展。

我国作为发展中国家,各大城市正处于快速发展期,不同于西方发达国家城市处于发展成熟期,做好城市轨道交通系统规划与设计工作更具有独特的意义,保障空间预留,减少建设成本。

任务一　了解城市轨道交通规划与设计的主要内容与原则

一、规划的意义

对于发展中国家来说,城市轨道交通系统规划工作具有特殊意义,主要包括以下几方面。

1.科学制订城市经济发展计划的需要

城市轨道交通耗资巨大,一条线的建设投入资金少则数十亿,多则上百亿,往往成为最大规模的基础设施建设项目。此外,城市轨道交通线网建设一般都是持续数十年甚至上百年的浩大工程,因此无论在强度还是时间方面都会对城市经济发展产生巨大影响,没有一个稳定、合理的线网规划和修建计划,城市就无法科学制订经济发展计划,合理安排财政支出。

2. 制订城市各项设施建设计划的需要

城市轨道交通系统规划将解决在城市哪些地方修建城市轨道交通的问题,从而为城市各项设施,尤其是城市基础设施的建设奠定基础。凡在城市轨道交通沿线兴建城市建筑、道路立交桥及大型地下管线,只要与城市轨道交通工程在规划设计上进行协调配合,做到统一规划、综合设计、分步建设,就可起到事半功倍的作用。这方面的例子很多,例如:

(1)某市大型体育馆东北侧的溜冰训练馆在地铁规划控制走廊一侧,经设计配合后,采取了必要的措施,既保留地铁走廊,又使溜冰馆建立起来。

(2)某市大型体育馆附近的两座特大型立交桥都建在地铁车站隧道上,经同步设计、同步施工后地铁与立交桥同时建成。

(3)某市主干道建设时,为配合城市轨道交通线规划设计,在道路中央预留了 12 ~ 16m 宽的城市轨道交通线规划用地走廊。

(4)某市建设长江公路桥时,结合轻轨线规划,在大桥设计时预留出轻轨走廊,为未来的轻轨交通工程建设创造了条件。

(5)许多城市拟将城市轨道交通工程的车站土建工程交付房地产开发商进行开发,将来根据使用年限和投资回收情况,采用不同的方式收回。

总之,有了城市轨道交通线网规划,城市与城市轨道交通的建设就可以相互协调、有机配合、各得其利。

3. 控制城市轨道交通建设用地、降低工程造价的需要

城市轨道交通是系统的、大型的城市基础设施工程,对其用地范围有严格的技术要求,因此在实施过程中,最大的问题是工程用地困难,造成大量的拆迁工程。在工程总投资中,拆迁工程一般占 10% ~ 15%,其数额十分可观。

拆迁工程中,属于拓宽道路、城市改造规划中必拆的危旧房屋,尚属合理。但因城市轨道交通用地未得到配合和控制,因而把房子、桥梁、大型管道等建筑物建在城市轨道交通用地范围内,若对其搬迁改移,不但增加拆改费用,而且影响也不好;若采取各种措施来保留现有建筑物不拆,结果又增加了工程造价,有时代价比重建还大。某城市曾遇到过类似的情况,因未对用地范围严格控制,造成地铁隧道必须从几栋楼下通过。施工中采取了楼基础托换技术,楼是保住了,可工程费用增加约 1 千万元。如果当时能控制用地或对楼房基础位置进行必要的改移和配合,就可能减少现在的施工难度,节约费用。由此可见,做好线网及其用地控制规划是一项十分重要的基础工作。其经济效益是无法估量的。

有了线网规划,才能知道对哪些路段及地块进行控制,因此线网研究的另一个目的,就是为城市规划部门控制城市轨道交通工程建设用地提供依据。

4. 城市轨道交通工程立项建设的依据

一条城市轨道交通线路的合理性和必要性,要从其在整个线网中的作用及地位来叙述。各线之间关系如何,换乘站分布、联络线分布、车辆段共用关系、线路走向是否合理,线路大概是何种规模等级,应该修建哪一条、哪一段,都必须以线网规划为依据。

城市轨道交通工程的立项报告,应当阐明立项的目的和依据,其中线网规划就是最重要的依据。因此,线网规划就是为城市轨道交通提出分期建设顺序,为工程立项做好必要的前

期准备,也为各阶段设计研究工作提供最基础的依据。

以上分析说明,城市轨道交通系统规划是促进城市总体规划整体实施和城市环境改善的重要保证,与城市规划是相辅相成的。因此,城市轨道交通系统规划是城市总体规划中不可缺少的组成部分,对城市总体规划的实施具有重要的影响。

二、城市轨道交通系统规划与设计的主要内容

切合实际的、科学的规划与设计是未来城市轨道交通良好运营的基础。一般认为,城市轨道交通系统规划与设计的主要内容包括以下几方面。

1.特定城市社会与经济环境下城市轨道交通系统的功能定位

主要包括城市经济地理特征分析、城市规划总体目标与城市交通结构的协调性分析、城市轨道交通的功能评估等。

2.城市轨道交通线网规划

主要包括线网规模确定、线网构架方案选择和方案评估等,线网规划是城市轨道交通线路设计和建设的基础。

3.城市轨道交通系统客流预测

在城市规划与综合交通规划基础上进行客流预测,是确定城市轨道交通网络及线路建设规模、能力水平的依据。

4.城市轨道交通工程可实施规划

主要包括车站、车辆段、换乘点的选址与规模,线路敷设方式规划,线网建设顺序与运营以及城市轨道交通与地面交通的衔接设计等内容。

5.城市轨道交通系统的线路和车站设计

包括线路的走向、线路平纵断面设计、车站的数量及分布、车站的站型设计以及换乘站的设计等。

6.城市轨道交通的枢纽设计与规划

主要包括城市地区枢纽点规划、枢纽客流分析、枢纽换乘设计、枢纽用地分析、枢纽不同方式间的协调等。

7.城市轨道交通系统与其他交通方式的衔接设计

主要研究城市轨道交通系统与其他交通方式的衔接,包括地面交通、城市间交通等,具体包括车站周边其他交通方式站点布局及设计。

8.城市轨道交通系统的安全防护设计

安全防护的内容包括地震防护、火灾防护、水灾防护以及杂散电流防护等设施的设计,需要考虑城市轨道交通运营中的安全对策与应急措施。

9.城市轨道交通运营规划

从规划与设计阶段开始考虑运营问题是一条城市轨道交通线路建设成功与否的重要前提条件,直接关系到城市轨道交通系统建设目标的实现。这些内容也可以作为工程可实施规划的内容。

三、城市轨道交通规划的原则

(1)符合城市发展总体规划。城市轨道交通规划在传统的城市规划理论中,是城市交通规划的一部分。新的认识观念,将城市轨道交通作为城市发展的主要构架来设计,具有较强

的导向性特征。

城市轨道交通规划(类似的还有城市交通规划、综合运输规划、区域交通规划等)根据其与城市交通发展的趋势相关性分析,在制定时机与实施效果两方面综合评价,可粗分为追随型、满足型、导向型三种类型。

①追随型:城市轨道交通规划始终落后于城市交通发展的需求,且供需矛盾比较突出,建设轨道交通的必要性十分迫切。这类情况往往在一些经济欠发达国家和地区的城市普遍存在。也不排除因交通政策的导向问题,而发生在经济发达国家与地区的城市发展的某一时期。

追随型轨道交通规划使轨道交通建设落后于城市交通的发展需求,造成城市交通发展循入一个"恶性循环",迫使轨道交通建设易仓促上马,带来不良后遗症。一般而言,追随型轨道交通规划容易受制于满足近期客运需求急迫要求,而带来线路走向,设备取向,制式选择,产业发展等不尽理想的缺憾,与城市发展的布局科学合理趋势难以协调配合。

这类供给与需求严重脱节的规划被称为追随型规划。

②满足型:城市轨道交通规划基本满足城市发展对大运量客运公共交通体系的需求,使轨道交通建设与发展对城市道路交通、市民出行的便捷性均有较强的骨干支持作用,并能通过不断调整,与城市布局发展的趋势基本协调匹配,起到相当好的支持保障作用。

满足型轨道交通规划已成为各个城市发展轨道交通的基本规划目标。在一些城市轨道交通发展较为成功、成熟的城市,经过长期的努力,已基本达到满足型的境界,成为城市生存发展不可缺少的主要保障体系,是城市赖以高速、健康、有效运转的关键因素。

③导向型:城市轨道交通规划已具有较强的超前性,并能对城市可持续发展起到较明显的导向作用。如前所述,城市轨道交通对城市长远发展的布局结构有很强的导向作用,城市轨道交通的系统特征又决定了其规划必须具有超前性。因此,导向性规划可称为理想规划,难度也是显而易见的。

由于城市发展是一个在较广的空间范围和较长的时间跨度内,包含可变因素众多的动态变化系统。因此,导向型规划一是需有超前意识与较准确的战略发展预测,二是要有较强的可调整性。除了在传统的规划过程中融入更新的预测与规划方法之外,寻求新的技术手段,加强规划的超前导向性,是城市轨道交通规划从满足型(已属不易)走向导向型(更为困难)的努力方向。

(2)符合城市交通规划。作为城市交通大系统中的一个主要的子系统,一个骨干交通网,轨道交通规划必然是城市交通规划的一部分,既要符合城市交通规划的整体要求,又要与其他交通方式取得良好的协调配置关系,包括城市对外交通、城市地面交通、城市静态交通等子系统。

(3)符合城市轨道交通建设的充分必要条件。

(4)符合城市轨道交通系统经营管理与产业发展的基本条件。

城市轨道交通系统既是一项重视社会经济效益,带有公益性质的公共交通事业,又必须注重企业经济效益,培养较强偿还盈利发展能力。因此,在规划时,不仅要根据城市总体发展需求,追求轨道交通系统的科学、合理、超前理想;也要确保轨道交通系统高效低耗运营所必需的基本条件,如较理想的客流量(除了线路直接吸引客流外,可通过各方面协调配合产生较多的诱发吸引客流)、较好的线路走向与线路条件等。还需在政策支持、开发经营、产业构筑等方面形成较超前的策划保障。

拓展知识

一、规划的理念

1. 城市轨道交通对城市格局的引导作用(TOD)

城市轨道交通引导城市结构发展(TOD, the rail transit oriented development)就是通过大幅度提高交通供给,引导周边土地高强度利用(图3-1)。一般整个过程分四个阶段:团状开发、波浪状开发、带状开发、面状开发。

不当的规划可能造成城市发展的恶性循环:由于城市轨道交通大大提高了交通供给水平,反而会刺激土地更高强度的利用,从而诱发大量交通需求的增长,这对大型圈层城市发展将产生相当大的负面影响。城市轨道交通可以利用自身优势通过城市轨道交通与高等级道路,为中心城和外围组团之间建立多方式、不同服务目标和服务水平、全天候、多行为的复合交通走廊,从而引导和支撑分散组团或中心一卫星城城市结构,控制其向圈层城市演

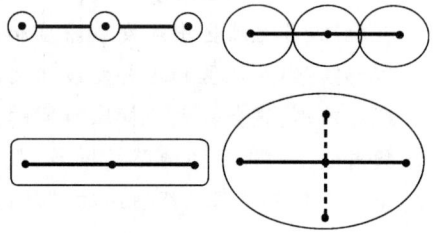

图3-1 城市轨道交通对沿线土地发展影响范围
一般规律图

变。城市轨道交通TOD原理是引导沿线土地高密度带状发展,因此,其TOD功能是一把"双刃剑",不同的线网形态会引起不同的城市格局发展,这种格局可能是城市结构的优化,也可能是不良格局的扩张。

城市轨道交通TOD作用发挥的关键是确定建设时机。建设过早将形成巨大的浪费和运营负担,建设过晚也会影响沿线土地发展目标的实现。

2. 城市轨道交通的可持续性

可持续发展的城市轨道交通是建立在可持续发展的理念基础之上,以可持续发展的观念分析、解决城市轨道交通中的各种问题,建立既有利于城市的交通发展需要,又同时保证环境、资源的保护和子孙后代发展的城市轨道交通发展模式。

从可持续发展的角度出发,城市交通各种运输方式都应当向高效节能型转变。纵观国内外城市交通发展史,最好的解决途径是优先发展以城市轨道交通为代表的中、大容量公共交通,限制私人机动交通发展。这有利于提高单位交通流量和流速,节省土地使用和能源消耗,减轻环境污染。我国大城市当前交通条件严重恶化,人均道路面积每年以10%~15%的速度下降,私人拥有小汽车数量急剧增多,由此产生的各种污染严重超标。要制止这种情况继续下去,就必须要求我们合理制定并不断完善城市轨道交通规划,走可持续发展交通的道路。

3. 兼顾交通疏堵的发展引导

城市的有机疏散取决于快捷交通的支持。但道路交通只能解决一部分人口的疏散,同时会加重中心城区的道路交通压力。城市轨道交通作为一种面向大众的捷运工具,既能进一步促进多组团的网络式城市发展,又能有效制衡小汽车交通的过度膨胀。以公交为向导的发展模式无论在香港还是在日本都有许多成功的经验。在密集区修建地铁、疏导交通仍是发展城市轨道交通的重要任务之一。发展成熟地区拥有较好的客流基础,既能有效地缓解道路交通阻塞,又能为日后营运提供财务保障。

4. 规划的滚动性

鉴于经济的迅速发展、城市空间布局规划的调整优化、城市建设重点和时序的调整以及对城市轨道交通认识和技术水平的不断提高，城市轨道交通线网规划工作不可能毕其功于一役，有必要每隔四五年进行一次修正。事实上新的规划或多或少地会吸纳上一轮规划的内容和成果，并根据新的发展情况加以充实和提高。

5. 线路功能分级和服务一体化

随着城市轨道交通的发展，城市轨道交通网络将需要由不同功能分级的线路组成，基本上包含以下层次：

地铁：服务主城区发展密度大和客流量高的走廊；

轻轨：服务主城区中等发展密度和客流量的走廊，或主要服务新城区；

市郊铁路：主城区和主要发展组团的联络线，服务市区及其市郊地区之间的交通；

城际铁路：服务较大规模城市间的直通交通。

随着城市轨道交通线路的增多，服务的一体化，包括票制的协同，换乘的衔接将变得越来越重要。尤其是客运枢纽站的设计，需要从以人为本和方便转乘的角度给予更多的考虑。

二、设计的理念

1. 改变车站设计理念

传统的车站较多强调设施的完备性。实际上在城市中，车站仅仅是为旅客乘降用的，车站设备布置要简单。一些中间车站可以按无职工车站设计，不鼓励乘客停留，旅客可以在列车上购票、验票。这样交通建设与运营费用可以大幅度降低。

2. 合理设置车站出入口

车站出入口的工程量和造价，对于整个城市轨道交通尤其是地铁工程来说，虽然是微不足道的，但从运营方面来说，由于它们是乘客进出城市轨道交通的门户，所以是十分重要的。新建城市轨道交通对于车站出入口的设置，应根据各自的具体情况，因地制宜地设置。车站出入口为乘客出入城市轨道交通的门户，设置的位置和数量，要按照"实用、经济、在可能条件下适当照顾美观"的方针，以乘客能方便出入为主，城市景观可适当照顾，但不能本末倒置。设置的位置，应位于较突出不被遮挡处，一般应设于人行道边或其他较为开阔的地点，并应采用统一的造型和色彩，以及明显的标志，使乘客一望而知，便于寻找。设置的数量，应根据进出站乘客数量及其分布决定。可和其他建筑物结合修建出入口。

原则上在客流较多的建筑物中均应设置出入口，如铁路车站、机场、大型公园、公交枢纽等处。特别是大型商场和超市，与出入口相结合，既有利于商场增加营业收入，又便于乘客直接进入商场购物。合建口应在其门前突出位置设置明显的标志，以利于广大乘客的出入。

3. 以人为本

客运交通就是运用交通工具去组织乘客安全、有序、快捷地流动，其服务对象是人，因此城市轨道交通从规划开始，包括科研、设计、施工以及运营后组织乘客流动的全过程中都要贯彻以人为本这一服务宗旨。

1）方便、快捷

在规划设计时考虑使城市轨道交通与其他公交和自行车转乘方便，车站应设置系统、醒目的导向、服务标志。

2）舒适

弯道采用限速和外轨加高措施，保证车辆在弯道上行驶时，乘客感觉平稳舒适。车站设自动扶梯，使乘客能舒适省力地到达站厅和站台。无障碍设计确保残疾人能乘坐城市轨道交通，车站各通道地面安装盲人走道，楼梯设置残疾人升降机。候车的站台可考虑设置求助按钮，乘客需要特殊帮助时，只需按动该按钮，点亮红色求助指示灯，车站值班员凭红灯指示可上前帮助乘客解决特殊困难。

3）安全

在设计时考虑设置火灾自动报警系统，车站装修材料选用防火材料，车站内加设消防水泵，车站内设防灾广播等，确保车站乘客6min内疏散完毕；在相应位置设置防雷击、防触电、防渍水、防雪、防风、防震等设施，确保候车安全；车站地面选用防滑材料，车站上所有危险处所设置安全标志；车站站台铺设安全线，车站在醒目处设置引导乘客紧急疏散的出口、紧急出口、指向等提示标志，夜间有紧急照明灯；此外加强站台绝缘，安装城市轨道电位限制器等。

三、城市轨道交通系统规划与设计相关规范

《地铁设计规范》（GB 50157—2003）中涉及城市轨道交通系统规划与设计的相关规范条文有：

第1.0.3条　地铁工程设计，必须符合政府主管部门批准的城市总体规划和城市轨道交通线网规划。

第1.0.11条　地铁车辆段设置应根据线网规划统一考虑。按具体情况可以一条线路设一座车辆段或几条线路合建一座车辆段。

当一条线路长度超过20km时，可根据运营需要，在适当位置设停车场。

条文说明：一般情况下，城市地铁均由多条线路组成网络，因此地铁车辆段应在线网规划中统筹安排，并明确各车辆段在全线网中的地位和分工。一条线路设一座车辆段或是几条线路使用一座车辆段，应根据城市地铁线路数量、技术经济等条件和线网规划的安排等具体情况确定。

车辆段通常设在线路一端靠市郊地区，线路很长时，车辆段至另一端发车的空驶距离会很大，也会增加运营费用，根据国内外实践经验，长度大于20km时，可在适当位置增设停车场。

第1.0.12条　地铁各线路之间，以及地铁与其他城市轨道交通线路相交处的换乘，应采用便捷换乘方式。

地铁与其他常规地面公共交通的换乘，宜作方便换乘的统一规划。

第1.0.14条　地铁地面和高架结构的形式和体量的确定，应考虑对城市景观的影响和注意与周围环境的协调。

第5.1.2条　地铁线路的选定应根据城市轨道交通线网规划进行。

条文说明：根据多年来各城市修建城市轨道交通的经验和教训，在建设第一条线路时，凡事先未详细认真做过城市轨道交通线网规划的城市，往往造成线路多变。为避免此类情况的发生，本规范强调了城市轨道交通线网规划的重要地位，规定线路选线必须以政府批准的、有法律效力的城市轨道交通线网规划为依据。

第5.1.3条　地铁的线路敷设方式，应根据城市总体规划和地理环境条件因地制宜地

选择，一般在城市中心地区宜采用地下线，其他地区条件许可时宜采用高架线或地面线。

条文说明：在城市中心区，通常建筑密集、道路狭窄、交通拥挤，为减少建设中的困难和噪声、振动等对城市的有害影响，地铁宜设在地下。地铁线路进入地面建筑稀少、路面宽阔的地区及郊区，可考虑设在高架桥或地面上以降低工程造价。设在地面时要充分考虑线路封闭给地面带来的隔离影响。

第5.1.4条　地铁的线路平面位置和高程应根据城市现状与规划的道路、地面建筑物、管线和其他构筑物、文物古迹保护要求、环境与景观、地形与地貌、工程地质与水文地质条件、采用的结构类型与施工方法，以及运营要求等因素，经技术经济综合比较后确定。

条文说明：地铁线路有地下线、高架线和地面线，确定地铁线路的平面位置和纵断面位置，应充分考虑现状和规划的道路、地面建筑、地下管线和其他构筑物，以及被保护的文物古迹，使其相互影响减至最低程度，并争取得到良好的结合。环境与景观、地形与地貌对高架线和地面线的要求较高，影响较大；工程地质与水文地质条件及结构类型对施工方法的确定有重要的影响，而施工方法又会影响线路的平面设置和地下线路埋置深度；此外，尚应考虑运营管理需要。因此，进行地铁线路平面和纵断面设计时，应综合考虑本条提出的诸方面因素的影响，使确定的方案既经济又有利于使用和运营管理。

第5.1.7条　地铁车站应设置在交通枢纽、地铁线路之间及与其他城市轨道交通线路交汇处、商业、居住、体育、文化中心等大的客流集散点。

车站间的距离应根据现状及规划的城市道路布局和客流实际需要确定，一般在城市中心区和居民稠密地区宜为1km左右，在城市外围区应根据具体情况适当加大车站间的距离。

条文说明：客流的吸引要靠车站，为最大限度地吸引客流和方便乘客，地铁车站通常应设置在客流量大的地方，如商业中心、文化娱乐中心、大的居住区及地面交通枢纽等处，同时为便利不同线路间的乘客换乘，在不同线路间及与其他城市轨道交通交会处也应设置车站。

车站之间的距离选定应根据具体情况确定，站间距离太短虽能方便步行到站的乘客，但会降低运营速度，增加乘客旅行时耗，并增大能耗及配车数量，同时，由于多设车站也增加了工程投资和运营成本。站间距离太大，会使乘客感到不便，特别对步行到站的乘客尤其如此，而且也会增大车站负荷。一般来说，市区范围内和居民稠密的地区，由于人口密集，大集散点多，车站布置应该密一些；郊区建筑稀疏、人口较少，车站间距可以大一些。参照国内外已投入运营的地铁的使用经验，本条对站间距离在市区和居民稠密区推荐采用1km左右，郊区由于情况不一，可根据现状和规划情况因地制宜地确定站位，一般站间距都较大。

第8.1.1条　车站的总体布局，应符合城市规划、城市交通规划、环境保护和城市景观的要求，妥善处理好与地面建筑、地下管线、地下构筑物等之间的关系。

第8.1.2条　车站设计必须满足客流要求，保证乘降安全、疏导迅速、布置紧凑、便于管理，并具有良好的通风、照明、卫生、防灾等设施，为乘客提供舒适的乘车环境。

第8.1.3条　地铁各线路之间及与其他城市轨道交通线路交会处的换乘站，换乘设施的通过能力应满足预测的远期换乘客流量的需要。不能同步实施时，应预留接口。

第8.2.4条　车站出入口与风亭的位置，应根据周边环境及城市规划要求进行合理布置。出入口位置应有利于客流吸引和疏散；风亭位置在满足功能要求的前提下，尚应满足规划、环保和城市景观的要求。车站出入口布置应与主客流的方向一致，宜与过街天桥、过街地道、地下街、邻近公共建筑物相结合或连通，统一规划，同步或分期实施。如兼做过街地道或天桥时，其通道宽度及其站厅相应部位应计入过街客流量，同时考虑地铁夜间停运时的隔离措施。

第9.1.4条　高架结构墩位布置应符合城市规划要求。跨越铁路、道路时桥下净空应满足铁路、道路限界要求并预留结构沉降量、铁路抬道量或公路路面翻修高度；跨越排洪河流时，应按1/100洪水频率标准进行设计，技术复杂、修复困难的大桥、特大桥应按1/300洪水频率标准进行检算；跨越通航河流时，其桥下净空应根据航道等级，满足现行国家标准《内河通航标准》(GB 50139—2004)的要求。

第22.1.4条　车辆段与综合基地选址应满足下列要求：

(1)用地应符合城市总体规划；

(2)有良好的接轨条件；

(3)宜避开工程地质和水文地质不良的地段；

(4)具有良好的自然排水条件；

(5)便于城市电力线路、给排水等市政管道的引入和道路的连接；

(6)有足够的有效用地面积及远期发展余地。

任务二　掌握城市轨道交通线网规划的基本内容

城市轨道交通规划可分为网络规划与线路规划两部分，两者是整体与个体、系统与子系统间的关系。前者更注重与城市发展的协调关系，强调理论性、科学性、前瞻性；后者则关注线路走向的优化，与沿线土地开发及地面交通的协调，强调项目实施的合理性、实用性、可操作性。

对于城市轨道交通的需求处于饥渴状或追随状的发展中国家来说，更重视必要性十分迫切的具体线路的规划建设，而往往将整体网络的优化规划置于滞后或比较粗略的位置。从城市轨道交通对城市的影响度来看，理当先有较完善的网络规划，后再进行具体线路的规划设计，才能有效、连续地完成整个轨道交通系统的建设，显示整体效应。

一、确定城市轨道交通网络的规模

如何确定合理的城市轨道交通线网规模是城市规划部门、政府部门及城市轨道交通运营公司共同关心的问题，合理的城市轨道交通规模不仅是线网规划的宏观控制量，而且是一项至关重要的投资依据，也是向决策者提供决策的辅助依据。由于诸多不确定因素的影响，在实践工作中推求合理规模往往缺乏指导，多限于经验性总结，且具体情况差异性大，带有较强的主观随意性，从而影响了后续工作(确定线路布局、网络结构及优化、估算总投资量、总设备需求量、总经营成本、总体效益等)的开展，影响了规划的准确性和可靠性，因此有必要采用科学的线网规模确定方法，以期提高城市轨道交通规划的稳定性。

规模是从交通系统供给的角度来说的，从一个侧面体现系统所能提供的服务水平。它主要以线网密度和系统能力输出来反映，其中系统能力输出又与系统的运营管理密切相关。从系统能力和线网密度来看，有四种性质的规模度量，如图3-2所示。规模的合理性关系到建设投资、客流强度，也关系到理想的服务水平的设定、建设用地的长远控制。

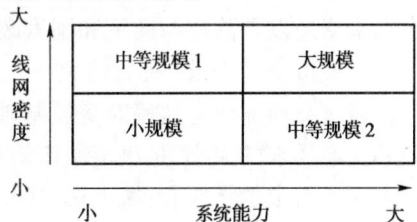

图3-2　城市轨道交通线网规模构成

49

城市轨道交通线网规模指标有以下三种。

1. 轨道交通线网总长度

$$L = \sum_{i=1}^{n} l_i \qquad\qquad (3\text{-}1)$$

式中：l_i——城市轨道交通线网第 i 条线路的长度，km。

L 反映了线网的规模，由此可以估算总投资量、总输送能力、总设备需求量、总经营成本、总体效益等，并可据此决定相应的管理体制与运作机制。

2. 轨道交通线网密度

$$\sigma = L/S \text{ 或 } \sigma = L/Q \qquad\qquad (3\text{-}2)$$

式中：S——城市轨道交通线网规划区面积，km^2；

　　　Q——城市轨道交通线网规划区的总人口，万人；

　　　σ——一个总的城市轨道交通线网密度，km/km^2 或 km/万人。

城市轨道交通线网密度是指单位人口拥有的线路规模或单位面积上分布的线路规模，它是衡量城市快速城市轨道交通服务水平的一个主要因素，同时对形成城市轨道交通车站合理交通区的接运交通组织有影响。实际中由于城市区域开发强度的不同，对交通的需求也不是相对均等的，往往是由市中心区向外围区呈现需求强度的逐步递减，因此线网密度也应相应递减。评价城市轨道交通线网的合理程度需按不同区域（城市中心区、城市边缘区、城市郊区）分别求取密度。

3. 轨道交通线网日客运周转量（人·km/d）

$$P = \sum_{i=1}^{n} p_i l_i \qquad\qquad (3\text{-}3)$$

式中：p_i——第 i 条城市轨道交通线路的日客运量，人/d；

　　　l_i——城市轨道交通线网第 i 条线路的长度，km。

城市轨道交通线网日客运周转量是评估城市轨道交通系统能力输出的指标。P 表达了城市轨道交通在城市客运交通中的地位与作用、占有的份额与满足程度。它涉及城市轨道交通企业的经营管理，是轨道线路长度、电力能源消耗、人力、轨道和车站设备维修及投资等生产投入因子的函数。所以，在一定程度上，城市轨道交通线网的规模还可用能源总消耗量、产业总需求量、人力总需求量等反映生产投入规模的指标来表示，可根据需要选择使用。

城市轨道交通线网的规模在规划实施期内，往往要根据城市发展的需求进行适当调整。相对而言，总长度的调整幅度不应很大。因此，城市轨道交通线网的总长度是一个必须确定也是可以确定的基础数据。

二、线网规模的影响因素

线网规模的影响因素有：城市的规模、城市交通需求、城市财力因素、居民出行特征、城市未来交通发展战略与政策和国家政策等。

1. 城市交通需求

城市交通需求是居民对交通基础设施的需要程度。交通需求的大小，尤其是城市居民公共交通需求的大小，是决定城市轨道交通线网规模最直接和最具决定意义的因素。表征城市交通需求的指标有：城市居民的出行强度、城市公共交通总出行量等。

2. 城市规模形态和土地使用布局

城市规模包括城市人口规模、城市用地规模、城市经济规模、城市基础设施规模四个方面。人口规模决定了城市交通出行的总量,城市用地规模(面积)影响了居民出行时间和距离,即城市规模决定了城市的交通需求,也就影响到城市轨道交通的规模。仅以城市人口和面积规模为拟合因子建立回归模型是缺乏说服力的,城市社会经济发展水平是实现城市轨道交通建设的经济基础。城市轨道交通建设资金需求量很大,因此城市轨道交通单公里造价和城市市政府的财政承受能力也是制约城市轨道交通规模的关键要素,对城市轨道交通系统的选择、建设速度等目标都产生重大影响。建设快轨交通系统一定要和城市自身的经济实力相符合,不能盲目按照国外城市的规模进行规划建设。

城市形态和土地布局也是影响城市轨道交通规模的因素。城市的形态有多种形式,分为带状、中心组团式、分散组团式等。不同的城市形态和用地布局决定了居民出行的空间分布,也就决定了城市轨道交通的几何空间形态、长度以及规模。带状城市的城市主客流方向比较单一,主要沿着狭长带的方向,城市轨道交通也主要沿着城市狭长带的方向布设;分散组团式城市要求城市轨道交通将其各个组团紧密连接,以缩短组团之间的出行时间,使其成为一个整体;中心组团式城市轨道交通多为放射状,如莫斯科就是典型的中心组团式城市,其城市轨道交通形式为环形加放射状。

3. 国家政策

我国人多地少,能源短缺,大规模的基础设施建设项目都是由国家和当地政府共同出资兴建,因此国家的政策导向对可兴建的城市轨道交通的规模有直接影响。西方国家以小汽车为主的交通发展模式不适合我国国情。限制私人小汽车的使用,大力发展公共交通是我国的基本政策。

线网规模受城市规模形态及布局、城市人口、城市面积、城市交通需求、城市国民生产总值、城市基础设施投资比例的直接影响;另一方面,这些影响因素相互之间有可能相互影响制约,如城市人口、城市面积、城市规模形态及布局对城市交通需求有决定性作用;国家交通政策、城市交通发展战略及政策、城市国民生产总值又对城市基础设施投资比例造成影响;各城市交通发展战略及政策又受国家交通政策大环境的影响。这种相互影响和关联的复杂关系构成了一个大系统。据此建立一个有向连接图(图3-3),反映系统内各要素的相互连接关系。

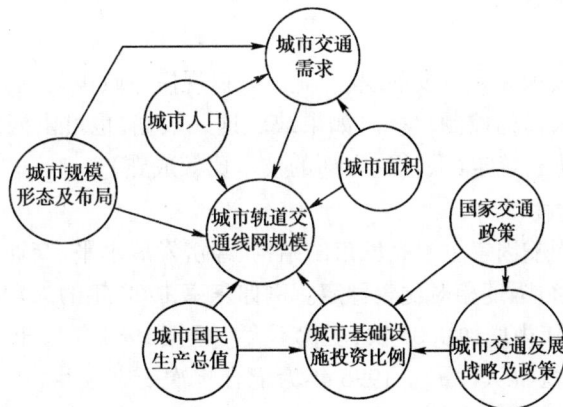

图3-3　线网规模与其影响因素的有向连接图

三、线网合理规模的计算方法

线网合理规模的主要指标是线网长度或线网密度,这两方面的指标目前有四类确定方法,服务水平法、吸引范围几何分析法、回归分析法和出行需求分析法。以下介绍出行需求分析法。

规模体现为实现交通供给,从供给满足需求的角度自然产生了出行需求法。因此,客运需求预测不仅成为布置站场及布设路线的依据,也成为确定城市轨道交通发展规模的重要依据。

按分析角度的不同,出行需求分析法又可分为两种。其中一种是先预测规划年限的全方式出行总量,然后根据拟订的线路客运密度确定所需的城市轨道交通线网规模。这种方法是按城市轨道交通承担出行的比例来确定的,故通常又称之为分担率法。它遵从如图 3-4 所示的技术路线。

具体公式如下:

$$L = Q\alpha\beta/\gamma \tag{3-4}$$

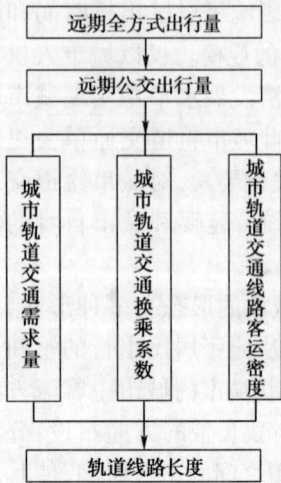

图 3-4 出行需求分担率法技术路线

式中:L——线网长度,km;

　　Q——城市出行总量;

　　α——公交出行比例;

　　β——城市轨道交通出行占公交出行的比例;

　　γ——城市轨道交通线路负荷强度,万人次/(km·d)。

以下着重说明各指标参数的确定方法。

1. 未来居民出行总量分析

由于线网规划的远景年限往往超越城市综合交通规划远景年限,因此线网规划往往无法得到所需远景年限的出行总量,但却能从远景人口和出行强度的关系去推算:

$$Q = m\tau \tag{3-5}$$

式中:m——城市远景人口规模(含常住人口和流动人口);

　　τ——人口出行强度,次/(人·d)。

1)城市人口规模

根据我国的人口政策和人口发展现状,城市人口规模是政策控制影响下的规模,各城市往往有对于城市远景人口的控制目标。如果缺乏这一数据,也可由当地权威部门根据城市特点和人口发展规律进行确定(我国这方面的技术比较成熟)。

2)出行强度的分析预测

居民出行强度的影响因素主要是城市的结构、经济发展水平、交通设施的完善程度等方面。一般情况,居民出行强度相对比较稳定。例如东京 1968 年的人均出行强度为 2.48 次,1978 年为 2.53 次,10 年内增加 0.05 次,变化不大。根据 1984 年广州市居民出行调查,居民人均出行次数为 2.09 次/(人·d)。1996 年为配合本次研究项目,进行了一次小规模的家访调查。调查结果表明,1996 年的人均出行次数为 2.3 次/(人·d),略有增长。所以从长时间来看,大部分城市出行强度也不会有很大增长。

2. 交通方式结构分析

交通方式结构的影响因素主要是居民出行的特征、未来交通发展战略以及可能提供的交通方式。目前特大城市的交通发展战略基本都是逐步建立以公交为主体、城市轨道交通

远期全方式出行量

远期公交出行量

城市轨道交通需求量　城市轨道交通换乘系数　城市轨道交通线路客运密度

轨道线路长度

为骨干、各种交通方式相结合的多层次、多功能、多类型的城市综合交通运输体系。

1)公交方式出行占全方式出行的比例

从国外的情况看,在世界上大城市客运交通中,因为公共交通客运效率比私人交通高得多,已使公共交通在城市综合交通运输中占有明显的优势。如纽约公共交通年客运量占全市总客运量的86.0%,东京公共交通年客运量占城市总客运量的70.6%,莫斯科公共交通年客运量占城市总客运量的91.6%。

城市远景公交方式出行比例应根据城市未来出行的需求与供给平衡关系,通过适合城市特点的数学模型进行预测得来。但合理规模研究的目的是匡算城市轨道交通的合理规模,因此无法事先给出一个公交的供给能力,科学预测就失去了基础。所以比较可行的办法是从分析城市居民出行特征入手,结合类比其他城市的情况,根据城市未来交通发展政策,以定性分析的手段进行估计。

我国大城市与国外城市相比,道路面积率低、人口密度大,因此必须鼓励高效的交通结构——鼓励公交出行。目前我国多数城市交通结构不尽合理,最主要的反映就是公交比例过低。类比国外情况,公交优先的要求就是大力发展以城市轨道交通为骨干、常规公交为主体的公共交通系统,远景公共交通的出行比例应在50%以上。

2)城市轨道交通方式占城市公交方式出行量的比例

城市轨道交通占城市公交客运量的比例,与城市道路网状况、常规公交网密度、常规公交服务水平、城市轨道交通线网密度、运送速度及车站分布有关。从国外一些大城市的城市轨道交通的运行情况看,巴黎的城市轨道交通所承担的客运量占城市公交客运总量的65%,纽约的城市轨道交通所承担的客运量占城市公交客运总量的54.9%,墨西哥城的城市轨道交通所承担的客运量占城市公交客运总量的42.9%,莫斯科的城市轨道交通所承担的客运量占城市公交客运总量的40%(在20世纪80年代初,曾达到45%)。下面对以上部分城市的出行方式进行详细分析。

巴黎的城市轨道交通线网密度大,服务水平非常高,吸引了大量的客流,其中也包括许多短途的乘客,平均运距只有5.3km。线路平均负荷强度较低,约为1.64万人次/(km·d)。

莫斯科城市轨道交通的运量基本上已经饱和,近几年随着其他地面交通客运方式的积极发展,城市轨道交通所承担的客运量占城市公交总客运量的比例呈下降趋势,说明莫斯科的线网能力已不能满足城市日益增长的客运需求。

经过以上分析可知,远景年城市轨道交通所承担的客运量占全市公交总客运量的比例在50%~55%的范围内比较合适。假设城市轨道交通的换乘系数和公共交通的换乘系数没有明显差别,那么远景年城市轨道交通方式占公共交通方式的出行比例同样应在50%~55%的范围内。近期因线网不能全部完成,所占公交客运量的比例可根据实际情况调整。

3.线网负荷强度

1)远景线网负荷强度

线网负荷强度的影响因素有社会的经济发展水平、城市结构和线路布局。世界各大城市的线网负荷强度如表3-1所示。

从统计资料来看,国外城市轨道交通建设有两种模式:一种是采用高运量、低密度的线网,负荷强度高;另一种是采用低运量、高密度的线网,负荷强度低。像巴黎和伦敦这样的城市着重于提高城市轨道交通的舒适和方便程度,以吸引私人交通,减少私人交通工具泛滥带来的城市交通阻塞,所以采用的是低运量、高密度的线网,城市轨道交通的服务水平很高,效率较低。而莫斯科、墨西哥城、香港采用的是高运量、低密度的线网,它注重的是提高城市轨道交通的运输能力和运输效率,以缓解客运需求与公共交通运力严重不足的矛盾。

世界各大城市线网负荷强度   表 3-1

城　　市	地铁线总长(km)	年客运量(亿人次)	负荷强度 [万人次/(km·d)]
莫斯科	239	29	3.32
巴黎	199	11.94	1.64
墨西哥城	175	15.9	2.5
伦敦	423	8.03	0.52
北京	42	5.63	3.67
香港	43.2	7.19	4.56

经验表明,只有建设高运量、低密度的线网,提高负荷强度,城市轨道交通才有可能取得较好的经济效益。从统计资料来看,香港、莫斯科的地铁有较好的经济效益。香港 1990 年每人公里车费收入为 0.5 元,每人公里经营开支(含折旧)为 0.34 元,盈利 0.16 元。香港地铁 1990 年线路平均负荷强度为 4.56 万人次/(km·d)。

我国各大城市刚刚开始建设城市轨道交通,城市轨道交通的建设投资还很有限,在这种情况下,要求用最少的投资来最有效地解决城市交通问题,同时要求城市轨道交通能取得较好的经济效益,使得运营和建设能达到一个良性的循环。所以城市轨道交通适宜选择高运量、低密度的模式。

从国外城市轨道交通平均线路负荷强度的指标看,大部分在 2.5～4.0 万人次/(km·d)之间,建议我国城市轨道交通线路负荷强度取偏高的指标:3.5～4.0 万人次/(km·d)。

2)近期线路负荷强度

莫斯科地铁 50 年来运营指标见表 3-2。莫斯科地铁 1935 年建成通车,1940 年平均线路负荷强度达到 4.43 万人次/(km·d),随着线网不断延长,线路负荷强度变化不大,并略有减少。1960～1991 年 31 年间线路从 75.6km 增加到 239km,平均负荷强度保持在 3.2～3.8 万人次/(km·d)之间。

莫斯科地铁 50 年来运营指标   表 3-2

年度(年)	1935	1940	1945	1950	1955	1960	1965	1970	1975	1980	1991
线路长度(km)	13	23.3	36.6	43	61.2	75.6	109.8	138.2	164.5	184	239
年运量(百万人次)	40.9	377.1	616.5	628.9	927.0	1 037.9	1 328.7	1 628.1	1 966.4	2 318.2	2 900
负荷强度 [万人次/(km·h)]	0.86	4.43	4.62	4	4.15	3.76	3.32	3.23	3.28	3.45	3.32

由此可见,一个城市线网负荷强度往往不会有很大变化,这个规律在采用低密度、高线网负荷强度的城市反映尤其明显。

拓展知识

一、线网类型

网络的形式主要由城市地理形态(河流、山川等)、规划年城市用地布局、人口流向分布决定,当然主观决策因素也发挥着重要作用。任何城市都具有其独特的自然地质条件、地理形态,在一定程度上决定了世界各国城市的城市轨道交通网络具有千差万别的结构形态。典型的结构形态是网格式、无环放射式及有环放射式三种。

日本学者曾总结了18种不同类型的城市轨道交通线网模式,如图3-5所示。尽管每座城市线网的构架都各有特色,最常见、最基本的线网形态结构是网格式、无环放射式及有环放射式三种。下面对这三种类型的线网结构特征加以分析。

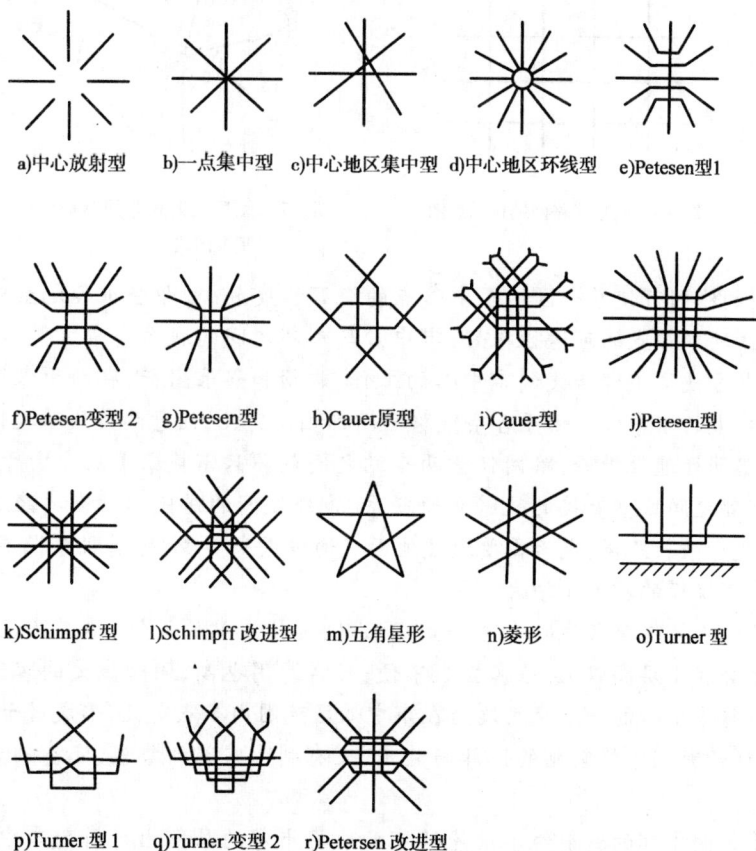

a)中心放射型　　b)一点集中型　c)中心地区集中型　d)中心地区环线型　e)Petesen型1

f)Petesen变型2　g)Petesen型　h)Cauer原型　i)Cauer型　j)Petesen型

k)Schimpff型　l)Schimpff改进型　m)五角星形　n)菱形　o)Turner型

p)Turner型1　q)Turner变型2　r)Petersen改进型

图3-5 轨道交通线网形态结构类型示意图

(一) 网格式

网格式线网的各条线路纵横交叉,形成方格网,呈格栅状或棋盘状,如图3-6所示。网格式路网中的线路走向比较单一,其基本线路关系多为平行与"十"字形交叉两种,例如大阪及墨西哥城市地铁线网就是这种类型。

这种结构的线网线路分布比较均匀,客流吸引范围比例较高;线路按纵横两个走向,多为相互平行或垂直的线路,乘客容易辨识方向;换乘站较多,纵横线路间的换乘方便,路网连通性好。此类路网的缺点,一是线路走向比较单一,对角线方向的出行需要绕行,市中心区与郊区之间的出行常需换乘,有时可能要换乘多次;二是平行线路间的换乘比较麻烦,一般要换乘2次或2次以上。当路网密度较小,平行线之间间距较大时,平行线间的换乘是很费时间的。

这种线网结构适合于人口分布比较均匀、没有明显的市中心或不希望形成强大的市中心的城市。这在当前世界上建有轨道交通路网的城市中是不多见的。

(二)无环放射式

无环放射式路网是由若干穿过市中心的直径线或从市中心发出的放射线构成,其原始形态如图3-7所示。

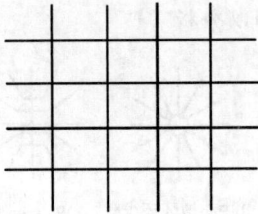

图3-6　网格式路网结构示意图　　　图3-7　无环放射式路网结构的
　　　　　　　　　　　　　　　　　　　　　　　基本图式

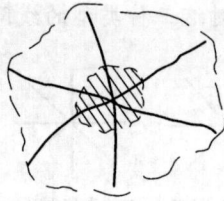

这种类型的线网可使整个区域至中心点的绕弯程度最小,即全市各地至中心点的距离较短,因此其线网中心点的可达性很好,市中心与市郊之间的联系非常方便,有利于市中心客流的疏散,也方便了市郊居民到市中心的工作、购物和娱乐出行,有助于保证市中心的活力,维持一个强大的市中心。由于各条线路之间都相互交叉,任意两条线路之间均可实现直接换乘,因此路网连通性很好,路网任意两车站之间最多只需换乘1次。由于没有环行线,圆周方向的市郊之间缺少直接的轨道交通联系,市郊之间的居民出行需要经过市中心区的换乘站中转,绕行很长距离,或者需要通过地面交通方式来实现,交通联系很不方便,这种不便程度随着城市规模的扩大而增大。

当3条及以上轨道交通线路在同一点交汇时,其换乘站的设计、施工及运用都很困难,这种车站一般会在4层高以上,旅客换乘不便,日常费用也高,同时庞大的客流量也难以疏解,因此,一般将市中心的一点交叉改为在市中心区范围内多点交叉,形成若干X形、三角形线路关系,这样既有利于换乘站的设计与施工,又有利于乘客的集散,还有利于扩大市中心区的范围。

从市中心伸向市郊的放射线不仅能够有效地将市郊的居民出行引向市中心,而且还能促成轨道交通沿线居住密度的提高,形成城市居民的带状分布,这也是由轨道交通速度快、运量大的特点所决定的。这种趋势沿着轨道交通轴线向郊区纵深发展,在市郊的放射线引导城市形成一条条高密度的带状交通走廊。有些城市利用这种原理进行城市用地规划,如"哥本哈根手指状规划"、"日内瓦规划"、"汉堡区域规划",参见图3-8,在城市中形成若干发展轴线,在轴线之间间以绿地,通过"轴线"来引导城市居住功能和其他功能的迅速发展。

但是,当城市规模较大,尤其是对特大城市来说,这种城市结构有一些严重缺点:

(1)加剧市中心的交通拥挤;

(2)增大城市居民的平均出行距离;

（3）造成市中心地价过高,反过来抑制市中心的发展;

（4）造成市中心人口过分密集、人均居住空间减少及居住环境的恶化;

（5）市郊与市郊之间的交通联系不便。

因此,这种无环放射式路网结构适合于有明显的市中心、城市规模中等,且市郊周边方向客流量不大的城市。

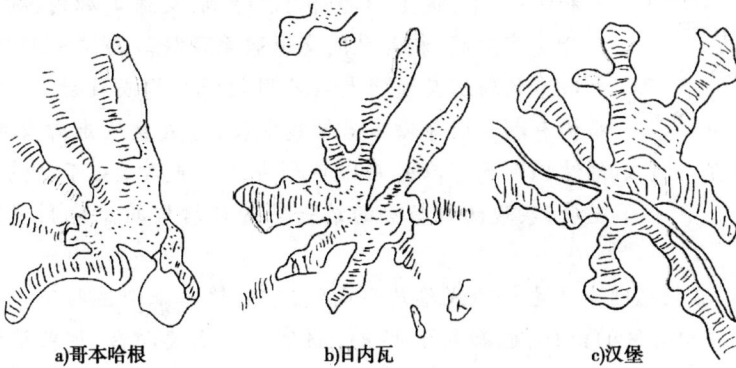

a)哥本哈根   b)日内瓦   c)汉堡

图3-8　轴向式发展的城市

（三）有环放射式

有环放射式线网由穿越市中心区的径向线及环绕市区的环行线共同构成,基本图式如图3-9所示。径向线的条数较多,走向多样,但都经过市中心区。在一些轨道交通线网规模不是很大或建设时期较短的城市,如北京、新德里等,环线一般只有一条,而在一些轨道交通路网规模较大、轨道交通发展比较成熟的城市,如莫斯科、东京等,会出现两条或两条以上的轨道交通环线。

有环放射式线网结构是在无环放射式线线网结构的基础上加上环形线形成的,是对无环放射式的改进,因而既具有无环放射式路网的优点,又克服了其周边方向交通联系不便的缺点。例如,图3-9周边方向A、B间的出行,有环放射式线网可以利用环线便捷地出行,而无环放射式线网则要通过两条径向线绕行。因此,这种线网对城市居民的使用最为便利。当城市因其郊区发展成市区后,这种形式的路网便于线网有效地扩展。莫斯科、巴黎等许多城市的轨道交通线网都采用了有环放射式。与无环放射式线网一样,这种线网在市中心区交汇成一点是不利的,而改进成为在市中心区范围内多点交叉。

对现代大城市的车流和人流的分析可以看出,城市辐射方向（相对于市中心）的交通量最大。据此提出城市轨道交通线网的最佳图式如图3-10所示。辐射路线是最基本的,在市中心区相交,为了避免中心站超载,各条辐射线的交叉点不集中于一点,而在若干个车站相交。在大城市里,当沿城市边缘地区人口稠密时,应考虑用环线路线。

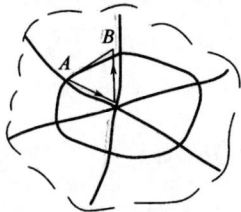

图3-9　有环放射式路网结构图的
　　　　基本图式

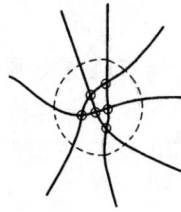

图3-10　城市轨道交通路网的
　　　　　最佳图式

57

目前世界各国大城市空间扩展的发展有两大趋势：一是城市由同心圆环状向外扩展模式转变为沿轴向发展模式或称为发展走廊模式，如伦敦；二是城市由单中心发展模式转向多中心发展模式，如莫斯科在意识到其几十年来一直发展单中心给城市带来的不利后开始转

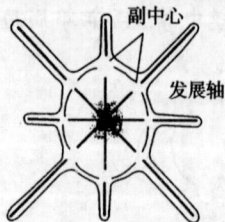

图3-11 城市多中心、轴线式
发展结构

向发展多个副中心。形成这两种趋势的原因是千差万别的，但其主导思想却是相同的，即居住环境的改善与城市集约化用地的并重和统一。交通走廊之间以绿地，交通走廊内、副中心及市中心内开发密度高，相互之间交通联系便捷。与这一趋势相一致，世界大城市的轨道交通网大多采用放射结构或放射—环形结构。放射结构有利于引导城市沿轴线发展，形成发展走廊模式；而放射—环形结构则既可以引导城市形成发展走廊，又可以引导其向多中心发展，实现两种趋势的统一。这种结构的土地利用模式如图3-11所示。

由于放射—环状路网中最主要的线路是径向线，它能够保证郊区与市中心间便捷地联系，方便市民到市中心区的出行，也有利于市中心区客流的迅速疏散，因此这种结构有利于维持强大的市中心。由于有了环线，它还能使城市边缘各区之间能够便捷地联系，克服了星形结构最严重的缺点，同时又方便了各个不同方向线路之间的换乘，使得任意一条线路上的乘客最多只需换乘两次就可以到达其他轨道交通线，减少了市中心的换乘客流，有利于维持市中心的稳定，减少过境客流对其造成的干扰与交通压力，因此这种结构特别适合于有强大市中心的城市。

实践活动

1.自主查询世界各国城市轨道交通系统的线网图，并分析其类型。
2.自主查询我国不同城市轨道交通的线网规划图，并分析其类型。
3.自主查询沈阳城市轨道交通的规划图及其他相关资料，了解沈阳城市轨道交通的规划现状。

【具体要求】
1.以小组为单位进行查询活动，各组人员为6人以下，并推选小组长一人，负责组织活动的开展并督促完成。
2.要求制作成PPT，并在课堂上进行讲解。

思考与练习

1.为什么要进行城市轨道交通的规划？
2.城市轨道交通的规划应遵循哪些原则？
3.简要说明你所在地区中心城市轨道交通的建设与规划。

项目四　城市轨道交通车辆及车辆基地

背景知识

城市轨道交通是以列车或单车形式,运送相当规模客流量的城市公共交通方式。以电力驱动,动力平均分配在整列车的各节车厢或多节车厢上,实现分散动力牵引,各车厢均可载客的城市轨道交通车辆,称为电动列车。

城市轨道交通车辆作为运送乘客的运输工具,必须具有良好的牵引、制动性能,能快速启动和停止,以保证车辆运行的安全、准点和快捷,同时还要有良好的乘客服务设施,使乘客感到舒适和方便。

任务一　掌握车辆的基本组成及重要技术参数

一、城市轨道交通车辆概述

城市轨道交通车辆主要是指地铁车辆和轻轨车辆,它们是城市轨道交通工程最重要的设备,也是技术含量较高的机电设备。城市轨道交通车辆应具有先进性、可靠性和实用性,应满足容量大、安全、快速、舒适、美观和节能的要求。

(一)车辆的特点

车辆是轨道交通系统中完成乘客运输任务的直接工具,它具有以下特点:

(1)载客能力强。大型地铁车辆可达 350 人/辆。

(2)动力性能好。速度快,加速能力强,制动效果好。

(3)安全可靠性强。设备先进,故障率低,稳定性、可靠性强,突发情况下适应性强。

(4)环境条件好。配有照明、空调、坐椅、扶手等。

(5)灵活的牵引特征。根据不同的线路特征,可采用不同的牵引方式,即动力集中牵引和动力分散牵引。

(6)节能环保。车辆牵引动力常用电力牵引。

(二)车辆的分类

1.按车辆牵引动力配置分

(1)动车(Motor,用"M"表示):车辆自身具有动力装置(动轴上装有牵引电动机),具有牵引与载客双重功能。动车又可分为带有受电弓的动车(M′)和不带受电弓的动车(M)。

城市轨道交通车辆
——以上海线为例

城市轨道交通车辆
的类型

（2）拖车（Train，用"T"表示）：车辆不装备动力装置，需动车牵引拖带的车辆，仅有载客功能。拖车可设置司机室（首位车辆，用"Tc"表示），也可带受电弓（用"T'"表示）。

2. 按车辆规格（车体宽度）分

可分为 A、B、C 三类车型，主要技术规格如表4-1所示。

各类车型主要技术规格　　　　　　　　　表4-1

序号	项目名称		A型车	B型车	C型车		
			四轴车	四轴车	四轴车	六轴车	八轴车
1	车辆基本长度（m）		22	19	18.9	22.3	29.5
2	车辆基本宽度（m）		3	2.8	2.6		
3	车辆高度（m）	受流器车（加空调/无空调）	3.8/3.6	3.8/3.6	3.7/3.25		
		受电弓车（落弓高度）	3.8	3.8	3.7		
		受电弓工作高度	3.9～5.6				
4	车内净高（m）		2.10～2.15				
5	地板面高（m）		1.1		0.95		
6	车辆定距		15.7	12.6	11	7.2	
7	固定轴距		2.2～2.5	2.1～2.2	1.8～1.9		
8	车轮直径（mm）		φ840		φ760		
9	车门数（每侧）（个）		5	4	4	4	5
10	车门宽度（m）		≥1.3				
11	车门高度（m）		≥1.8				
12	定员人数（人）	单司机室车	295	230	200	240	315
13		无司机室车	310	245	210	250	325
14	车辆轴重（t）		≤16	≤14	≤11		
15	站立人员标准	定员（人/m²）	6				
16		超员（人/m²）	9				
17	最高运行速度（km/h）		≥80		≥70		
18	启动平均加速度（m/s²）		≥0.9		≥0.85		
19	常用制动减速度（m/s²）		1.0		1.1		
20	紧急制动减速度（m/s²）		1.2		1.3		
21	噪声[dB(A)]	司机室内	≤80		≤70		
22		客室内	≤83		≤75		
23		车外	80～85（站台）		≤82		

3. 按车体制作材料分

（1）耐候钢车；

（2）铝合金车；

（3）不锈钢车。

4. 按受电方式分

可分为受电弓和受流器受电的车。

5. 按电压等级分

可分为直流 750V 和直流 1 500V 两种。

(三)车辆选型的基本原则

(1)车辆选型应以工程的主要技术条件(线路条件、供电电压等)为依据,其技术指标应满足客运量及行车组织(行车密度)的要求。

(2)车辆选型和技术条件,应能适应当地的环境和气候。地面和高架为主的线路,应考虑车辆的降噪措施。

(3)车辆的主要部件和设备,应采用先进、成熟、安全、经济、可靠且检修方便的产品。

(4)车辆的选型应考虑与城市景观的协调,在外形与色彩方面应力求与城市环境统一和谐。

(5)车辆的引进和生产,要严格坚持车辆国产化的原则和有关政策。

(四)列车的编组

车辆在运营时一般采用动拖结合,固定编组,形成电动列车组(动车组)。编组形式可采用全动车形式或动拖车有机结合的固定编组形式。无论采用何种编组形式,每列车的首车和尾车必须带有司机室。列车的编组数,可按下列计算决定。

$$N = \frac{Q_{\max}T}{60D}$$

式中:N——每列车编组辆数,辆;

$Q_{\max}$——高峰小时单向最大客流量,人/h;

T——最小行车间隔,min;

D——每辆车的定员数,人。

列车编组主要考虑车辆形式(按大、中、小,分为 A、B、C 三种形式)、编组辆数(从 2～10 这 9 个整数中均有)、编组车辆动车与拖车比例,简称车型、辆数、动拖比三个要素。城市轨道交通的规模取决于高峰时刻小时客运量,而小时客运量取决于编组列车的载客量及行车间隔。目前,城市轨道交通系统大多采用加大行车间隔来调节运量,而较少采用分解列车编组由大变小的方法。

上海城市轨道交通 3 号线的 AC-3 型列车有带司机室的拖车(Tc 车)、无司机室带受电弓的动车(Mp 车)和无司机室不带受电弓的动车(M 车)共三种车型,采用贯通式车厢,以 Tc-Mp-M 三节车厢为一个单元。当采用 6 节编组时,排列为:Tc-Mp-M-M-Mp-Tc;当采用 8 节车厢编组时,排列为 Tc-MP-M-Mp-M-M-Mp-Tc。这样就能保证列车两端均带有司机室,中间各车以缓冲装置进行连接,客室内以贯通道贯通,乘客可以任意走动。北京地铁按全动车进行设计,两车为一个单元,使用时按 2、4、6 辆进行编组。

随着车辆技术的不断发展,牵引电机单位体积的功率越来越大,车体宽度及车长也在加大,相对来说,列车编组的最大辆数也相对减少。采用全动车编组,理论上的好处是摘编方便、编组灵活(北京地铁一期),但现在城轨列车大多采用动拖结合的混编方式。

图 4-1 ~ 图 4-4 分别表示了几种城轨列车的编组情况,供参考。

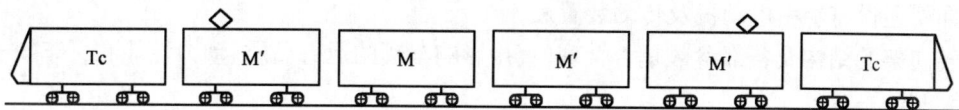

图 4-1 广州地铁 2 号线、上海地铁 1 号线、南京地铁列车编组
Tc-带司机室的拖车;M'-动车(带受电弓);M-动车

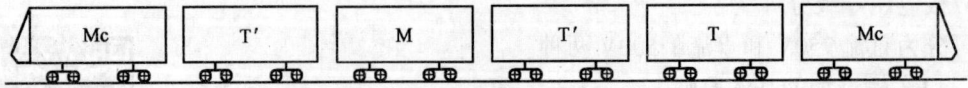

图 4-2　北京地铁复八线列车编组

注:T 和 T'的区别为车下设备布置不同。

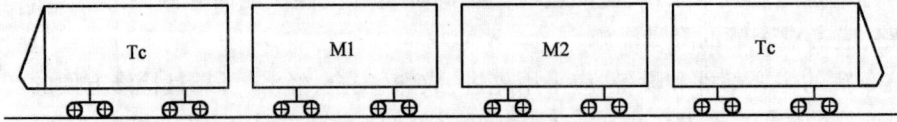

图 4-3　武汉轻轨列车编组

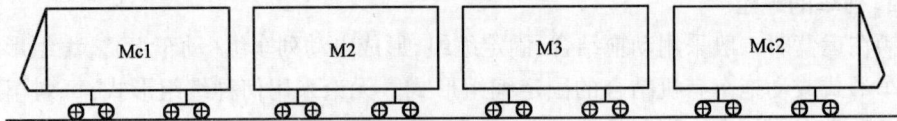

图 4-4　重庆单轨列车编组

二、城市轨道交通车辆的基本组成

城市轨道交通车辆尽管形式不同,但均可由车体、转向架、制动装置、风源系统、电气传动控制、辅助电源、通风、采暖及空调、内装及设备、车辆连接装置、受流装置、照明、自控、监控系统等组成。

1. 车体

车体分有司机室车体和无司机室车体两种。车体是容纳乘客和乘务员驾驶的地方,车体一般分为底架、端墙和车顶等几部分。

车体是城市轨道交通车辆最重要的组成部件之一,坐落在转向架上。它除了载客之外,又是安装与连接其他设备的基础,几乎所有的机械、电气、电子等设备都安装在车体的上部、内部及下部,驾驶室也设置在车体中。车体一般由底架、侧墙、车顶、前端、后端等组成。现代城市轨道交通车辆车体均采用整体承载的钢结构或轻金属结构,一次挤压成型材,以达到在最轻的自重下满足强度的要求。车体最初由普通碳素钢制造。为了减少腐蚀,提高使用寿命,耐候钢制造的车体得到广泛应用。为实现车体的轻量化,现代城市轨道交通车辆多由不锈钢、铝合金制造。车体的个别部位(如前端等)也可采用有机合成材料制造。

车体要有隔音、减振、隔热、防火以及在事故状态下尽可能保证乘客安全的措施。

2. 转向架

转向架一般分动车转向架和拖车转向架两种,置于车体与轨道之间,用来牵引和引导车辆沿轨道方向行驶和承受与传递来自车体及线路的各种载荷并缓和其动力作用,是保证车辆运行平稳的关键部件。转向架一般由构架、弹簧悬挂装置、轮对轴箱和制动装置组成。动车转向架还设有牵引电动机及传动装置。

转向架的结构及各部参数是否合理,直接影响车辆的运行品质、动力性能和行车安全。

3. 制动系统

城市轨道交通车辆必须安装制动系统。制动系统的作用就是根据需要使车辆按规定减速、停车。制动系统由制动控制系统和制动执行系统组成。制动执行系统分为摩擦制动、电

62

气制动和磁轨制动等形式。

摩擦制动又称机械制动,分为闸瓦制动和盘型制动。闸瓦制动又称为踏面制动,它是由闸瓦压紧车轮的踏面产生阻力实现制动。盘型制动就是在车轴上安装制动盘,闸片夹紧制动盘产生阻力实现制动。

电气制动分为能耗制动和再生制动。能耗制动也称电阻制动,它是将列车的动能经牵引电动机及控制转换为电能消耗在电阻上。再生制动就是将列车的动能牵引电动机及控制转换为电能反馈到供电线路上。电气制动须与机械制动相配合。

磁轨制动是用电磁铁与钢轨间的作用力实施制动的。

4.牵引缓冲连接装置

城市轨道车辆多辆编组,车辆之间设有连接装置。连接装置由车钩缓冲装置、电气连接装置及车辆贯通装置组成。为了改善车辆纵向平稳性,一般在车钩的后部装设缓冲装置,以缓和列车冲动和撞击。另外,城市轨道交通车辆车钩上还设有电路及气路自动连接设备。

车钩及缓冲器的作用是连接车辆及减少车辆间的纵向冲撞。为便于相邻车辆间乘客的流动,调节客室的疏密,现代车辆之间采用全贯通式,故设有风挡及渡板。

5.受流装置

受流装置就是接受供电的装置。受流装置的作用是从接触网或导电轨将电流引入动车,通常称受流器。一般城市轨道交通车辆采用直流供电,分 750V 和 1 500V 两种。直流750V 供电采用第三轨供电,在车辆的转向架上装有受流器。接触方式分为上部受流和下部受流。上部受流就是受流器的滑块与第三供电轨上部接触滑行。下部受流就是受流器滑块与第三供电轨的下部接触。直流 1 500V 供电采用架空线接触网式供电,有的轨道交通系统采用直流 1 500V 供电,第三轨受流(广州地铁 4 号线)。

受流装置按其受流方式可分为以下四种形式。

杆形受流器:外形为两根平行杆,上部有两个受电轨(导线),广泛用于城市无轨电车。

弓形受流器:形状为梯形结构,属上部受流,弓可以升降,接触一根导线,下面有导轨构成电路,用于城市有轨电车。

侧面受流器:在车顶侧面受流,又称为"旁弓",多用于矿山电力机车。

轨道式受流器:从底部导电轨受流,又称第三轨受流,空间可以充分利用,多用于速度较高的隧道列车运行。北京地铁及欧美大部分城市均采用这种方式。

6.车辆电气系统

车辆电气系统包括车辆上的各种电气设备及其控制电路,按其功能可分为如下四种。

主电路:指的是供车辆牵引动力的电路,主要由受流器、牵引箱、牵引电动机、电阻、电抗器及电气开关等设备组成。

控制与信息监控电路:用于对列车实施牵引、制动等操作,以及对设备状况进行监控、记录、预报的电路。

辅助电路:通常由逆变器或发电机输出中级电压供车辆除牵引外其他动力设备使用,应急情况下由蓄电池维持供电。

门控电路:对车门进行开、关控制的电路。

7.辅助电源

城市轨道交通车辆上的直流、交流,如照明、通风、空调、控制等用电均由辅助电源供给。

辅助电源早期为电动发电机组,现多采用逆变电源。电动发电机组就是将供电线路的直流电源经过电动发动机组变成三相交流电源,供交流用电使用,经过整流装置供直流电源使用。逆变电源就是将供电线路的直流电源经过逆变器控制变成三相交流电源,供交流电源使用,经整流装置供直流电源使用。

城市轨道交通车辆装有蓄电池,用作供控制电源和辅助电源停止工作后的应急电源。

8. 通风、采暖及空调

城市轨道交通车辆因乘客拥挤、空气污浊,必须设有通风装置,一般采用机械通风。在地面高架并运行在较冷地区的车辆,设有电热器,一般由供电线路直接供电。为改善乘客的舒适度,现代城市轨道交通车辆一般设有空调装置。

9. 车辆内部设备

车辆内部设备包括服务于乘客的固定附属装置和服务于车辆运行的设备装置。属于前者的有:座椅、扶手、照明、空调、通风、取暖等。服务于乘客的固定附属装置的内部装饰及设备是城市轨道交通车辆必不可少的。其要求是美观、舒适、实用、隔音、减振、坚固、防火。内部装饰包括客室内部的墙板、顶板、地板及司机室布置等。设备包括车窗、车门及机构、坐椅、扶手、吊环、擎天柱及乘客信息装置等。服务于车辆运行的设备大多安装在车辆底部,包括蓄电池、继电器箱、主控制器箱、电动空压机单元、牵引箱、电阻箱及各类电气开关等。

10. 照明

城市轨道交通车辆的照明由前照灯、司机室照明及客室照明组成。前照灯要能照射足够的距离,以保证行车安全。

11. 自控、监控系统

现代城市轨道交通车辆设有自控、监控系统。自控系统就是将城轨行车指挥信息传输至车辆上的接收装置,不但具有行车信号的显示功能,更主要的是接收限速、加速、保持行车间隔信号起到安全作用,可实现无人驾驶。监控系统就是将列车及车辆的运行状态、主要机电设备的工作状态进行显示及存储,主要用途是保证行车安全及进行故障分析。

三、城市轨道交通车辆的主要技术参数

(1)车辆自重、载重与容积。

(2)车辆构造速度,指安全及结构强度所允许的车辆最高行驶速度。

(3)轴质量,指车辆在某运行速度范围内一根轴允许负担的包括轮对自身质量在内的最大总质量。

(4)通过最小曲线半径,与转向架类型及设计有关。

(5)最大启动加速度,包括平均启动加速度和最大制动减速度。

(6)制动形式,有摩擦制动、再生制动、电阻制动和磁轨制动等形式。

(7)轴配置或轴列数,如四轴动车一般设两台动力转向架;六轴单绞轻轨车一般两端为动力转向架,中间为非动力转向架。

(8)供电电压、最大网电流、牵引电动机功率。

(9)坐席数及每平方米地板面积站立人数或载客量(座位载客量、定员载客量、超员载客量)。

表4-2～表4-6分别列出了几种城市轨道交通车辆的技术参数,供参考。

列车编组	六辆车编组,四动两拖	转向架轴距(mm)	2 500
轨距(mm)	1 435	车轮直径(新轮/磨耗轮)(mm)	840/770
供电方式	DC 1 500V架空接触网	列车构造速度(km/h)	90
座位载客量(人/列)	288	列车最大运行速度(km/h)	80
定员载客量(人/列)	1 896	运行平稳性指标	≤2.5
超员载客量(人/列)	2 692	冲击极限(m/s²)	0.75
车辆长度(m)	A车:24.34;B、C车:22.8	平均初始加速度(0~35km/h)(m/s²)	≥1.0
车辆高度(含静排气口)(mm)	3 855	常用制动平均减速度(80km/h~0)(m/s²)	1.0
车辆内部宽度(mm)	2 720	紧急制动平均减速度(80km/h~0)(m/s²)	≥1.3
车辆最大宽度(mm)	3 100	单元制冷能力(kW)	40
地板面到轨面高度(mm)	1 130	车内温度(℃)	27
车钩类型	全、半自动车车钩,半永久牵引杆	车内相对湿度(℃)	<65%
转向架中心距(mm)	15 700	电气控制方式	VVVF
轴质量(t)	≤16		

上海地铁1号线4种车型主要性能参数 表4-3

项 目	第1车型	第2车型	第3车型	第4车型
供货商	德沪地铁集团	德沪地铁集团	长客庞巴迪	南京浦镇车辆厂阿尔斯通
车辆类型	A	A	A	A
制造年限(年)	1992~1995	1998~2000	2003~2004	2006~2007
编组形式	6节,4动2拖	6节,4动2拖	6节,4动2拖	8节,6动2拖
列车宽度(m)	3	3	3.07	3
额定载客量(位)	1 860	1 860	1 860	2 476
侧门形式	气动内藏式移门	气动内藏式移门	电动外挂门	电动外挂门
贯通道(宽/高)(m)	0.9/1.8	1.5/1.9	1.5/1.9	1.5/1.9
车辆定距(mm)	15 700	15 700	15 700	15 700
轴距(mm)	2 500	2 500	2 500	2 500
制动方式	再生/电阻/气制动混合	再生/电阻/气制动混合	再生/电阻/气制动混合	再生/电阻/气制动混合
初始加速度(m/s²)	0.9	0.9	1.11	1.0
平均常用制动减速度(m/s²)	1.0	1.0	1.0	1.0
供电电压(V)	DC1 500	DC1 500	DC1 500	DC1 500
列车长度(m)	139.4	139.4	140	186.5
列车高度(m)	3.8	3.8	3.8	3.8

项 目	第1车型	第2车型	第3车型	第4车型
座位总数(位)	372	320	288	396
每侧门数(个)	5	5	5	5
逃生方式	列车端部坡道式	列车端部坡道式	列车端部梯子式	列车端部梯子式
最大轴质量(t)	16	16	16	16
地板面距轨面高度(mm)	1 130	1 130	1 130	1 130
车轮直径(mm)	770~840	770~840	770~840	770~840
传动制式	直流传动系统	交流传动系统	交流传动系统	交流传动系统
最高运行速度(km/h)	80	80	80	80
平均紧急制动减速度(m/s^2)	1.3	1.3	1.3	1.3
牵引电机功率(kW)	207	190	220	185
空调形式	集中式单冷	集中式单冷	集中式单冷	集中式单冷

DKZ8武汉轨道交通1号线电动客车主要技术参数　　　表4-4

轨距(mm)	1 435	客室门有效开度(mm)	1 300
供电电压(V)	直流750	转向架形式	无摇枕转向架
受流方式	第三轨受电	轴距(mm)	2 200
允许通过最小曲线半径(m)	R110	传动形式及传动化	平行万向节式,传动比7.69
自身质量(t)	M车35.5,Tc车31.5	电气控制方式	矢量控制 VVVF
定员	M车240人,Tc车215人 910人/列	牵引电机功率(kW)	180
编组	Tc + M + M + Tc	列车总功率(kW)	1 440
构造速度(km/h)	80	制动装置	模拟式电气制动装置
启动加速度(m/s^2)	0.83	空气压缩机及净化装置	活塞式空压机,中空丝模式空气干燥器
制动减速度(m/s^2)	1.2(紧急),1.0(常用)	辅助电源形式及功率	IGBT 静止逆变器40kV·A
车辆尺寸(长×宽×高)(mm)	M:19 000×2 800×3 800 Tc:19 300×2 800×3 800	风动门形式	电动塞拉门(客室) 手动塞拉门(司机室)
车体材料	铝合金	通信方式	FSK 列车总线
客室地板至轨面高(mm)	1 100	信号及自动控制形式	ATO 及 ATP 自动驾驶
客室门对数(对)	4	广播装置	工业控制及 VOBC 控制广播系统

直线电动机电动客车(广州地铁)主要技术参数　　　表4-5

编 组	4~6节
受电方式	DC1 500V,三轨接触轨
曲线半径	正线最小曲线半径:150m;车辆段最小曲线半径:60m
运动速度	90km/h
制动	常用制动以电气再生制动为主,弹簧盘型制动为辅;紧急制动采用弹簧盘型制动
车辆尺寸(长×宽×高)(m)	17×2.8×3.64
加、减速度	正常加、减速度:1.0 m/s^2;紧急制动减速度:1.3m/s^2
最大坡度	5%
最大载客量	230人/辆(4辆编组载客918人)

轨道尺寸(mm)	8 500(L)×1 500(W)
供电电压(V)	DC1 500
受流方式	轨道梁两侧刚性接触网
允许通过最小曲线半径(m)	R50
自身质量(t)	Mc:28.6;T:27.6
定员	Mc:151;T:165
编组	Mc1 + M2 + M3 + Mc2
构造速度(km/h)	80
启动加速度(m/s²)	0.833
制动减速度(m/s²)	1.1
车辆尺寸(长×宽×高)　(mm)	Mc:15 500×2 980×5 300　M:14 600×2 980×5 300
车体材料	铝合金
客室地板至轨面高(mm)	1 130
客室门对数(对)	2
客室门有效开度(mm)	1 300
转向架形式	跨座式无摇枕转向架
轴距(mm)	走行轮:1 500　稳定轮:2 500
传动形式及传动化	2 级减速直角传动 TD 挠性板联轴节;齿轮传动,6.55
电气控制方式	矢量控制 VVVF
牵引电机功率(kW)	105
列车总功率(kW)	1 260
制动装置	模拟式电空制动装置
空气压缩机及净化装置	活塞式空压机、中空丝模式空气干燥器
辅助电源形式及功率	静止逆变器85kV·A
侧门形式	气动内藏拉门
通信方式	无线电台
信号及自动控制形式	ATP
广播装置	MP3 数字音频压缩技术广播

任务二　了解车体及走行装置的基本构成

一、车体

车体是车辆中装载乘客的部分,它支撑在转向架上。车体除供乘客乘坐外,同时也是司机驾驶列车的场所,属车辆的上部结构。车体底架下部及车顶上部要安装大量机电设备,构成车辆主体,故车体是车辆的重要部件之一。

车体要承受各种动静载荷、各种振动,适应 100km/h 左右速度运行,还要隔音、减振、隔热、防火,并在事故状态下尽可能保证乘客安全。

按车体使用的主要材料,车体有碳钢(高耐候结构钢)、不锈钢、铝合金三大类。在这三类车体中,为了满足头部(司机室前端)造型和功能要求,有的车体前端采用 FRP(玻璃钢)整体糊制,再与车体的底架、侧墙、车顶固定,构成坚固的车体。

(一)车体的主要组成

城市轨道交通系统各类车辆均由车底架,车顶,侧墙(左右侧各1),前、后端墙,车门,车窗等组成。各组成部件间的连接方式主要是手弧焊接,接触点焊,螺栓、铆钉连接等。各部件连接成车辆壳体,形成一个整体承载结构。

车底架由侧梁、端梁、牵引梁、枕梁、横梁等组成。车底架的作用是承受车底上部载荷并传递给整个车体,承受因各种原因而引起的横向力和走行部传来的各种振动和冲击。牵引梁用于安装车辆的车钩缓冲装置,将车辆连接组成列车,并在车辆间传递牵引力和制动力。

侧墙由上墙板、下墙板、窗间墙板组成。

车顶由弯梁和圆弧形顶板组成。

端墙由弯梁、车厢贯通道、立柱、墙板组成。

车体内部设置照明、通信、空调、车门开闭装置、坐椅、扶手或拉杆、拉手等。

车门采用集中电气自动控制的风动拉门,也有采用电气驱动的车门。整列车车门由司机或列车自动控制系统控制,车门数量与开度大小由运营条件需求决定,满足停站时间内上下乘客的时间保障。

车辆在编组成列时,可采用贯通式和非贯通式的连接方式。由于贯通式方式全列车载客部分贯通,能有效地调节各个车辆的载客拥挤度,便于疏散乘客,故得到广泛应用。

(二)车体的主要技术参数

(1)几何尺寸。车体的几何尺寸除长×宽×高(车顶部距轨面高)3个尺寸以外,还包括车辆定距(2个转向架之间的距离)。

三种车辆的几何尺寸如下。

A 型车:22 000mm×3 000mm×3 800mm。

B 型车:19 000mm×2 800mm×3 515mm。

C 型车:车宽为2 600mm,长度和高度均不大于 B 型车。

(2)车体自身质量。

(3)车体载质量,除转向架以外的车辆设备、内装饰、最大载客质量。

(4)动荷系数,一般取0.1。

(5)纵向压缩载荷,在250~800kN 之间。

(6)纵向拉伸载荷,在150~600kN 之间。

(7)扭转载荷,为40kN·m。

(8)构造速度:80~120km/h。

(9)车体弯曲刚度。垂直弯曲刚度 $EJ > 5.5 \times 10^{14} N \cdot mm^2$(参照日本地铁车辆标准)。

(10)车体扭转刚度:$GJp \geqslant 2.0 \times 10^{14} N \cdot mm^2/rad$(参照日本地铁车辆标准)。

(11)车体自振频率,一般为8Hz以上。

二、走行装置

车辆走行装置(走行部)是车辆导向、运行、荷载及减振的关键部件。走行装置还应具有使列车制动减速或停车的作用。对于动车来讲,还将牵引电动机的转矩通过齿轮传动转动轮对,从而转化为列车前进的牵引力。

走行装置一般由轮对、轴箱、弹性悬挂装置、转向架构架、转向架与车体连接装置、基础制动装置等组成。

（一）轮对

轮对由两个车轮和一个车轴经压装而成，地铁和轻轨车辆一般采用铸钢式整体车轮，其基本组成如图4-5所示。

车轮由踏面与轮缘组成。踏面是与钢轨接触滚动摩擦部分，为防止蛇行，采用1:20斜面；轮缘是防止车轮脱离钢轨的突起部分。车轴由轴颈、轮座和轴身组成。轴颈是安装轴承部分，轮座是车轮安装位置，轴身是车轴整体。

单轨交通及新交通系统采用充气橡胶轮胎，有走行轮、导向轮、稳定轮之分（走行轮充氮气，其他轮充空气）。车辆上常安装有轮胎检测装置和备用轮胎，可及时更换。

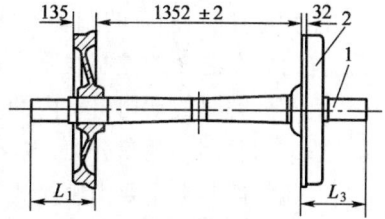

图4-5　轮对（尺寸单位:mm）

1-车轴；2-车轮

（二）轴箱

轴箱是套在轴颈上的部件，采用滚动轴承（滚柱或滚珠）。轴承按规定的修程时间检测及更换，平时应具有较强的可靠性。轴箱内装油润装置，通过油润减少摩擦阻力，降低摩擦升温。轴箱外侧是轴箱盖，可使轴承免受雨水、灰尘的侵害，还用于安装传感器和接地装置。

（三）弹性悬挂装置

为了减少线路不平顺和轮对运动对车体的各种动态影响，转向架在轮对与构架之间以及构架与车体之间，设有弹性悬挂装置。也可称为一系悬挂装置和二系悬挂装置。一系悬挂装置大多采用金属圆簧或圆锥叠层橡胶弹簧（兼作轴箱定位），二系悬挂装置采用空气弹簧、横向油压减振器及叠层缓冲橡胶弹簧。

（四）转向架构架

构架是转向架的基础，其主要作用是传递重力，安装设备（如轴箱、弹簧、电动机等）。构架由横梁、侧梁组成，目前大多采用无摇枕结构。

（五）转向架与车体连接装置

转向架与车体连接装置的结构应能满足安全可靠地支承车体，并传递各种载荷和作用力；同时车体与转向架之间应能绕不变的旋转中心相对转动，以使车辆顺利通过曲线。一般转向架支撑车体的方式有心盘集中承载、非心盘承载（或旁承承载）和心盘部分承载三种。

（六）基础制动装置

空气制动机制动缸的制动作用力，经过基础制动装置均衡地作用于每个车轮的闸瓦。基础制动装置由制动杠杆、拉杆、制动梁、闸瓦等组成。

基础制动装置除了传递制动缸的制动力外，还有放大制动力的作用。

对于城市轨道交通的动车而言，走行装置还应包括传动装置。传动装置应包括驱动装置（齿轮减速箱）与电动机悬挂装置（一般采用抱轴式半悬挂）。

任务三　了解车辆的连接装置和制动系统

一、车辆的连接装置

车辆连接装置包括车钩缓冲装置、电气连接装置及车辆贯通装置。

（一）车钩缓冲装置

1. 车钩缓冲装置的作用及组成

车钩缓冲装置的作用是供车辆编组连接成列，同时传递牵引力，缓和纵向冲击力（如启动、制动等）。在车钩连接的同时，两车的风路（制动及开关车门用高压空气通路）、电路一并连接。

车辆连挂时，两车的制动主管和总风缸连通管自动接通，并将制动主管上的塞门自动打开。同时各车之间的控制线路自动接通（也有手动接通控制线路的）。

列车分解时拨动司机室内的解钩阀或人工扳动解钩杆，钩舌即处于开锁位置，同时将制动主管塞门关闭。两车分离，电路断开，电气连接器防尘罩自动合上。

车钩缓冲装置主要由密接式车钩、缓冲器、风管连接器等部分组成。

2. 密接式车钩的基本结构及工作原理

密接式车钩由钩头（钩体）、钩舌、解钩杆、解钩风缸、弹簧（顶杆弹簧）等组成，如图4-6所示。

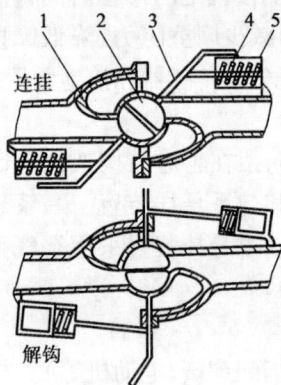

图4-6 密接式车钩
1-钩头；2-钩舌；3-解钩杆；4-弹簧；
5-解钩风缸

密接式车钩的工作原理：

两钩连接时，凸锥插入对方的凹锥孔中，这时凸锥的内侧面在前进中压迫对方的钩舌转动，使解钩风缸的弹簧受压，钩舌沿逆时针方向旋转40°。当两钩连接面接触后，凸锥的内侧面不再压迫对方的钩舌，此时，由于弹簧的作用，使钩舌恢复到原来的状态，即处于闭锁位置。

要使两钩分解，需由司机操纵解钩阀，压缩空气由总风管进入前车（或后车）的解钩风缸，同时经解钩风管连接器送入相连接的后车（或前车）解钩风缸，活塞杆向前推并带动解钩杆，使钩舌转动至开锁位置，此时两钩即可解开。两钩解开后，解钩风缸的压缩空气迅速排出，解钩弹簧得以复原，带动钩舌顺时针转动40°，恢复到原始状态，为下次连挂做好准备。如果采用手动解钩，只要人力扳动解钩杆，也能使钩舌转动至开锁位置，实现两钩的分解。密接式车钩在我国城轨车辆中应用的有自动车钩、半自动车钩、半永久性车钩三种。

3. 缓冲器

缓冲器装在钩身后部，是起缓解车辆之间相互冲撞的部件。缓冲器由牵引杆、缓冲弹簧片、前从板、后从板、缓冲器体、后盖等组成。

缓冲器有圆形橡胶金属片式、双作用橡胶片式、长方钢板硫化橡胶、弹性胶泥缓冲器、环弹簧缓冲器等。

4. 风管连接器

风管连接器由总风管、制动风管、解钩风管连接器组成，装设于钩头锥体的上、下侧，如图4-7所示。

（二）电气连接装置

电气连接装置有自动电气连接器和插头插座式连接器。自动电气连接器一般安装在车钩上（图4-7），插头插座式连接器安装在车体后端墙上。

（三）车辆贯通装置

贯通装置位于两节车厢的连接处，是连接两车辆通道的重要组成部分。由风挡、内饰板和渡板组成。它具有良好的防雨、防尘和隔音功能。

贯通装置分为宽通道和窄通道两种。

二、制动系统

车辆制动系统的作用是用以生产制动力，使列车减速或及时停车。其作用的好坏对保证城市轨道交通列车的安全和正点运行具有极其重要的作用，而且也是提高载客量和运行速度的前提条件。

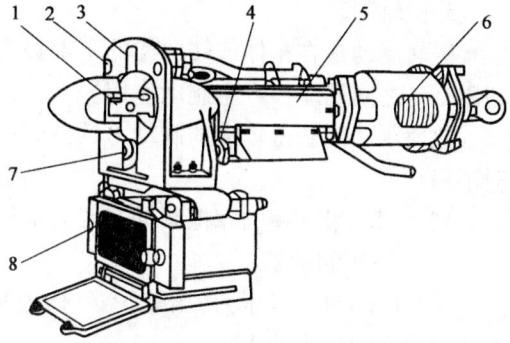

图4-7　密接式车钩缓冲装置

1-钩舌；2-解钩风管连接器；3-总风管连接器；4-截断塞门；5-钩身；6-缓冲器；7-制动风管连接器；8-电气连接器

（一）制动的类型

城轨车辆所采用的制动，按制动时列车动能的转换方式或制动力获得的方式，可分三大类，即摩擦制动、电气制动和磁轨制动。

1.摩擦制动

所谓摩擦制动就是利用两物体之间的摩擦把列车的动能转换为热能，散发到周围大气中去，从而产生制动作用。轨道交通车辆一般常用的摩擦制动是闸瓦制动（或称踏面制动），另外还有盘形制动和磁轨制动。

（1）闸瓦制动。闸瓦制动（踏面制动）是利用铸铁或合金材料制成的闸瓦压紧车轮的踏面，使两者摩擦产生制动作用。目前采用合成闸瓦的较多，也有采用半金属闸瓦或粉末冶金闸瓦。应注意，采用闸瓦制动时，制动功率不易过大。

（2）盘形制动。盘形制动是利用合成材料制成的闸片紧固装于车轴上（轴盘制动），或紧固装于车轮辐板上的制动圆盘（轮盘制动）上，使闸片与制动圆盘间产生摩擦，实现制动。动车常采用轮盘制动，拖车常采用轴盘制动。

因盘形制动能双向选择摩擦副，所以可以得到比闸瓦制动大得多的制动功率。

2.电气制动

电气制动也称为动力制动，是把电动车中的牵引电动机在制动时使之成为发电机，把车辆运行的动能转化为电能。

对这些电能的不同处理方式形成了不同方式的动力制动。

（1）电阻制动。将电能送到制动电阻上消耗掉，使之变成热能而释放到大气中去，称为电阻制动。电阻制动一般能提供较稳定的制动力，但在车辆底架下需要安装体积较大的制动电阻箱，还要强制通风冷却，故较少采用。

（2）再生制动。将电能重新反馈回电网，则称为再生制动。再生制动具有节约能源、制动时不污染环境的优点。对于城市轨道交通车辆，制动减速、停车十分频繁，采用再生制动是一种较为理想的制动方式。

由于动力制动的效率随着车辆运行速度的降低而下降，所以一般在高速时施行动力制动，当车辆速度降到一定程度后则采用摩擦制动。另外，在动力制动不足时，需同时施行摩擦制动。

3.磁轨制动

磁轨制动是在车体或转向架的下部设有电磁铁,在制动时将电磁铁放下,与钢轨相吸,利用二者之间的摩擦产生制动作用。

磁轨制动能获得较大的制动力,因此常被城轨车辆作为实施紧急制动时的一种补充制动手段。

城轨车辆最常用的摩擦制动装置为空气制动机。

(二)空气制动机

空气制动机是以压力(压缩)空气作为制动的动力和操纵制动的介质。通过压力空气的变化来操纵制动力的大小。

空气制动机有自动制动机、直通制动机和直通自动制动机三种。直通制动机目前已淘汰,目前较常用的为自动制动机。

自动控制机可以在司机或其他控制装置(如 ATP、ATC 等)的控制下,产生各种制动作用。城轨车辆用的制动机,一般均选用电空制动机。它的特点是:实施制动时,空气制动和电气控制作用同时产生。电空制动机比单纯的空气制动反应灵敏,易于实现自动控制,且当电气控制失效时,空气制动仍能发挥作用,保证了列车运行的安全。

我国城轨车辆一般选用自行研制的 DK 型电空制动机、SD 数字式电空制动机以及目前国内外大量使用的数字模拟式和模拟式电空制动机。

任务四　了解城市轨道交通的车辆基地

一、车辆基地的组成

车辆停放及维修基地(车辆基地)是车辆停放、保养、修理的专门场所。车辆基地以车辆运用、检修为主,但考虑地铁系统管理需要,方便组织城市轨道交通地铁各专业的维修工作,可以将工务所、电务所、机电所、材料仓库、教育培训中心、行车控制中心等设施,全部或部分与车辆基地建在一起,这样有利于协调各专业接口,对各专业维修工作进行有效的协调管理,可以合理规划、统一使用场地和设备,节约土地和投资。同时也有利于实现计算机网络和现代化管理。车辆维修基地根据功能和规模的大小可划分为停车场(库)、车辆段、列检所。

(一)停车场(库)

停车场是车辆停放的场所,承担的任务有:车辆的停放、洗刷、清扫以及车辆列检和乘务工作,停车场所在正线运营列车的故障处理和救援工作,车辆定修(年检)以下车辆的各级日常检查维修的修程。遇到车辆的重大临修则采用部件互换的修理方式。每条地铁线路按其线路长度和配属车辆的多少,设置停车场或根据需要再增加设置辅助停车场,辅助停车场仅设置停车、列检设施,只承担车辆的停放、清洁、列检工作。

停车场配备车辆运用、整备和日常检查维修及配套设施,主要有停车列检库、不落轮镟床、调机库、临修库和车辆自动洗刷库及出入段线、洗车线、试车线、各种车库线,以及牵出线、车线、走行线等各种辅助线路;主要设备有:调机车(内燃机)、不落轮镟床、自动洗车机和车救援设备,以及为车辆重大临修服务的架车机、起重机等。

停车场(库)不仅要有足够的轨道停车位,同时还要设置管理人员、乘务员工作和活动休息的场所。

(二)车辆段

车辆段是城市轨道交通系统中对车辆进行运用管理、停放及维修保养的场所。车辆段除具有停车场的功能外,还是对城市轨道交通车辆进行较大修程的场所。车辆段主要拥有以下功能:

(1)承担所属线路的车辆停放、清洁、列检工作。

(2)承担所在线路车辆的定修(年检)及以下车辆检查维修和临修工作。

(3)承担所属线路和由多条联络线互相沟通线路的车辆架修、大修工作。

(4)承担车辆部件的检测、修理工作,满足车辆各修程对互换部件的需求。其维修能力的设置也可使其成为地铁网络的车辆部件维修点,为其他车辆段服务。

车辆段要在停车场的基础上增加车辆架修、大修的设施设备,车辆主要检修方式采用部件互换修。同时,根据工艺要求,要具备车辆零部件的检修能力。

车辆段配备的车辆检修设施主要有架修、大修库、静调库和部件检修间,以及油漆间、机加工、溶焊间和必要的辅助间等。车辆架修、大修主要设备有:架车机、移车台或车体吊装设备、公铁两用牵引车、转向架、车钩、电动机等各种部件的试验和修理设备、车辆油漆设备、列车静态和动态调试设备。承担列车转向任务的车辆段还设置列车的回转线。

车辆段内无物资总库时还要设置材料库,并配备必要的运输和起重设备。

车辆段主要划分为检修区和运营区,所有的检修工作均集中在检修区进行,运营区主要负责段属车辆的停放、列检和乘务工作。

车辆段一般还兼有综合检修基地功能,是保障线路各系统正常运行的保障基地和管理部。在停车场一般设置各系统的维修工区,属综合检修基地管辖。

(三)列检所

列检所的任务是利用列车停放时间和停放场地,对车辆的重要部件进行例行技术检查,对危害行车安全的一般故障进行重点修理。因此,列检所一般设在停车场(库)或列车折返段(指列车折返时停留和准备场所)的停车线上。

二、车辆基地的主要线路

1. 停车库线

停车库线:停车库线要满足线路所有运用车辆的停放需要,线路长度根据车辆编组的需求进行设计,一般为列车长加8m,可设计为一线一列位或一线二列位,线路间隔通常为3.8m,通常设检修坑道。

2. 出入段(场)线

位于车辆段或停车场与正线的结合部,是段(场)与正线的过渡线路,供车辆出、入停车场或车辆段的线路,除特殊条件限制都要设置为双线,并避免切割正线,根据行车和信号要求留有必要的段(场)线路与运营正线的转换长度。其有效长度至少保证一列车的停放。

3. 牵出线

牵出线适应段(场)内调车的需要,牵出线的长度和数量根据列车编组长度和调车作业方式和工作量确定。

4. 静调线

设在静调库内,列车检修完毕再到试车线试车之前,要在静调库对列车进行静态调试,检查列车各部分的技术状态,对各种电气设备和控制回路的逻辑动作和整定值进行测试和调整。静调线全长设置地沟,地沟内设置照明光带。静调线为平直线路,静调库内还要设置车间牵引电力电源和有关的测试设备。车辆检修后在车辆段进行车辆的尺寸检查,其中要对车辆的水平度进行检查。要求轨道高差精度等级标准较高的线路(称为零轨),宜设在静调线。

5. 试车线

供定修、架修、大修后列车在验收前的动态调试。试车线的有效长度应保证列车最高时速和全制动的需求。一般为平直线路,线路中间要设置不小于一单元列车长度的检查坑,供列车临时检查用。为进行列车车载信号装置的试验,试验线还应设置信号的地面装置,试车线旁应设置试车工作间,内设信号控制和试车必需的有关设备、设施和仪器。试车线应采取隔离措施。

6. 洗车线

供列车停运时洗刷车辆用,洗车线中部设有洗车库。洗刷线一般为贯通式,尽量和停车线邻近,这样可以减少列车行走时间,并减少对车场咽喉地区通过能力的压力。洗车库前后要设置不小于一列车长度的直线段,以保证列车平顺进出洗车库。

7. 检修线

指用于车辆各种不同修程的专用线路,检修线为平直线路,布置在检修、定修、架修、大修库内,包括架大修线、定修线、临修线、静调线等。这些线路设有 1.4 ~ 1.6m 深的检修坑道,中间设维修平台,根据需求配有架车机、悬挂式起重机、转向架、转向盘等设备。

8. 临修线

列车发生临时故障和破损,在临修线上完成对车辆的临修工作,临修线的长度能停放一列车,并考虑列车解编的需要。

以上是保证列车运行和检修的主要线路,除此之外,维修基地内还必须按需要设置临时存车线、检修前对列车清洗的吹扫线、材料装卸专用线、内燃调机车和特种车辆(如轨道车、触网架线试验车、磨轨车、隧道冲洗车等)停车线、联络线和与铁路连通的地铁专用线等。

三、车辆运用、检修库房和车间及其主要设备

(一)停车列检库及其附属车间

停车库兼有停车、整备、清扫、日常检查、司机出乘等多种功能,为实现这些功能,停车库除设有停车线外,还设有运用车间、运转值班室、司机待班室等司机出乘用房,还设有列车以及列车车载信号检修用房。由于列车本身价值昂贵,在地铁运行中占据着重要地位,因此在停车库都设置自动防灾报警设备,和整个消防系统联系在一起。架空触网或接触轨应进库,接触轨应加防护装置,每条库线两端和库外线之间及停车台位之间设置隔离开关,可以对每条停车线的接触网(接触轨)独立停、送电,每条停车线还应有接触网(接触轨)送电的信号显示和列车出、入库的音响报警装置。停车线兼作车辆列检线,应有检查地沟。

地铁车辆除了由自动洗刷机洗刷外,对自动洗刷不到的部件进行人工辅助洗刷,还要对列车室进行每日的清扫、洗刷和定期消毒。这些工作在清扫库进行,清扫库一般毗邻停车库,库内应设置上、下水及洗刷平台。

在停车库两端应有一段平直硬化地面,作为消防、运输通道,通道应该设置可动防护栏杆,平时封锁,仅在必要的特殊情况下使用。

(二)检修库及其辅助车间

检修库及其辅助车间的平面布置主要取决于车辆的配属量、车辆的修程、检修方式及其工艺流程,同时要综合考虑自然地形条件、工件运输线路以及安全、防火和环保要求等因素。

1. 双周、双月检库

双周、双月检都要在库内对列车的走行部、车体及车顶设备进行检查,为便于作业和保证安全,线路采用架空形式,除线路中间设置地沟外,在检修线两侧设有三层立体检修场地,底层地坪低于库内地坪(若以轨面高程为±0.00m,其地坪高程约为-1.0m),可以对走行部以及车体下布置的电气箱、制动单元、蓄电池进行检查,中间为高程+1.1m左右平台,可对车体、车门进行检查作业,车顶平台高程+3.5m,主要对车辆顶部的受电弓、空调设备进行检修,车顶平台设有安全栏杆。双周、双月检库立体检修平台示意图如图4-8所示。

图4-8 双周、双月检岸立体检修平台

双周、双月检库根据作业的要求可设有悬臂吊,可以对需要进行拆、装作业的受电弓和空调设备进行吊装;还配置了液压升降车、蓄电池等电气箱搬运车等运输车辆。

为了对车辆进行双周、双月检及定修(年检),还应设置受电弓、空调装置、车载信号、试验设备等辅助工间以及备品工具间。

2. 定修库

定修库和双周、双月检一样,线路采用架空形式,线路中间设置检修地沟,线路两侧设置3层检修场地。车库设2t起重机。车辆的定修和临修有时也可以在一个车库进行,合并为定修、临修库,这时必须根据列车编组在库内设置架车机组,在列车解钩后可以同步架起一个单元的车辆。车库内设有10t起重机,可吊装车辆的大部件。其辅助工间应和其他检修库统一考虑。

3. 架修、大修库

架修、大修的布置应根据车辆检修工艺流程确定。对车辆设备和零部件的检修方式采用互换修为主,作业流程根据实践情况,一般采用流水作业和定位修方式相结合。采用部件互换修可以减少列车的停库时间,并且可以合理地安排计划,做到均衡生产,避免因某一部件检修周期长,影响整列车的检修进度。联合检修厂房内设置车辆的待修、修竣部件和部件的存放场地。

架修、大修库内主要设备有:地下式架车机、移车台、假转向架、桥式起重机、公铁两用牵引车,必要的运输工具、工作平台等。图4-9为地下式架车机。

图4-9　地下式架车机

4. 辅助检修车间及其设备

地铁车辆是一种涉及多种专业、极其复杂的设备,在对车辆进行架修、大修时,都要架车、分解,对部件进行检修。这些检修工作都在辅助检修车间进行。这些辅助检修车间根据列车架修、大修的工艺流程,大部分都布置在检修主库的周围。

(1)转向架、轮对间。转向架、轮对间通过轨道和转向架转盘架、大修库相连接。主要由转向架检修区、轮对检修区和轮对等零部件的存放区组成。

转向架检修区对转向架进行分解,分解后的零部件送到相应检修位置进行检修,恢复技术状态,然后进行组装。

轮对间主要对轮对以及轴箱、轴承进行检修。由于对轴承的检修工作专业性强,需要大量的设备和占地,但是每年的工作量很小,所以一般都将轴承检修工作委托社会专业单位承担。有条件的地方,也可以将探伤工作委托社会专业单位承担。

转向架、轮对间要适应互换修方式,有足够的转向架、轮对及其他零部件的存放场地,还应配备相应的起重设备。

(2)电机间。电机间是对车辆牵引电动机、空气压缩机电动机以及其他车辆设备(如制动电阻冷却风机等)的动力电动机进行检修的辅助车间。电动机大修专业性强,检修量少,并且需要绕线、浸漆、烘干等设备,一般都委托专业工厂进行。

(3)电器、电子间。电器间承担对车辆电气组件的检修作业,对列车的主控制器、主逆变器、辅助逆变器、各类高速开关、直流接触器等各种电器进行试验、检修、检验。电子间主要对列车牵引、制动、空调等计算机控制系统的各类电子控制板进行检修作业。

辅助车间还有车门、制动、车钩、受电弓、空调检修间。

上述辅助车间一般都布置在架修、大修主库的周围,可以使检修工序、流程合理、紧凑、简洁,减少运输路程,提高工作效率。

(三)其他库房及车间

维修场地内有些库房及车间由于环境保护和劳动保护要求、检修的特殊要求等因素,或是由于设施和维修基地的检修共同使用,要单独设置。

1. 不落轮镟床库

地铁车辆转向架的轮对在运行中有时会发生踏面的擦伤、剥离和轮缘磨耗达不到运行技术要求的问题,需要及时镟削。使用不落轮镟床可以不拆卸轮对直接对车辆的轮对踏面和车缘即时地进行镟削。运行实践说明,不落轮镟床是保证地铁车辆正常运行不可缺少的重要设备,开始建设时就要对此作充分考虑。

不落轮镟床需要在温度、湿度得到控制的环境使用,为减少投资,在库内为镟床单独设置隔离的环境空间。

不落轮镟床库及其前后一辆车辆范围的线路为平直线路。作业线的长度要满足列车所有车辆轮对镟削的要求,列车出入库和轮对的就位一般由专门的牵引设备承担。

2. 列车洗刷库

列车洗刷库建在洗刷线的中部,库内设有自动洗刷机,可对列车端部和侧面进行化学洗涤剂和清水洗刷。在洗刷过程中,列车以低于 5km/h 的速度通过洗车设备,完成车体清洗作业,也可用专设的小车带动,目前较高级洗车设备有喷淋、去污、上蜡、吹干等功能,减少了人工作业。列车自动洗刷机如图 4-10 所示。为避免列车洗刷作业对其他线路的影响,洗刷机前后线路的长度都不应小于一列的长度。

图 4-10　列车自动洗刷机

3. 蓄电池间

蓄电池间主要对地铁车辆的碱性蓄电池进行充电和检修,另外也对各种运输车辆的酸蓄电池进行充电和检修。蓄电池间要配置相应的试验、充电设备和通风、给排水、防腐设备。碱性和酸性蓄电池操作间应分开设置,防止酸气进入碱性蓄电池,酸、碱发生中和作用,影响电池的质量。蓄电池间要单独设置,并布置在长年主导风向下风侧,还要有防爆措施。

4. 中心仓库

中心仓库承担城市轨道交通全线各专业所需机电设备、机具、工具、材料、备品配件的供应工作。主要工作环节有采购、入库、仓储、发放。仓库中应有仓储起重、运输等设备和设施,还应附有露天存放场和材料专用轨道线,还要设置专门的环控库房,存放对环境要求高的精度配件。

对于易燃易爆物品要单独设立危险品仓库,危险品仓库应单独设置在对周围建筑影响最小的位置,并与外界隔离,根据易爆、易燃物品的性质要分不同房间存放,建筑物的通风、消防等要符合有关规定。有时为了减少与邻近建筑物之间的防火距离,易燃品库也可采取半地下式或地下式的建筑城市轨道交通设备配件种类繁多(仅车辆配件就有数千种),价值昂贵。仓库对物流的管理涉及社会流通领域和城市轨道交通内部生产流域。它既是各专业检修生产工艺的组成部分,与检修生产密不可分,要保证供应;又有着非常强的"成本中心"的作用,对材料、备件的消耗管理和物流本身对资源的占用和消耗都与检修成本有着直接关系。

随着现代物流技术、计算机信息管理技术和电子商务的发展,使中心仓库采用自动化立体仓库仓储技术、建设"城市轨道交通自动化综合物流系统"成为可能。

除此之外,根据需要还有调机(内燃机车)库、消防间、污水处理站、配电站、变电站、机加工中心、汽车库等库房,车间也需要单独设置。

四、综合维修基地

综合维修基地承担全线各种设备、设施的定期维修、维护和故障排除。综合维修基地一般都和车辆维修场地设置在一起,也可以单独设置,但必须设置在车辆维修基地的紧邻地区。

在城市轨道交通运营线路较长或者担当两条以上运营线路的设备、设施维修任务时,维修任务大,可以设立综合维修中心,维修中心下可设各专业段(或车间)。在维修量不大,也就是在运营线路不长或在地铁运营的初、近期阶段,可设立综合维修段(所),下设各专业维修工区。

按照专业,一般可分为下述几个段(工区),根据专业特点需要有相应的检修间,并配备必要的检修设备。

通信、信号段(工区)承担全线通信(包括有线通信、无线通信、车站和车载广播、电视监控系统)和信号(包括 ATC 设备、地面和车载设备和车场折返线的道岔电气集中联锁控制系统)设备、设施的维修、维护工作,综合维修基地与工作相适应,要设立通信维修间和信号维修间。

机电段(机电工区、接触网工区)承担全线主变电站、牵引变电站、降压变电站的运行及设备维护、维修和接触网、车站通风、空调等环控设备,以及自动扶梯、电梯、照明、防灾报警等辅助设备的维护、维修工作。设置机电维修间和接触网架线、实验车和相关的机械加工设备。

修建段(工区)承担全线地下隧道及建筑、高架桥梁及建筑、线路、道岔等设备、设施的巡检、维护、维修工作。在综合维修中心设有工务维修间,并配备有轨道探伤、检测设备、磨轨机、隧道清洗车等必要的生产设施。

在综合维修基地还要配备相应的生产设施和特种车辆存放线和车库以及办公、生活设施。

综合检修基地的功能和任务如下:

(1)承担所辖线路沿线隧道、线路和桥梁等设施的检查、保养和维修工作。

(2)承担所辖线路车站建筑和地面建筑的保养和维修工作。

(3)承担所辖线路变电所、接触网、供电线路和设备的运行管理、检查、保养和维修工作。

(4)承担所辖线路各机电系统及设备的运行管理、检查、保养和维修工作。

(5)承担所辖线路通信、信号系统的运行管理、检查、保养和维修工作。

(6)承担所辖线路自动售检票系统和设备的运行管理、检查、保养和维修工作。

(7)承担所辖线路防灾报警系统、设备监控系统的检查、保养和维修工作,基地各系统和设备的大、中修等工作。

（8）承担所辖线路运营、检修所需的各类材料、设备、备品配件的采购、储备、保管和发放工作。

综合检修基地主要设施：综合检修基地检修车间、材料总库、特种车辆库、办公楼等。

拓展知识

一、车辆的检修

车辆经过一段时间运用后，各部构件会产生磨耗、变形或损坏，为了保证车辆安全、良好地运行，延长其使用寿命，除了车辆乘务员加强日常检查和保养、维护外，还需要定期进行各种修程的检修。

（一）车辆检修制式

目前，各国地铁车辆检修采用两种制式：一种是厂修、段修分修制；另一种是厂修、段修合修制。

1. 分修制

修建专门的车辆大修厂（不限于1个），承担全线路网各线车辆的大修任务。车辆的架修、定修及其以下的修理工作，由各线的车辆段承担（如莫斯科、北京地铁）。

所谓厂修、段修分修制，就是修建专门的车辆大修厂（不限于1个），承担全线网各线车辆的大修任务。车辆的架修、定修及其以下的修理工作，由各线的车辆段承担。

2. 合修制

不设专门的车辆大修厂，车辆的大修在车辆段内进行。世界大多数城市采用合修制。

前一种制式，用于地铁线网规模较大的城市，具有一定的经济性，对于线网规模不大的城市，采用合修制较经济。从国内外情况来看，只有莫斯科和北京采用厂修、段修分修制，其他城市均采用合修制。国内正在修建和计划修建地铁的城市，如上海、广州、南京、青岛和香港等城市也采用合修制。

采用分修制的优点是实行专业化生产，形成规模效益，有利于提高修车质量。其缺点是在工程建设起始阶段须同时修建车辆大修厂和车辆段，由于形成有一定规模的轨道交通线网需经过几十年时间，因此大修厂在建成后相当时间内，因系统规模小，大修车任务量不足，投资效益难以发挥。

采用合修制，上述问题可以避免。另外，因车辆大修所用的大部分机械设备与车辆架修所用的机械设备基本相同，将厂修与段修合并可减小机械设备的重复投资，提高设备利用率。

（二）车辆修程

国外车辆的修程主要是根据预防性维修的原则，从走行公里与运行时间上考虑，对车辆的各部件进行修理的一种检修制度。例如，日本城轨交通车辆的修程主要有：重要部件检查和全面检查（车辆工厂），日检查，月检查（检车区）。

我国主要城市的城轨交通车辆修程分别为：

（1）北京地铁。修程为：厂修、架修、定修和月修（其中架修、定修和月修为段修修程）。

（2）上海地铁。修程为：厂修、架修、定修、双月修、双周修和列检（日检）。

（3）广州地铁。修程为：厂修、架修、三年检、二年检、一年检、半年检、三月检、双周检和日检。

（三）检修内容

综合国内主要城市轨道交通车辆的修程，大致分为列检（日检）、月检（双月检）、定修、架修和厂修（又称大修）。各种修程的主要检修内容和范围如下。

（1）列检：对容易出现危及行车安全的各主要部件（如轮对、弹簧、转向架、受流器、控制装置、空气制动装置、车钩及缓冲装置、蓄电池、车门风动开关装置、车体、车灯等）进行外观检查，对危及行车安全的故障及时进行重点修理。

（2）月检：对车辆外观和一般功能进行检查，即对车辆主要部件的技术状态进行外观检查和必要试验，对危及行车安全的故障进行全面修理。

（3）定修：主要是预防性修理，需要架车。对各大部件的技术状态和作用作仔细的检查，对检查发现的故障进行针对性修理，对车上的仪器和仪表进行校验，车辆组装后要经过静调和试车。

（4）架修：主要目标是检测和修理大型部件（如走行部、牵引电动机、传动装置等），同时，经架车，对车辆各部件进行解体和全面检查、修理、试验，对计量的仪器、仪表进行校验，车体要重新油漆标记，组装后进行静调和试车。

（5）厂修：全面恢复性修理。要求对车辆全面解体、检查、整形、修理和试验，要求完全恢复其功能。组装后要重新油漆、标记、静调和试车。总之，厂修后的车辆基本上要达到新车出厂水平。

二、车辆段的形式

车辆段的线路要根据车辆段作业要求，结合用地特点来布置。一般，车辆段设计原则包括以下三方面：

（1）收发车顺畅。车辆段是列车运营的起始与终止场所，其设计要根据线路特点保证列车出入的流畅，满足能力要求。

（2）停车检修分区合理。在部分线路较长的场合，车辆段与停车场的确定需要考虑位置分布，以保证运营组织与管理的方便性。

（3）用地布置紧凑。城市轨道交通系统一般在市区，土地资源稀缺，且价格昂贵，车辆段与停车场的设计要紧凑，以降低建设费用。

车辆段一般可布置成贯通式或尽端式。贯通式车辆段两端均可以收发列车，能力较大。停车列检库一股道可以停3列车。图4-11是一个贯通式车辆段布置图实例，图4-12是一个尽端式车辆段布置图。

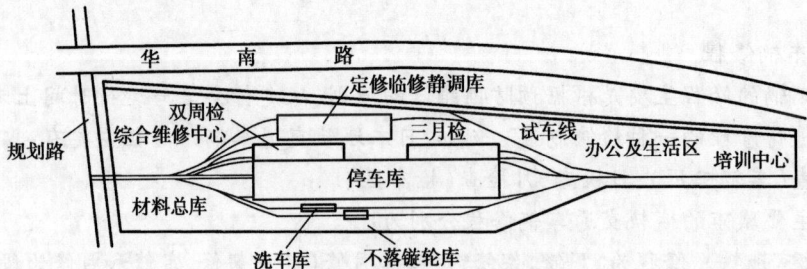

图4-11　贯通式车辆段布置图实例

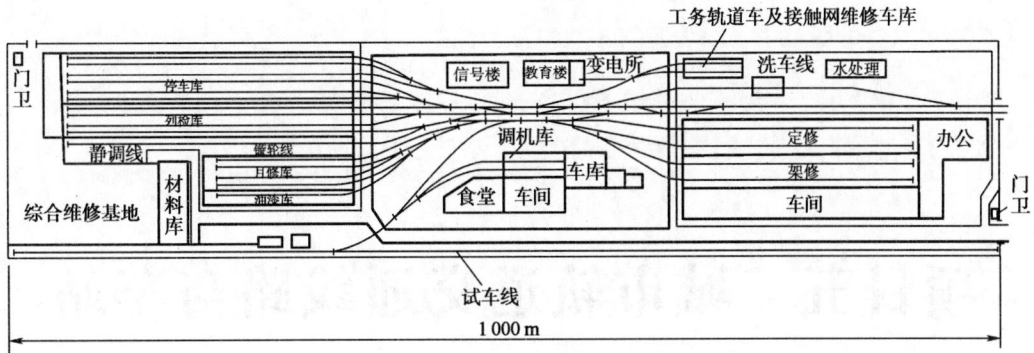

图 4-12 尽端式车辆段布置图

实践活动

1. 组织学生观看有关城市轨道交通车辆检修基地方面的录像。
2. 组织学生参观城市轨道交通车辆检修基地，了解具体情况。

思考与练习

1. 城轨交通车辆如何分类？
2. A、B、C 三类车型的主要技术规格有哪些？
3. 城轨交通车辆有哪些基本组成？
4. 按材料分车体有哪几种？较先进的是哪种？
5. 车辆走行装置的作用是什么？有哪些基本组成？
6. 简述密接式车钩的结构及作用原理。
7. 车钩缓冲装置的作用是什么？
8. 城轨交通车辆采用哪些制动方式？
9. 检修基地的主要线路有哪些？综合检修基地的功能和任务具体指什么？
10. 车辆段的布置形式有哪几种？试分析不同布置方式的优缺点。

项目五　城市轨道交通线路与车站

![背景知识图标] **背景知识**

　　城市轨道交通系统的线路和车站是轨道交通系统中重要的组成部分。城市轨道交通系统的线路按其在运营中的作用,可分为正线、辅助线和车场线。辅助线包括折返线、渡线、联络线、停车线、出入线、安全线等。城市轨道交通车站是供列车停靠、旅客乘降、客流集散的重要场所,是出行的出发、换乘与终止点。本章介绍城市轨道交通系统线路和车站的基本内容。

任务一　了解城市轨道交通线路

一、城市轨道交通线路分类

(一)正线

正线为贯穿所有车站、区间,供列车日常运行的线路。

城市轨道交通系统的正线均采用上、下行分行,一般实施右侧行车惯例,以便与城市地面交通的行车规则相吻合(世界上除了英联邦国家、日本等部分国家外,绝大部分国家城市道路交通均实行右侧行车规则)。

(二)折返线

在线路两端终点站(对于环线,也需要设两个"终点站")或者准备开行折返列车的区间站设置的专供列车折返掉头的线路称为折返线。

折返线视不同的折返方法可分以下种类型。

1. 环形折返线

俗称灯泡线,如图5-1所示。

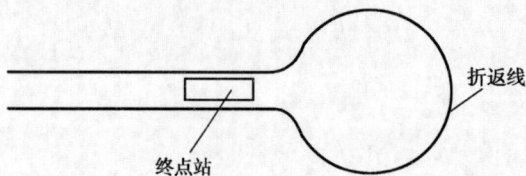

图5-1　环形折返线

环形折返线是将端点折返作业转化为沿一个环形单线区段运行的作业,实质上取消了折返过程,变为区间运行,有利于列车运行速度发挥,消除了因折返作业而形成的线路通过能力限制条件,不乏是一种对提高运营效率有利的折返方法。环线折返的问题在于:环线占地面积较大,尤其是在地下修建,难度更大,投资较高;环线折返丧失了一端停车维护保养检查的机动线路,对车辆技术要求、运行组织要求更高。线路机动性下降,线路延伸可能性甚微,一般只适用于线路较短、线路延伸可能较小且该端点站又往往在地面的情况。

2. 尽端折返线

可分为单线折返、双线折返与多线折返等不同布置办法,如图 5-2 所示。利用尽端线折返的办法,弥补了环线折返的不足,使端点站既可有效组织折返(如双折返线可明显降低折返时间),又可备有停车线供故障停车、检修、夜间停车等作业使用。对于线路延伸也十分方便,比较适合于地下结构的端点站,以及线路较长或有延伸可能、土地不宜多占用的情况。

3. 利用渡线折返

在车站前或站后设置渡线,用以完成折返作业的布置方式,如图 5-3 所示。

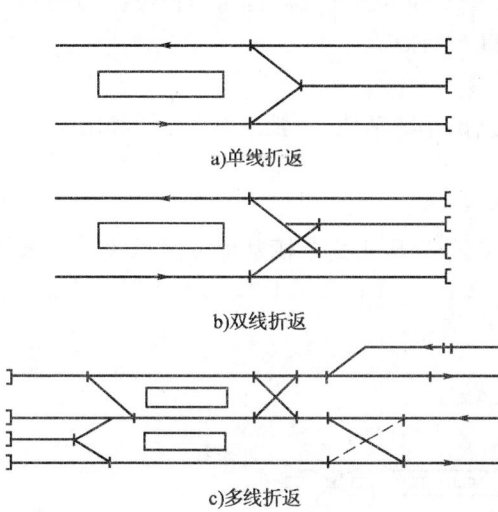

图 5-2　折返线示意图

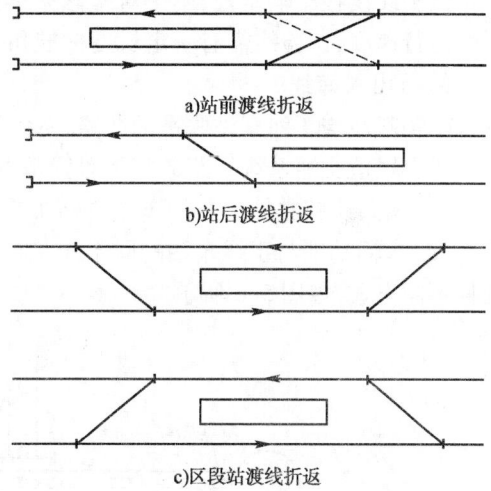

图 5-3　渡线折返示意图

很明显,利用渡线折返需要修建的线路最少,投资下降。然而,列车进出车站与折返作业有严重的干扰。尤其是在区间站利用渡线进行区间列车折返,需占用正线进行作业,故对运营管理要求十分严格,且列车运行间隔时间受其制约需放大,导致线路通行能力下降,安全可靠性存在隐患。所以,在列车运行速度较高、运行间隔时间较短(即发车频率较高)、运量较大的线路不宜采用此类办法。

(三)联络线

联络线为轨道交通线路之间为调动列车等作业方便而设置的连接线路,如图 5-4 所示。联络线因连接的轨道交通线往往不在一个平面上,因此,有较大的坡道与较小的曲线半径,列车运行速度不可能很高。如果在地下建设,施工难度较大,投资也随之加大。

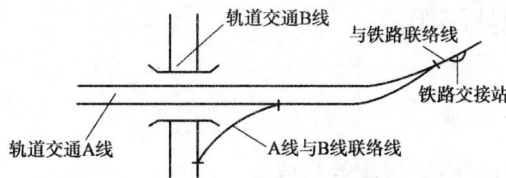

图 5-4　联络线示意图

(四)渡线

渡线为在上下行正线之间(或其他平行线路之间)设置的连接线,通过一组联动道岔达到转线的目的。如前述的站前、站后折返用渡线以及车库内线路之间的渡线。

(五)停车线

停车线一般设置在端点站,专门用于停车,也可进行少量检修作业。在车辆基地,则拥有众多的专用停车线,提供夜间停止运营后列车停放。需要进行检修作业的停车线设有地沟。

(六)检修线

检修线设在车辆基地检修库内,专门用于检修轨道交通车辆,设有地沟,配有架车设备和检修设备(如行车等)。

(七)试验线

试验线设在车辆基地,用于对检修完毕的轨道交通车辆进行运行状态检测。为达到必要的运行速度,试验线需有一定长度标准和平纵断面特点。

(八)出入库线

车辆基地与正线车站联系的线路,专供列车进出车辆基地,一般分为入库线和出库线。

城市轨道交通系统线路的整体布置基本模式如下:

(1)两条线路立体交叉的车站线路布置,如图5-5所示。

(2)车辆基地与正线车站的联系线路布置可以分为尽头式车辆基地和通过式车辆基地两种不同方式,如图5-6所示。

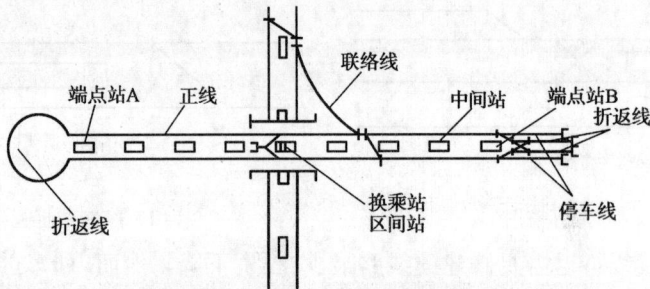

图5-5 立体交叉的车站线路布置图

图5-6 车辆基地线路布置图

注:A 和 B 为尽头式车辆基地布置方案;C 为通过式车辆基地布置方案。

二、城市轨道交通线路组成

(一)主要组成

1.线路下部基础

沿用传统铁路方式:由路基、道床等组成。

路基:路堤式路基采用取土填筑办法,按规定断面尺寸夯实形成。一般适用于地下铁道、轻轨等轨道交通系统,并采用独立路基施工方式。

道床:土质路基上一般采用碎石道床。碎石道床结构简单,容易施工,减振、减噪性能较好,造价低;不足之处是轨道建筑高度较高,轨道维修量大,所以从目前国内外城市快速轨道交通建设发展趋势看,不太适合地下隧道及市区高架结构线路,一般只在地面线上使用有渣轨道。

拓展知识

一、混凝土整体道床

一般新建城市轨道交通系统采用无渣轨道结构较多,采用最普遍的结构为混凝土整体道床。这种无渣轨道通过钢轨扣件把钢轨直接与混凝土基础联结起来。

1.扣件形式

整体道床上宜采用全弹性分开式扣件,垂向和横向均应具有良好弹性,以适应刚性道床,并有适量的轨距水平调整量。

2.道床

整体道床整体性能好,坚固稳定、耐久;轨道建筑高度小,减少隧道净空,节省投资;轨道维修量小,适宜城市轨道交通运营时间长、维修时间短的特点。

整体道床的类型较多,下面介绍几种常用的道床形式。

1)无枕式整体道床

无枕式整体道床亦称整体灌注式。无枕式轨道建筑高度较小,主要采用就地连续灌注混凝土基床或纵向承轨台。一些国家修建铁路隧道时常采用这种形式,香港地铁和新建的轻轨交通也采用了这种形式,简称PACT型轨道。这种形式结构简单,减振性能也较好,但施工时需采用刚度较大的模架,施工较为复杂。

2)轨枕式整体道床

这种形式的道床可分为短枕式和长枕式两种。

(1)短枕式整体道床。这种道床轨道建筑高度一般为550mm左右,轨枕下道床厚度一般不小于160mm,一般设中心排水沟,如图5-7所示。

这种道床稳定、耐久,结构比较简单,施工方法简便,进度较快。北京地铁一、二期工程大多铺设这种道床,经20多年运营,使用状态良好。天津地铁亦铺设了这种道床。

(2)长枕式整体道床。这种道床设侧向水沟,如图5-8所示。一般长轨枕预留圆孔,让道床纵筋穿过,加强了与道床的连接。它适用于软土地基隧道,可采用排轨法施工,速度快。上海和新加坡地铁铺设了这种轨道,使用状况良好。

二、单轨交通线路结构

单轨交通分为悬挂式(悬吊式)和跨座式(骑跨式)两类,其线路结构如图5-9、图5-10所示。

单轨交通线路结构比较简单,由轨道梁、支柱、基础组成。

由于单轨交通车辆一般采用橡胶走行轮、导向轮(稳定轮)构成的走行部,因此,其轨道梁结构中主要包括承重面、导向侧面及附属设施(如供电、自动控制、通信设备)等。

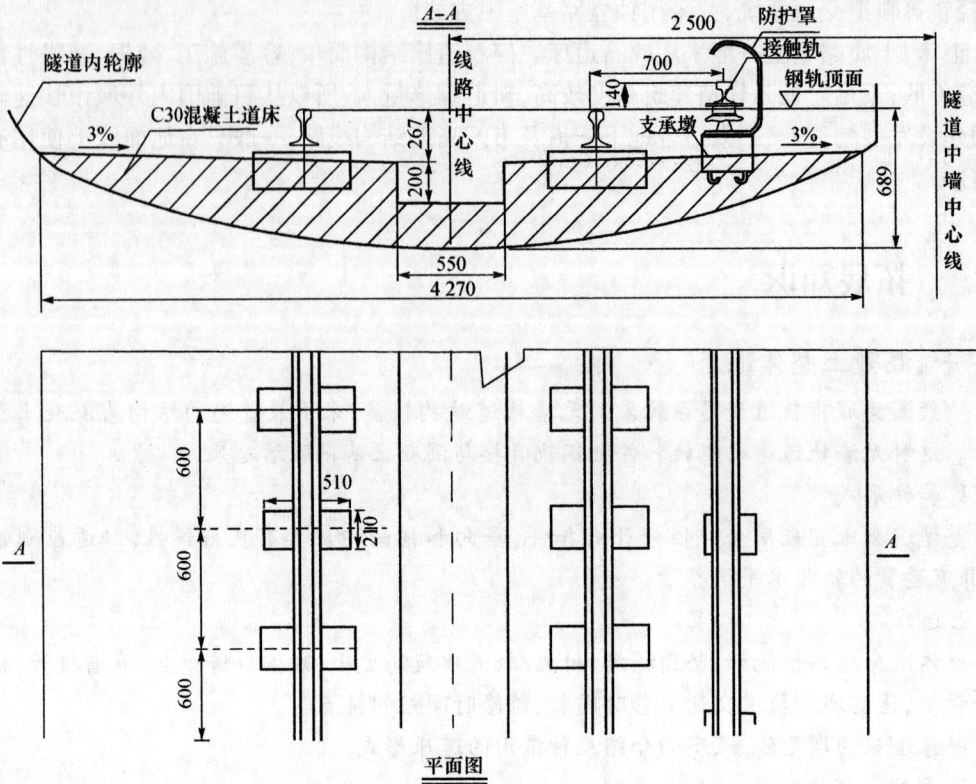

图 5-7 短枕式整体道床(尺寸单位:mm)

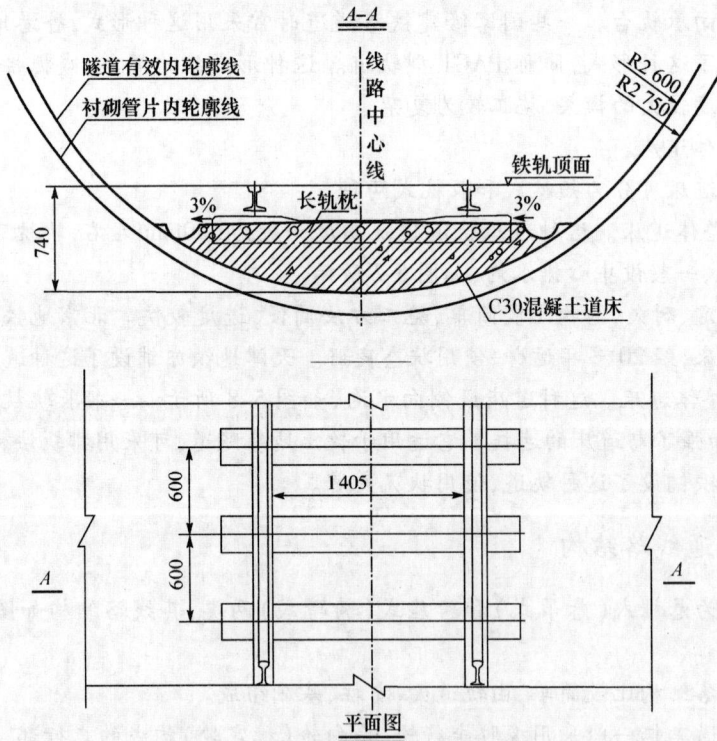

图 5-8 长枕式整体道床(尺寸单位:mm)

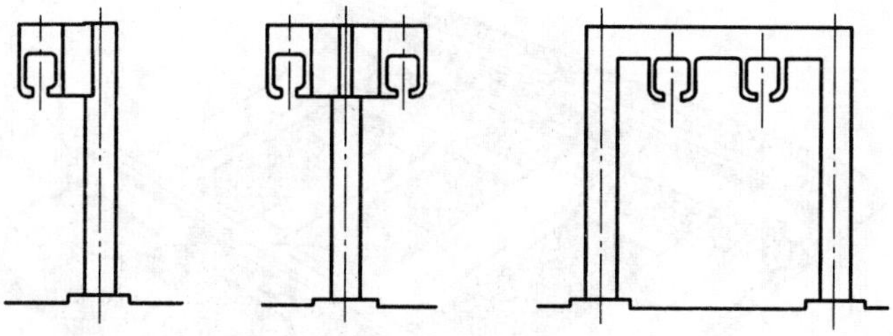

图 5-9　悬挂式单轨交通线路结构

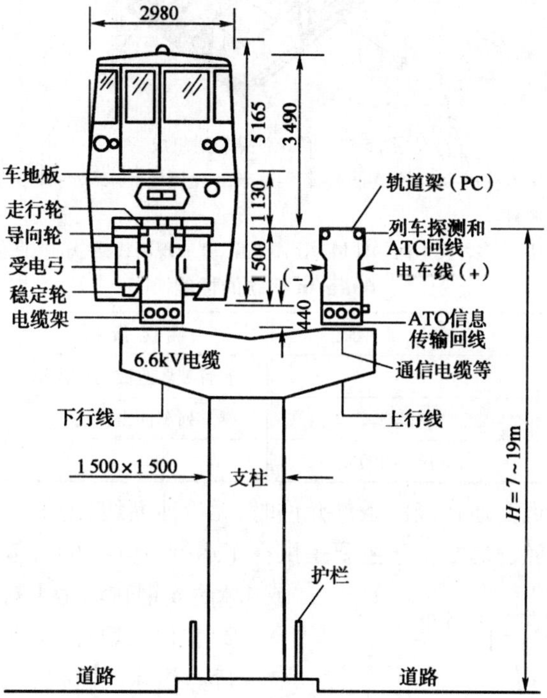

图 5-10　跨座式单轨交通线路结构(尺寸单位:mm)

上部建筑

沿用传统铁路方式由钢轨、轨枕、连接零件等组成,如图 5-11 所示。

1)钢轨

钢轨是轨道结构的主要组成部分,采用"工"字形宽底座断面,由轨头、轨腰、轨底组成。在列车动荷载作用下,钢轨产生弹性挠曲和横向弹性变形,因此钢轨应有足够的承载能力、抗弯强度、断裂韧性及稳定性、耐磨性、耐腐蚀性。

目前在国内尚无城市轨道交通的钢轨选型标准。一般现行城市轨道交通系统的设计可参考国家铁路钢轨选型标准,即"年通过总质量在 15 ~ 30Mt 时,采用 50kg/m 钢轨;在 30 ~ 60Mt 时,采用 60kg/m 钢轨"。

国内外城市轨道交通有选用重型钢轨的趋势。从技术性能上分析,60kg/m 钢轨质量只增加 17.7%,而允许通过的总质量可增加 50%。重型钢轨不仅能增加轨道的稳定性,减少养护维修工作量,而且还能增加回流断面,减少杂散电流。

表 5-1 是根据有关资料整理的 60kg/m 钢轨与 50kg/m 钢轨的性能比较。

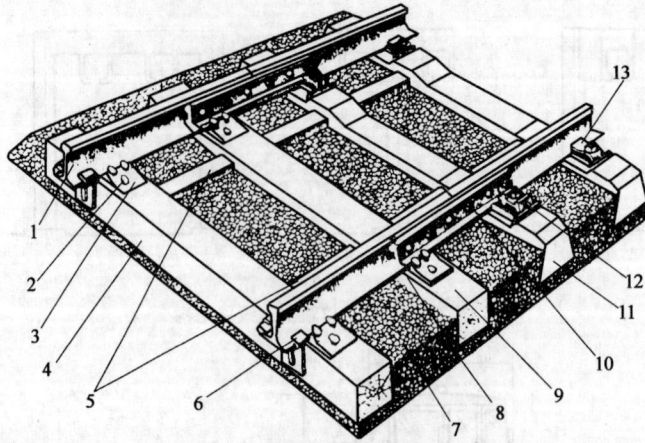

图5-11 传统铁路轨道组成

1-钢轨;2-普通道钉;3-垫板;4、9-木枕;5-防爬器;6-防爬撑;7-道床;8-鱼尾板;10-螺栓;11-钢筋混凝土轨枕;12-扣板式中间连接零件;13-弹片式中间连接零件

注:图中画出了多种类型的扣件是为示图之用,并非现场线路中的实际使用情况。

60kg/m 钢轨的性能　　　　　　　　　　　　　　　表5-1

性能指标	比50kg/m 钢轨	性能指标	比50kg/m 钢轨
钢轨抗弯强度	+34%	疲劳破坏造成的更换率	-83.3%
弯曲应力	-28%	列车冲击振动	-10%
使用年限	+50%~200%		

综上所述,城市轨道交通在经济条件允许时,无论地面线、地下线或高架线,运营正线宜选用重型钢轨。对车场线来说,由于主要是供空车运行,速度又低,考虑经济性,选用50kg/m 或43kg/m 钢轨均是可行的。

2)扣件及轨枕

碎石道床的轨枕一般情况下应尽可能采用常规铁路所使用的预应力混凝土枕。对采用三轨供电方式的系统,在安装三轨托架的地方还需使用特殊加长的混凝土枕。

有渣轨道的钢轨扣件可采用弹条Ⅰ型扣件,如图5-12所示。弹条Ⅰ型扣件可增加轨道弹性,并减少扣件维修工作量。

3)道岔

轨道交通列车车辆由一条线转向或越过另一条线路时的设备称为道岔。地铁与轻轨采用双线线路,线路中间站通常不设配线,两个方向线路之间很少有交叉、连接存在,但在折返地段,要利用道岔实现线路的转换。地铁与轻轨线路上常用的是普通单开道岔,由转辙器、连接部分、辙叉及护轨等组成,如图5-13所示,通过尖轨的平移,形成不同的开通方向,实现列车安

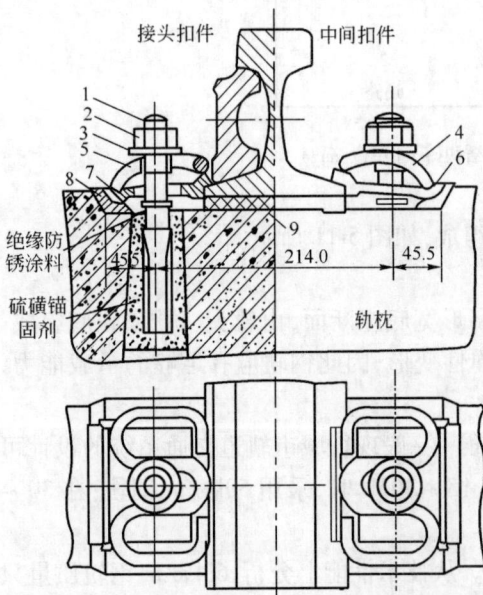

图5-12 弹条Ⅰ型扣件(尺寸单位:mm)

1-螺纹道钉;2-螺母;3-平垫圈;4、5-弹条;6、7-轨距挡板;8-挡板座;9-弹性橡胶垫板

全转线的目的。地铁与轻轨线路的道岔主要有正线道岔和车场线道岔。正线道岔用于设有渡线和折返线的车站,通过设置道岔来实现车辆转线。车场线道岔设在停车场,车辆段内通过道岔与走行线连接。

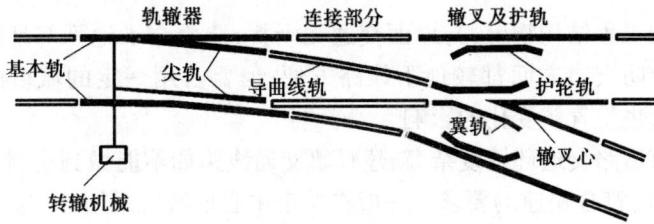

图 5-13　普通单开道岔

转辙器由两根尖轨、两根基本轨及转辙机械等组成。尖轨是转辙器的主要部件,通过连接杆与转辙机械相连,操纵转辙机械可以改变尖轨的位置,以确定道岔的开通方向。连接部分由直线轨、曲线轨连接而成。辙叉及护轨包括辙叉心、翼轨及护轮轨、基本轨等。其作用是保证车轮安全通过两条钢轨的相互交叉处。

道岔比较常见的有四种类型,如图 5-14 所示。

单开道岔:将一条线路分岔成两条线路,一条直线(主线),一条曲线(侧线)。

双开道岔:将一条线路分岔成两条不同方向的曲线线路。

三开道岔:沿一股直线钢轨(主线)对成分支,同时衔接的有三条线路,一股直线钢轨,两股曲线钢轨。

复式交分道岔:两条线路平面交叉,引渡列车由一条线路跨越另一条线路的设备称为交叉。在菱形交叉的两侧,各增添两副转辙器和一股连接曲线,就是复式交分道岔。车辆通过交叉设备时,只能沿原线路继续运行,不能转线。

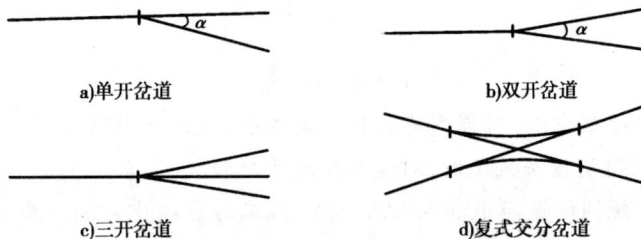

图 5-14　道岔种类

(二)空间设置位置

城市轨道交通线路敷设方式可分为地下、地面(含路堑、路堤)和高架三种方式。

1. 地下

常用于地下铁道系统,线路置于地下隧道中,其优点是与地面交通完全分离,且不占城市地面与空间,基本不受气候影响;其不足之处在于需要较大投资,较高的施工技术,较先进的管理,完善的环控、防灾措施与设备。建设过程仍会影响地面交通,运营成本较高,改造调整与线路维护均较困难。

2. 地面

一般采用独立路基的方式,减少与地面道路交通的互相干扰。其优点是造价最低,施工简便,运营成本低,线路调整与维护较易;其不足是运营速度难以提高(有部分信号控制的平面交叉点),占地面积较多,破坏城市道路路面,使城市道路交叉口复杂化,容易受气候影响(如雨水、雾、台风等),乘车环境难改善,有一定的污染负效应(如噪声、景观等)。

3.高架

线路设在高架工程结构物上,与地面交通无干扰,造价介于地下与地面之间。其施工、维护、管理、环控及防灾诸方面都较地下线路方便;但要占用一定的城市用地并有光照、景观、噪声等负效应,也受气候变化的影响。

由于我国城市道路交通环境复杂,新建轻轨交通线路如不能做到全封闭,一般认为也应达到65%以上,才能符合快速的要求。一般在城市中心地区宜采用地下线,其他地区条件许可时宜采用高架线或地面线。

三种方式建设费用的大致比例为:地下:高架:地面(独立路基)=10:5:3。

拓展知识

线路的平面位置

根据线路敷设方式的不同,线路平面位置可以有以下几种选择。

1)地下线

根据与城市道路的关系,线路一般可分为三种位置,如图5-15所示。

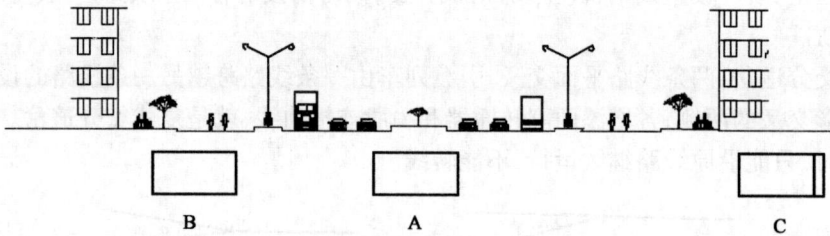

图5-15 地下线路

A位:线路位于道路中心,对周围建筑物干扰较小,施工相对容易,是较为普遍采用的一种线路位置,但若采用明挖法施工时,对道路交通干扰较大,不如B位。

B位:线路位于规划的慢车道和人行道下方,施工时能减少对城市交通的干扰和对机动车道路面的破坏,但由于它靠建筑物较近,市政管线较多且线路不易顺直,需结合站位的设置统一考虑。

C位:线路位于道路规划红线以外,是在特殊情况下采用的一种线路位置,如果线路上方建筑物较多,施工时需采用特殊的处理方法或带来较大的拆迁量。

2)高架线

高架线在城市中穿越时一般沿道路设置,一般应结合规划道路的横断面考虑,设于道路中心或快慢车行道分隔带上,如图5-16所示。

高架线路位于道路中心线上对道路景观较为有利,噪声对两侧房屋的影响相对较小,路口交叉处对转弯机动车影响小,但是,在无中间分隔带的道路上敷设时,改建道路工程量大。

高架线路位于快慢车分隔带上,充分利用道路隔离带,减少高架桥柱对道路宽度的占用和改建,一般偏房屋的非主要朝向面,即东西街道的南侧和南北街道的东侧。缺点是噪声对

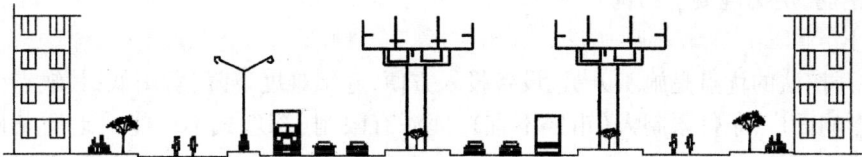

图 5-16 高架线路

一侧市民的影响较大。

除上述两种位置外,还可以将高架地铁线路置于慢车道、人行道上方及建筑区内。它仅适用于广场、公园、绿地及江、河、湖、海岸线等空旷地段或将地铁高架线与旧房改造规划成一体时。

3）地面线

在城市道路上设地面线,一般有两种位置:位于道路中心带(图 5-17a)上,位于快车道一侧(图 5-17b)。

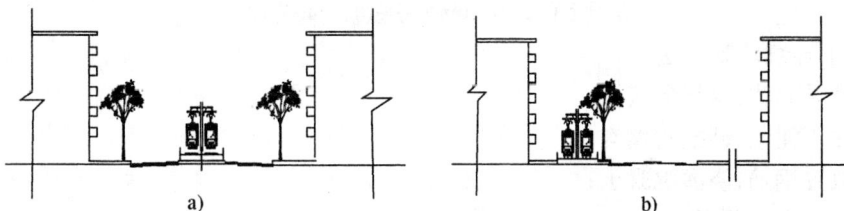

图 5-17 地面线路

a 位:地面线位于道路中心带上,带宽一般为 20m 左右。当城市快速路或主干道的中间有分隔带时,地面线设于该分隔带上,不阻隔两侧建筑物内的车辆按右行方向出入,不需设置辅路,有利于城市景观及减少交通噪声的干扰。其不足处是乘客均需通过地道或天桥进入。

b 位:地面线位于快车道一侧,带宽一般为 20m 左右。当城市道路无中间分隔带时,该位置可以减少道路改移量。其缺点是在快车道另一侧需要建辅路,增加道路交通管理的复杂性。

当道路范围之外为江、河、湖、海岸滩地,不能用于居住建筑的山坡地等,可考虑地铁设于这些地带上,但要充分考虑路基的稳固与安全。地面线一般应设计成封闭线路,防止行人、车辆进入,与城市道路交叉一般应采用立交。

三、轨道交通线路施工方法简介

(一)地下结构类型及施工方法

城市轨道交通地下工程的结构类型及施工方法应根据区间隧道及车站的规模、工程地质及水文地质条件和周围环境条件进行技术经济比较确定。一般常用的结构类型和施工方法有明挖法和暗挖法两种,特殊情况下还可采用一些其他方法。

1. 明挖法

1）放坡大开挖法

根据地下铁道区间隧道的埋设位置全面开挖施工的办法。其步骤为:

(1)放坡挖去土方,运走渣土;

明挖法

(2)轧钢筋,浇捣混凝土结构;

(3)复土。

放坡大开挖法的优点是施工人员、设备投入方便,施工难度下降,费用低;其缺点也十分明显,施工影响面广,条件限制大(市区不宜),埋深有限制(深埋式不可能),地质条件要求高,气候影响施工等。放坡大开挖施工法较适合于地质条件好的市区边缘地带,尤以车站施工较佳,如图5-18所示。

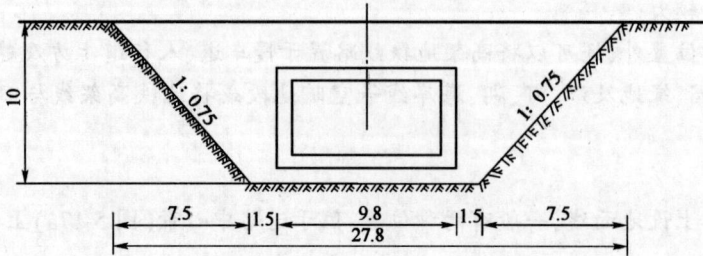

图5-18　明挖法放坡分配(尺寸单位:m)

2)地下连续墙施工法

(1)开导向沟,筑导向墙;

(2)注入泥浆,开挖边墙沟;

(3)放置钢筋,浇灌混凝土;

(4)明挖土筑顶板;

(5)回填土,铺路面,地下开挖隧洞。

地下连续墙施工法对地面影响减少,地质条件限制放宽,技术要求提高,需要专门施工机械。较适合于城市中心区施工,包括车站、区间隧道均可采用。图5-19为车站地下连续墙施工示意图。

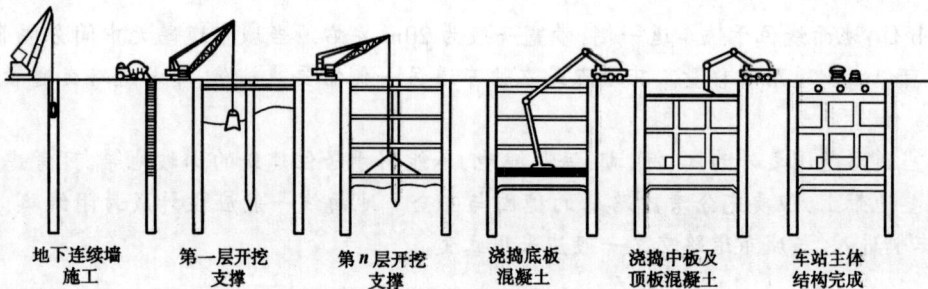

图5-19　车站地下连续墙施工顺序示意图

2. 暗挖法

暗挖法可分为盾构法和矿山法。

1)盾构法

(1)挖掘工作竖井;

(2)安装盾构掘进设备;

(3)盾构掘进,安装内衬砌(由4块或6块预制衬砌块在地下拼装而成圆形断面洞体);

(4)灌注防水填充材料,保持隧道稳定坚固。

盾构法具有施工速度快、振动小、噪声低、在城市中心区施工基本上对地面无影响等优点。在松软含水地层中及城市地下管线密布、施工条件困难地段采用盾构法施工,其优点尤为明显。盾构法的缺点是对断面尺寸多变的区段适应能力差。此外,新型盾构机购置费昂贵,对施工区段短的工程不太经济。

盾构法的施工工序如图 5-20 所示。

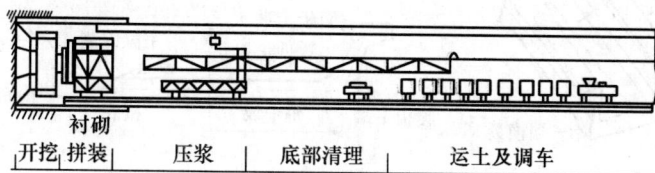

| 开挖 | 拼装 | 压浆 | 底部清理 | 运土及调车 |

图 5-20 盾构法施工工序

2)矿山法

矿山法分传统矿山法和新矿山法两种。传统矿山法施工工艺落后,安全性较差,近年来有逐步被新矿山法取代的趋势。新矿山法又可称为新奥法或浅埋暗挖法。

(1)矿山施工法。

①挖掘工作竖井;

②安装掘进机;

③掘进隧道;

④安装衬砌。

矿山施工法较适用于岩石层地质条件。

(2)新奥法。

①确定线路位置;

②在隧道预定位置外围钻进灌浆管;

③灌浆凝固;

④挖工作竖井,横向掘进。

新奥法较适用于砾石、砂质地质条件。

图 5-21 为隧道预定位置外围钻进灌浆管。

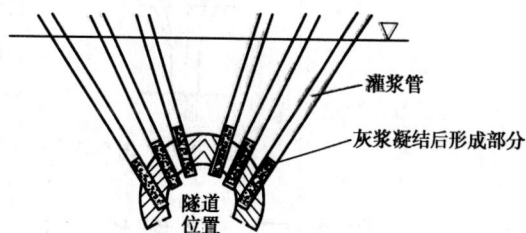

图 5-21 隧道预定位置外围钻进灌浆管

3.其他方法

除上述施工方法外,特殊地段可因地制宜地采用特殊的施工方法和结构类型。如穿越江、河地段时,可采用沉埋法施工;穿越地面铁路、地下管线时,可采用顶进法施工。

(二)高架结构

城市轨道交通高架桥梁主要由梁、墩台、基础三部分组成。

1.梁

目前,在城市轨道交通高架桥上应用较多的梁的形式有预应力混凝土槽形梁、预应力混凝土板梁和预应力混凝土 T 梁等几种。预应力混凝土槽形梁是一种下承式桥梁,由车道板、主梁和端横梁三部分组成,如图 5-22 所示。

2.墩台与基础

适用于城市高架桥的桥墩形式有 T 形墩、双柱墩、V 形墩和 Y 形墩。T 形墩美观;双柱墩承载能力和稳定性较强;V 形墩和 Y 形墩质量轻,占地面积小,但构造复杂。图 5-23 是一些桥墩的结构图。

桥梁基础形式有扩大基础和桩基础。扩大基础适用于岩石及持力层较浅的地基,桩基础适用于砂质及软土地基。

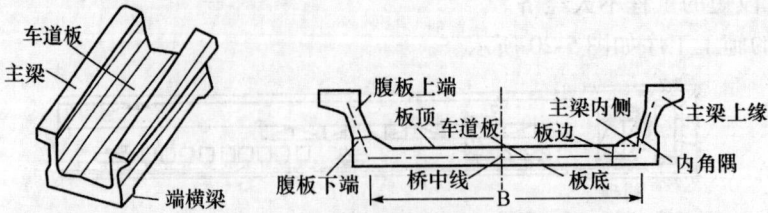

图 5-22　预应力混凝土槽形梁

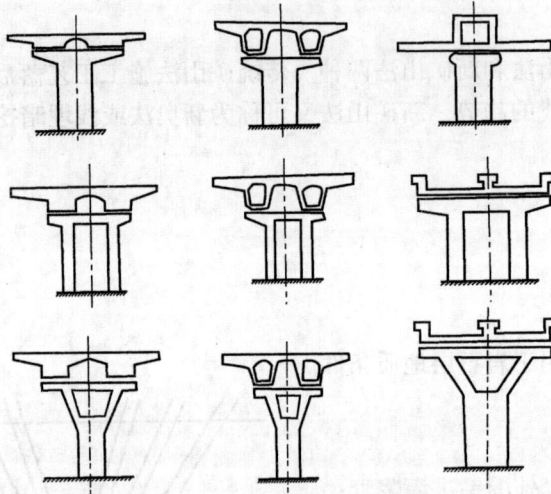

图 5-23　不同类型的桥墩结构图

任务二　了解城市轨道交通车站的基本内容

车站是城市轨道交通线的重要组成部分,又是客流集散的场所,它必须具有供旅客乘降、换乘的功能,某些车站还必须提供折返、停车检修、临时待避功能。因此,车站的功能是要能安全、迅速、方便地组织乘客进出,能全面、可靠、机动地满足运营要求。

车站是城市轨道交通系统最重要的现代建筑类型,它们除了提供旅客上下车服务以外,还可以具有一系列功能,如购物、聚会及作为城市景观。车站也是空间建筑物与工程结构的结合之处,反映着城市轨道交通系统的特色。

一、城市轨道交通车站的分类

(一)按功能分

1.终点站

终点站指线路两端端点的车站,其主要功能是乘降(乘客上下车),客运服务,列车折返,少量检修作业。

2.中间站

中间站是线路中数量最多的基本站型,其主要功能是乘降,客运服务。

3. 换乘站

换乘站指两条或两条以上轨道交通线交叉点设置的车站。其主要功能是乘降,客运服务,换乘。

4. 区间站

区间站或称折返站、区域站,设在线路中间可供列车折返、开行区间列车的车站。其主要功能是乘降,客运服务,部分列车折返。

5. 通勤停靠站

内部职工通勤乘降点,设在车站与车辆基地的联系线路上,提供内部职工上下班通勤乘降用。

各种车站在线路上的位置示意如图5-24所示。

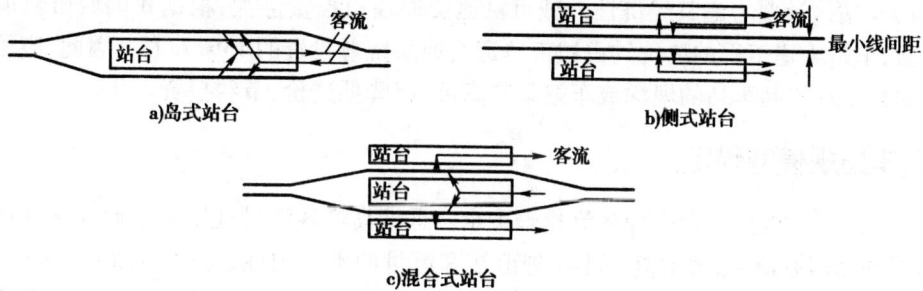

图5-24 站台分布形式

(二)按车站站台形式分

可分为岛式车站、侧式车站、混合式车站(一岛一侧、一岛两侧等)车站形式。如图5-24所示。

(1)岛式车站。站台位于上、下行行车线路之间,具有站台面积利用率高、能调剂客流、乘客中途改变乘车方向方便、车站管理集中、站台空间宽阔等优点。因此,一般常用于客流量较大的车站。

(2)侧式车站。站台位于上、下行行车线路的两侧,侧式站台上下行乘客可避免相互干扰,正线和站线间不设喇叭口,造价低,改建容易,但是,站台面积利用率低,不可调剂客流,中途改变方向须经过地道或天桥,车站管理分散,站台空间不及岛式宽阔。因此,多用于两个方向客流量较均匀(或流量不大)的车站。

(3)混合式车站。将岛式站台和侧式站台同设在一个车站内,主要用于两侧站台换乘或列车折返。

(三)按位置分

可分为地面车站、地下车站、高架车站。

二、城市轨道交通车站设计原则

(1)车站总体设计要注意与周围环境的协调,如与城市景观、地面建筑规划相协调。

(2)车站的规模及布局设计要满足路网远期规划的要求。

(3)车站站位应尽可能地靠近人口密集区和商业区,最大限度地方便乘客出行。

(4)车站的设计应尽可能地与物业开发相结合,使土地的使用达到最经济。

(5)车站的设计应简洁、明快、大方、易于识别,并应体现现代交通建筑的特点,同时还应与周围的城市景观相协调。

（6）车站设计应能满足设计远期客流集散量和运营管理的需要，应具有良好的外部环境条件，最大限度地吸引乘客。

（7）车站应在满足使用功能的前提下，尽量缩小建筑空间，使其规模、投资达到最合理。

（8）车站公共区应按客流需要设置足够宽度的、直达地面的人行通道，出入口的布置应积极配合城市道路、周围建筑、公共交通的规划等因素综合考虑，通道和出入口不应有影响乘客紧急疏散的障碍物。车站设计要尽量兼顾过街人行通道的要求。

（9）贯彻"以人为本"的思想，车站需解决好通风、照明、卫生等问题，以提供乘客安全、快捷和舒适的乘降环境。

（10）车站考虑防灾设计，确保车站的安全性。

（11）车站设计要考虑其经济性。城市轨道交通建设投资巨大，根据我国城市轨道交通建设经验，车站土建工程的造价约占城市轨道交通系统总投资的13%左右。因此，应尽量压缩车站的长度及控制车站的埋深或车站架空高度，以降低造价，节约投资。

三、车站规模的确定

车站规模主要根据远期高峰客流量来确定。远期高峰客流量选用全线通车交付运营后25年各站的高峰客流量，考虑高峰小时进出站客流量的不均匀性需乘以1.2～1.4的系数。高峰小时客流量，一般指早、晚高峰小时客流量。对于所处位置特殊的车站，如大型文体场所、火车站等也可选用其他高峰小时客流量。表5-2是我国轻轨车站规模分级。

轻轨车站规模分级表 表5-2

车 站 规 模	日均乘降量	高峰小时乘降量
小型站	5万人次/日以下	0.5万人次/h以下
中型站	5～20万人次/日	0.5～2.0万人次/h
大型站	20～100万人次/日	0.5～10.0万人次/h
特大型站	100万人次/日以上	10.0万人次/h以上

注：特大型站的日均客流乘降量为多条线路合计量。

地铁车站规模主要根据车站远期预测客流及所处位置确定，一般可分为三级。

A级：适用于客流量大、地处大型客流集散点以及地理位置十分重要的车站。

B级：适用于客流量较大、地处市中心或较大的居住区的车站。

C级：适用于客流量较小、地处郊区的各站。

车站规模直接决定着车站的外形尺寸及整个车站的建筑面积等。表5-3为深圳市城市轨道交通二期11号线车站设计规模表。

车站设计规模表 表5-3

车站名称	2035年高峰小时站点双向客流乘降量(人/高峰小时)	车站规模	站型	形式	备注
深圳西站	28 970	大型站	地面站	岛式	换乘站
建工村站	6 122	小型站	地面站	侧式	预留站

车站名称	2035年高峰小时站点双向客流乘降量(人/高峰小时)	车站规模	站型	形式	备注
内丽站	4 797	小型站	地面站	侧式	
龙珠站	8 792	小型站	地面站	侧式	
塘朗站	9 251	小型站	地面站	岛式	
龙华站	49 009	大型站	地面站	岛式	换乘站
坂田站	1 375	小型站	地面站	侧式	
雪岗站	14 831	中型站	高架站	侧式	
上李朗站	5 887	小型站	地面站	侧式	
平湖站	14 698	小型站	高架站	侧式	
北通道站			地面站	侧式	预留站
塘坑站	33 761	大型站	高架站	岛式	换乘站

注:车站规模的分类标准:12 000人/高峰小时以下为小型站,12 000~25 000人/高峰小时为中型站,25 000人/高峰小时以上为大型站。

四、车站的组成

(一)地下车站

对城市轨道交通系统来说,车站一般包括主体、出入口及通道、通风道及风亭(地下)和其他附属建筑物。

车站主体是列车的停车点,它不仅要供乘客上下车、集散、候车,一般也是办理运营业务和运营设备设置的地方。

1. 车站主体

根据功能的不同,可分为以下两大部分。

1) 乘客使用空间

(1)站厅。

站厅主要功能是集散客流兼客运服务等,如站厅中部为公用厅,两侧为客运管理区、机电设备区。此外,根据不同地段还安排了商业开发。站厅规模大小、建筑特征要根据城市规划与交通的要求并与地面建筑相协调,要各具特色,且简洁、明快、开朗、流畅、富于时代感。

(2)站台。

站台主要供乘客上、下车,集散客流,作短暂的停留候车。

乘客使用空间又可分为非付费区和付费区。非付费区是乘客购票并正式进入车站前的活动区域。它一般应有较宽敞的空间、售检票位置,这里根据需要还可设银行、公用电话、小卖部等设施。付费区包括站台、楼梯和自动扶梯、导向牌等,它是为乘客候车服务的设施。通常非付费区的面积应略大于付费区。

2) 车站用房

车站用房包括运营管理用房、设备用房和辅助用房三部分。

运营管理用房是车站运营管理人员使用的办公用房,主要包括站长室、行车值班室、业务室、广播室、会议室和公安保卫室等。

设备用房是为保证列车正常运行、保证车站内良好环境条件和在灾害情况下乘客安全所需要的设备用房,主要包括通风与空调用房、变电所、综合控制室、防灾中心、通信机械室、信号机械室、自动售检票室、冷冻站、配电室、公区用房等。

辅助用房是为保证车站内部工作人员正常工作、生活所设置的用房,主要包括卫生间、更衣室、休息室、茶水间等。

2. 地面出入口

地面出入口是乘客由地面进入车站或由车站上到地面的通道。其布置形式、地面的形式应根据当地的气候、所处位置的特点等做成独建式(敞口、带顶棚,全封闭等)或台建式。一般采用三种形式:"L"形、"T"形及"一"形。如图5-25所示,其中图5-25a)在对角线位置各设一"T"形出入口,此时,每个出入口的宽度可减小,这种设在人行道上的出入口一个车站不能小于4个。图5-25b)是车站偏离地面交叉口的情况,可利用地铁车站出入口兼行人过街地道作用,有时出入口还可伸入地面建筑物内。

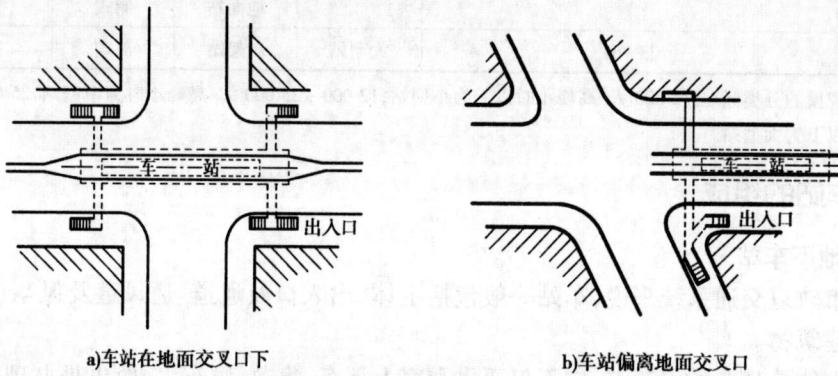

a)车站在地面交叉口下　　　　　　　　b)车站偏离地面交叉口

图5-25　地面出入口的布置形式

地面出入口通道的数目视客运量与地面条件而定。但应使出入口通过能力总和大于该站远期高峰流量。一般情况每一车站出入口不宜少于4处,分期修建及规模小的车站至少不能少于2处。站厅与站台的联络通道也要视情况而定,不得少于2处(岛式站台每端各1处,侧式站台每侧各1处)。出入口及通道的宽度,由所需通过的客流量计算确定。单个通道或出入口宽度不少于2m,通道净空高度在2.5m左右。图5-26为一般车站设施组成示意图。

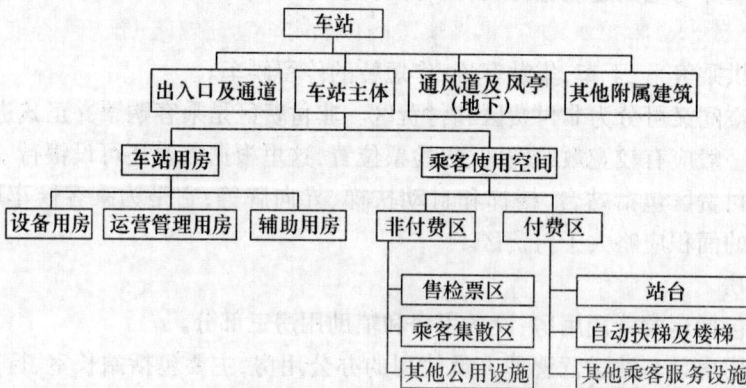

图5-26　车站设施组成示意图

拓展知识

一、典型车站形式

1.下岛式(侧式)双层(局部双层)车站

这是国内最常用的一种车站形式。一般采用明挖法施工,必要时也可采用暗挖法施工,埋置深度一般不超过20m。图5-27是一个车站纵剖面示意图。图5-28则描述了岛式车站与侧式车站的横剖面。

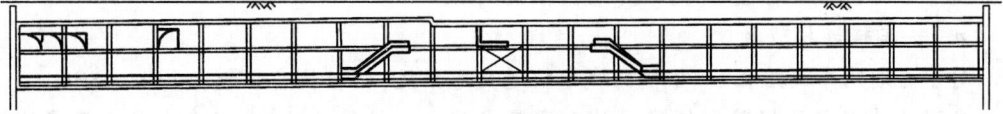

图5-27　车站纵剖面示意图

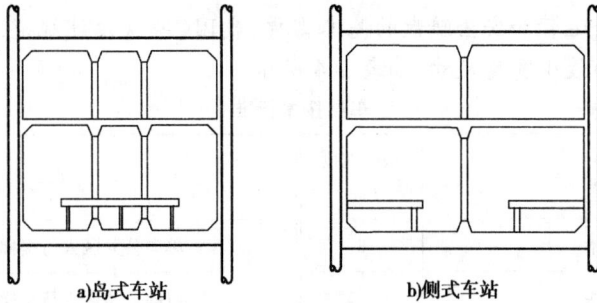

a)岛式车站　　　　　　　　　　b)侧式车站

图5-28　车站横剖面

岛式车站空间利用率高,可以有效利用站台面积调剂客流,方便乘客使用,站厅及出入口也可灵活安排,与建筑物结合或满足不同乘客的需要;其缺点是车站规模一般较大,不易压缩。

一般来说,侧式车站不如岛式车站站台利用率高,对乘客换方向乘车也造成不便,但由于站台设置在线路两侧,售检票区可以灵活地设置,车站两侧也可结合空间开发统一利用,设置单层车站的条件也优于岛式车站。

2.地下双洞(或三洞)岛式车站

这种车站一般采用暗挖法施工,根据地质条件确定车站的埋深,站厅一般根据周围环境条件采用明挖法或结合地面建筑设置。图5-29是一个双洞岛式车站示意图。

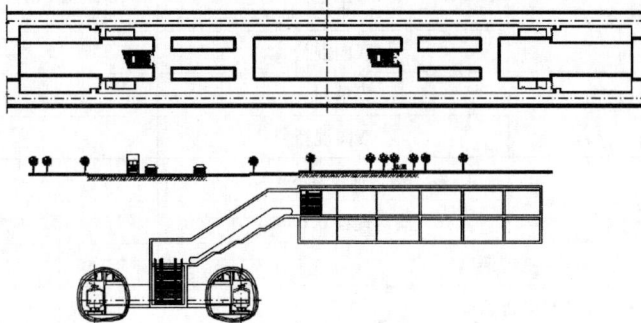

图5-29　双洞岛式车站示意图

这种车站一般在地质条件较好、地面不具备敞口明挖条件的地段采用。其优点是施工时可减少对地面环境的干扰,乘客使用也比较方便;缺点是施工难度相对较大。

二、车站设计的主要标准

1.站台的长度及宽度

站台长度 L 为远期列车编组长度加上允许的停车附加距离。对轻轨列车,停车附加距离一般可取 4m 左右,即:

$$L = ln + 4 \tag{5-1}$$

式中:l——城市轨道交通车辆长度(包括挂钩),m;

n——车辆连挂节数。

对于远期列车编组在 6~8 辆的城市轨道交通系统,站台长度一般在 130~180m。

我国目前现行的规范和标准对站台宽度尚无统一计算方法,一般岛式站台宽度为 8~10m,横向并列的立柱越多,站台宽度越大。

为保证车站安全运营和安全疏散的基本需要,我国《地铁设计规范》(GB 50157—2003)中规定了车站站台的最小宽度尺寸,如表 5-4 所示。

车站技术标准 表 5-4

名 称	最小宽度(m)	名 称	最小宽度(m)
岛式站台	8	单向公共区人行楼梯	1.8
岛式站台侧站台	2.5	双向公共区人行楼梯	2.4
侧式站台(长向范围内设梯)的侧站台	2.5	与自动扶梯并列设置的人行楼梯(困难情况下)	1.2
侧式站台(垂直于侧站台开通道口)的侧站台	3.5	消防专用梯	0.9
通道或天桥	2.4	站台至轨道区的工作梯(兼疏散梯)	1.1

除了上述主要参数外,车站还有其他一些设施,如通道、自动扶梯、检票口及人行道等,它们也需要满足一定的能力要求。在我国地铁设计规范中,车站各部位的通行能力,宜符合表 5-5 的标准。

地铁车站各部位能力要求 表 5-5

部 位 名 称		每小时通过人数(人)
1m 宽楼梯	上行	4 200
	下行	3 700
	双向混行	3 200
1m 宽楼梯	单向	5 000
	双向混行	4 000
1m 自动扶梯	输送速度 0.5m/s	8 100
	输送速度 0.65m/s	不大于 9 600
人工售票口		1 200
自动售票口		300
人工检票口		2 600

部 位 名 称			每小时通过人数(人)
自动检票机	三杆式	磁卡	1 500
		非接触式 IC 卡	1 800
	门扉式	磁卡	1800
		非接触式 IC 卡	2 100

2. 车站大厅

车站大厅(简称站厅)的作用是将进出车站的乘客迅速、安全、方便地引导到站台乘车或使下车乘客迅速离开车站,因而它是一种过渡空间。一般,站厅内要设置售检票及问讯等设施,在一定程度上会形成乘客聚集,因此站厅要起到分配和组织人流的作用。站厅应有足够的面积,除考虑正常所需购票、检票及通行面积外,尚需考虑乘客作短暂停留及特殊情况下紧急疏散的情况。

站厅的面积主要由远期车站预测的客流量大小和车站的重要程度决定,目前还没有固定的计算方法,一般根据经验和类比分析确定。

3. 楼梯及通道尺寸

根据目前的经济条件,上述楼梯及通道尺寸以向上出站疏散客流乘自动扶梯、向下进站客流走步行楼梯的模式而设置。在实际使用中,步行梯也可向上疏散客流。在有条件设置上、下都使用自动扶梯的情况下,步行梯的宽度可作适当调整,相当部分的进站客流将被自动扶梯分担,因此步行梯宽度将缩小。

根据地铁规范,在公共区中的步行梯宽度不得小于1.8m。

楼梯和通道最大通过能力如表5-6所示。

楼梯与通道设计参数表　　　　　　　　表5-6

名　　称		每小时通过人数(人)
1m 宽通道	单向通行	5 000
	双向通行	4 000
1m 宽楼梯	单向上楼	4 200
	单向上楼	3 700
	双向混行	3 200
1m 宽自动扶梯		8 100
1m 宽自动人行道		9 600

根据地铁规范规定,为保证一定的通过能力,通道或天桥的最小宽度不应小于2.5m,楼梯宽度不小于2m。

4. 站台高度

站台高度是指站台面距轨面的高度。站台按高度可分为低站台和高站台,其选择需要与车型匹配。

站台与车厢地板高度相同称为高站台,一般适用于流量较大、车站停车时间较短的场合。考虑车辆满载时弹簧的挠度,高站台的设计高度一般低于车厢地板面50~100mm。站台比车厢地板低时称为低站台,适宜于流量不大的场合。

我国湘潭电机厂研制的轻轨样车地板面距轨面高度为950mm,车辆第一踏步距轨面为

650mm。因此,一般将 900mm 高度的站台称为高站台,650mm 者称为低站台;也有人称 400mm 为低站台,650mm 为中站台。

5. 无障碍设计

为了体现"以人为本"的设计理念,城市轨道交通车站内应实施无障碍设计。针对城市轨道交通车站设置的不同位置,采取两种不同的设计方法:一种是车站位于道路地面以下,出入口位于道路的两侧,残疾人乘坐的轮椅可挂在楼梯旁设置的轮椅升降台下至站厅层,然后再经设置于站厅的垂直升降梯下达到站台;另外也可以直接自地面设置垂直升降梯,经残疾人专用通道到达站厅,然后再经设置于站厅的垂直升降梯下达到站台。对于盲人,设置有盲道,自电梯门口铺设盲道通至车厢门口。另一种形式是车站建于街坊内的地下,车站的垂直升降梯可直接升至地面,因此,在地面直接设有残疾人出入口,以方便残疾人的使用。

6. 设备用房和管理用房

表 5-7 是根据我国目前城市轨道交通的建设水平和实际工程经验,进行归纳总结,提出的车站各类用房的面积,可供规划阶段参考。

车站设计相关参数　　　　　　　　　　表 5-7

房间名称	参考面积(m²)	位置
站长室	10～15	站厅层,靠近控制室
车站控制室	25～35	站厅层客流大的一端
站务室	10～15	站厅层
会计室	20～30	站厅层
会议室	20～30	站长室附近
行车主值班室	15～20	不设车站控制室时设在站厅层
行车副值班室	8～10	站台层
安全保卫室	10～20	站厅层客流量大的一端
工作人员休息室	10～20	无要求
更衣室	10～20	无要求
清扫员室	8～10	站厅层
清扫工具间	2×6	站厅、站台各一处
盥洗室及开水间	10～15	站台层
厕所	10～20	站台层
售售处	每处5～8	站厅层
问讯及补票处	每处2～3	靠近售票处
乘务员休息室	10～20	无要求
工区	10～20	按需要设置
牵引变电所	320～460	按需要设在站台层
降压变电所	130～210	一般在站台层
环控及通风机室	1 300～2 000	站厅层两端或站台层
通信机械室	30～35	靠近车站控制室
信号机械室	30～35	靠近车站控制室
防灾控制室	15～20	靠近车站控制室或与其他合并
消防泵房	50	设在方便消防人员使用处
污水泵房	20	厕所下方或附近
废水泵房	20	站台端部

(二)高架车站

1.设置方案

高架车站平面设计与地下车站相比有相似之处,但也有其不同的特点。相同处在于站台候车方式、站台长度(根据车辆编组确定)、售票检票方式等基本一致;不同之处在于分别位于地上和地下,客流行进的方向和站厅站台的组织顺序正好相反。高架车站的站台层在最上层,客流向上经站厅层检票后到达站台层候车。由于车站建于地面以上,具有空间开放的条件,不需设置庞大的空调机房而大大缩小了设备用房的面积。车站位置因线路走向的不同,有设于城市交通干道中央的,也有设于城市交通干道一侧的。车站站台的候车形式同样有岛式和侧式两种,一般以侧式站台候车为主,以利于城市架空桥道铺设。

设于城市干道中央的车站,客流需经道路两侧的人行天桥或地道进入车站的站厅层,其人行天桥和地道可兼作过街的通道,车站的站台宽度、疏散楼梯、自动梯的计算方法与地下车站相同,车站长度取决于该线路的列车编组数量。

车站本体分为站厅层和站台层两层。在站厅层设置客流出入大厅及售检票厅,利用回栏分隔付费区及非付费区,其过街人行天桥及地道的出入口必须设于非付费区内,管理及设备用房尽量设置于一端。由于站台候车方式的不同带来站厅楼梯位置及组合方式的不同,同时也影响到管理用房的布置及检票口的位置设置。

2.设置位置

(1)设在道路两侧。一可设在人行道上空,沿街建筑物内,一般采用上下行分线设置的办法。该方案容易与沿街建筑融合,方便乘客出入。但上下行分列布置、建设投资和占地面积均较大。侧式站台双方向客流流线分开考虑,不易造成客流的混乱;站台在建筑空间上可以适当分散处理,如横列或纵列处理等;有时也容易与地面客流及换乘方向结合。

(2)设在道路中部上空,上下行并线采用两侧式站台布置。岛式车站中,双方向客流可以同站台乘降,站台利用率较高,设备集中,管理集中,乘客上下车、过街比较方便。但对街道景观影响较大,线路结构复杂,站台宽度也较侧式站台的任一侧要求要宽,从而需要较多的、集中的空间,可能造成地面土地利用的困难。

3.高架车站示意图(图 5-30、图 5-31)

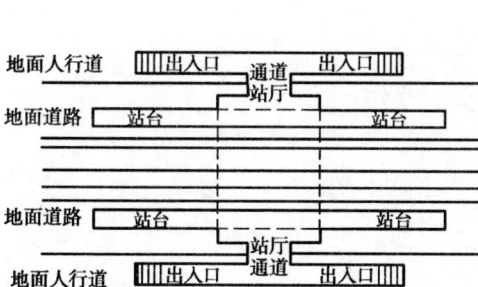

图 5-30　高架车站平面图

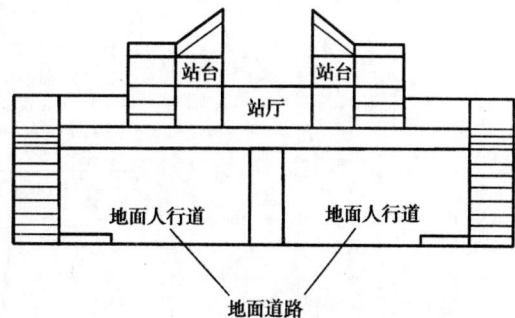

图 5-31　高架车站横断面图

4.高架车站设计原则

(1)站台、站厅部分必须全封闭,可用新型轻质材料构筑,以减轻结构重量,提高车站外观形象;

(2)尽量采用自动扶梯组织乘客乘降;

(3)保证足够的站厅面积,便于控制站台候车人数。

实践活动

1.自主查询世界各国不同的车站形式和装饰风格。

2.自主查询我国不同城市轨道交通的车站形式和装饰风格,并说明车站各组成部分的功能。

3.自主查询沈阳城市轨道交通的车站规划图及其他相关资料。

【具体要求】

1.以小组为单位进行查询活动,各组人员为6人以下,并推选小组长一人,负责组织活动的开展并督促完成。

2.要求制作成PPT,并在课堂上进行讲解。

思考与练习

1.何谓城市轨道交通的正线和折返线?

2.城市轨道交通线路按用途不同分哪几种类型?

3.城市轨道交通线路的空间设置位置有哪几种形式?各有什么优缺点?

4.普通单开道岔由哪几部分组成?各组成部分的作用是什么?

5.轨道交通线路的施工方法主要有哪几种类型?

6.城市轨道交通车站如何分类?

7.地铁车站一般由哪几部分组成?地面出入口的形式主要有哪几种?

8.地铁车站的站台形式有哪几种?分别用图示表示。

9.车站辅助用房包括哪些设施?

10.车站的设计原则是什么?

项目六　城市轨道交通信号与通信设备

背景知识

信号系统是城市轨道交通的重要基础设施之一,它对于确保列车的运行安全和提高行车效率起到必不可少的作用。从20世纪中、后期开始,随着计算机技术和微电子技术的飞速发展,信号系统因为数字技术和自动化技术的介入,发生了本质上的变化,技术上日趋成熟。

国外许多先进国家的轨道交通建设,从20世纪80年代开始广泛采用先进的数字化信号系统,确保列车运行达到最大的安全和效率目标已经成为可能。

现在国际上著名的数字化信号系统供应商,有不少是著名的自动化系统制造商,如SIE-MENS公司、GRS公司、US&S公司、WESTING HOUSE公司、HITACHI公司等,这些公司生产的信号系统占有全世界的大部分市场。

国内的城市轨道交通建设,从20世纪90年代起,建造或改造的北京、上海、广州和天津的地铁开始引进国外先进的地铁信号系统设备。北京地铁1号线引进英国WESTING HOUSE公司的设备,上海地铁1号线引进美国GRS公司的设备,广州地铁1号线引进德国SIEMENS公司的设备,上海地铁2号线引进美国US&S公司的设备,上海明珠线一期引进法国ALSTON公司的设备,莘闵线引进德国SIEMENS公司的设备。国产信号系统由于多种原因,至今尚未形成完整的产品。目前已经可以投入使用,而且具有应用实例的只有ATS子系统。微机联锁设备虽然从20世纪80年代开始研发,而且在大铁路应用成功,但是因为没能研制出与轨道交通ATP子系统成熟的接口,所以在早期地铁中没有应用,近几年才开始得到应用。

任务一　了解城市轨道交通的信号设备

城市轨道交通的各项信号基础设备包括:信号机、继电器、轨道电路、转辙机、计轴器、应答器、信号电源屏、防雷及接地装置等。它们是构成城市轨道交通联锁系统和ATC系统的基础。

信号设备

一、信号机

(一)基本色

1.红色

红色为停车信号,禁止车辆越过信号机,即信号处于关闭状态(信号熄灭或显示不明的情况,也视为停车信号)。

2.绿色

绿色为可按规定速度通过信号,即信号处于正常开放状态。

3.黄色

黄色为注意减速运行信号,即信号处于有条件的开放状态。

(二)辅助色

1.月白色

月白色若作为调车信号,则表示允许越过调车信号机调车;若作为引导信号,应加上红色信号显示,准许列车越过红灯,以不超过 20km/h 的速度进站,并随时做好停车准备。

2.蓝色

蓝色为调车信号,表示禁止越过调车信号机调车。调车信号常设于折返站、区间站等有折返调车作业的车站,以及车辆基地等常有转线、取送、解编等调车作业的地方。

(三)信号种类

1.视觉信号和听觉信号

视觉信号:以信号灯的颜色或信号装置的位置变化来显示信号意义,如色灯信号机、信号旗、信号牌等。

听觉信号:以声音的多少、长短等方式来显示信号意义,如口哨、响墩等。

一般以视觉信号为主要信号,听觉信号为辅助信号。

2.固定信号和移动信号

固定信号:固定设置在规定位置的信号装置所显示的信号,如地面信号机等。

移动信号:根据需要可以临时设置的信号装置所显示的信号,如信号牌、手提信号灯、信号旗等。

一般以固定信号为主要信号,移动信号为辅助信号。

3.地面信号和车载信号

地面信号:设置在线路附近供司机辨识的信号。

车载信号:通过传输设备,将地面信号或其他方式传输的信号直接引入车辆,并能显示的信号。

(四)信号机的设置及其功能

城市轨道交通系统的信号机,指的是设置在线路、车站、车辆基地等处,用于传递运行指挥命令的地面信号机,是一种昼夜均以信号灯的颜色显示信号意义的色灯信号机,主要指固定信号机。

常用的固定色灯信号机有以下几种。

1.进站信号机

设置在车站入口(站界)外方适当距离处,用来防护车站内作业的安全,按指示列车能否由区间进入车站的信号机。

进站信号机信号显示有两种:

一个红色灯光——不准列车越过进站信号机(不准进站);

一个绿色灯光——允许列车按规定速度越过该进站信号机(允许进站)。

2.出站信号机

设置在车站的出口,即列车由车站向区间发车处的前方,用来防护区间列车运行安全,指示列车能否由车站进入区间。

出站信号机信号显示有两种：

一个红色灯光——不准列车越过该出站信号机（不准出站）；

一个绿色灯光——允许列车越过该出站信号机，出发进入区间（站外区间有足够的制动距离保证列车按限定速度运行安全）。

3. 调车信号机

调车是指列车在车站内有目的的移动过程。

设置在有联锁设备的车站调车作业的进路始端，用来防护调车进路的安全可靠、指示列车能否进入调车进路进行调车作业。

调车信号机有两种信号显示：

一个白色灯光——允许越过该调车信号机（调车进路空闲）；

一个蓝色（或红色灯光）——不准越过该调车信号机（调车进路未排列完毕或该调车进路无空闲）。

4. 防护信号机

设置在道岔处或进路的始端处对通过道岔的列车显示信号，防护道岔开通的线路或进路的安全。

防护信号机有四种显示信号：

一个绿色灯光——表示该信号机所防护进路的道岔开通区间，准许列车按规定速度越过该防护信号机进入区间；

一个白色灯光——表示所防护的道岔开通折返线，准许列车按规定速度越过该信号机，运行至折返点；

一个红色灯光——不准越过该信号机（该道岔开通的进路无空闲）；

一个白色灯光加一个红色闪光——表示所防护的区间要求列车以不超过 20 km/h 的速度越过该信号机，有条件进入区间。

5. 出站信号机的复示信号机

当出站信号机因地形地物影响而观察不清时，需在出站信号机的内方，设置复示信号机，复示出站信号机的显示信号。

6. 阻挡信号机（遮断信号机）

一般设在尽头线的终端，表示列车停车位置。

阻挡信号机的信号显示：

一个红色灯光——列车或车辆不准越过该信号机。

7. 引导信号机

当主体信号机因故障等原因不能正确显示信号时，通过人工办理手续，显示一个白色灯光加一个红色灯光（闪光）。其显示意义为：准许列车以低速（不超过 20km/h）越过该信号机进站，并随时做好停车准备。

8. 列车速度信号（速度表）

设置于司机室便于司机确认的合适位置，是一种双指针数字速度计。其中红指针所指表示最大允许速度（带警示功能），黄指针所指表示为列车即时实际运行速度。

（五）信号表示器

反映信号设备位置的装置，自身并没有信号意义。图 6-1 所示为警冲标、道岔表示器、进路表示器。

(1)警冲标:表示列车停车位置。

(2)进路表示器:表示股道上进路开通的方向。

(3)道岔表示器:表示道岔的位置及其开通的方向。

(4)发车表示器:设置在车站站台上列车发车始端位置,向司机表示能否关车门及发车的时间。平时不亮灯,列车停靠后其灯光显示如下:白色闪光表示离发车还有5s,提示司机关车门;白灯光表示可以发车;无显示表示不能关车门、发车。

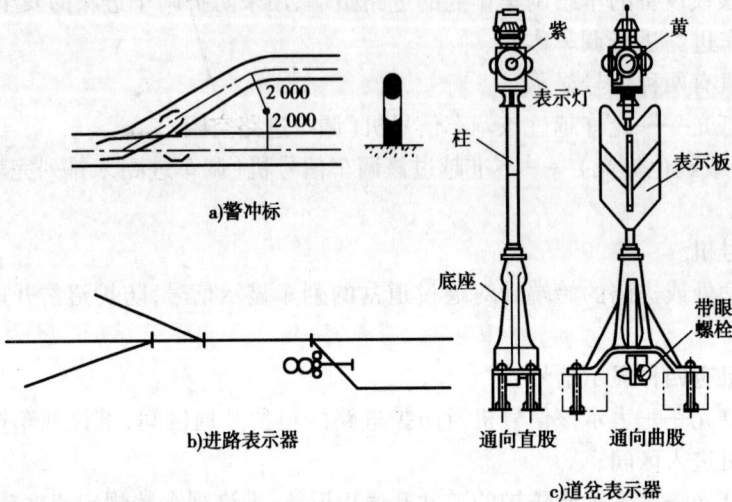

图6-1 警冲标、进路表示器、道岔表示器

(六)城市轨道交通信号显示距离

各种地面信号机及表示器的显示距离应符合下列规定:

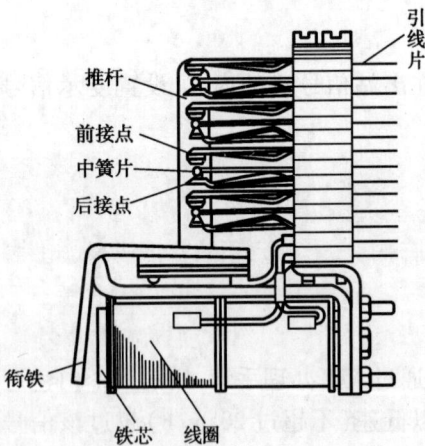

图6-2 继电器工作原理图

行车信号和道岔防护信号应不小于400m;调车信号和道岔状态表示器应不小于200m;引导和道岔表示器以外的各种表示器应不小于100m。

二、继电器

继电器是利用不同触点的组合,完成不同电路连通与开断的电器开关,由线圈、铁芯、衔铁、推杆、中簧片、前接点、后接点等组成。

继电器的工作原理如图6-2所示。

当继电器励磁线圈通电时,衔铁被吸住,推杆升起,中簧片连接前接点,该组触点连接电路接通。

当继电器励磁线圈断电时,衔铁由于重力作用落下,推杆下落,中簧片连接后接点,连接该组触点电路,同时断开前组触点电路。

三、轨道电路

为使行进中的列车直接获取传输信号,从而达到固定的地面信号向车载信号传输的目的,利

用两根钢轨作为导线,一端送电,另一端变电所构成的电气回路,称为轨道电路。相邻轨道电路段之间用绝缘节进行隔离,轨道电路的组成与工作原理如下。

轨道电路由送电端、接受(受电)端、传输线、电源、轨道继电器等组成,图 6-3 所示是一段直流闭路式轨道电路及其工作原理图。

如图 6-3a)所示,当轨道上无车占用时,且钢轨完好无损,电路形成通路,轨道电路继电器励磁线圈有电通过,衔铁吸起,中簧片连接前接点,绿灯或黄灯亮,表示该段轨道上无车占用,列车可进入该区段运行,这时轨道电路称为"调整状态"。

如图 6-3b)所示,当轨道上有车占用时,由车轮形成了电路短路,使得轨道继电器励磁线圈失去电流,从而使衔铁落下,中簧片断开前接点连接后接点,绿灯灭,红灯亮,表示该轨道段上有车占用,列车不准进入该区段(停车在该区段防护信号外)。此时,称轨道电路处于"分路状态"。

当轨道发生钢轨断裂时,轨道电路形成断路,轨道继电器同样失去电流导致亮红灯,从而形成了保护作用。

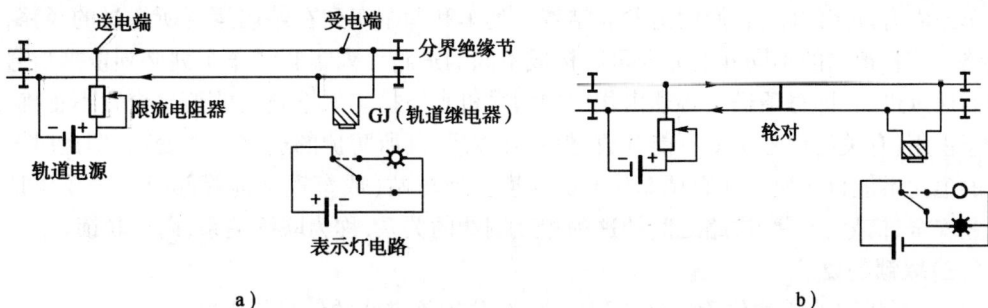

图 6-3 直流闭路式轨道电路及其工作原理图

任务二 了解城市轨道交通的联锁设备

城市轨道交通车站大多数仅有列车到达、停靠、上下乘客、出发等作业,没有调车作业。因而,在车站线路设置方面也较简单,仅需两条运行线,无需配备其他线路。但在部分需要折返作业的车站(如终点站、区间站等),或需进行其他调车作业的车站(如配置出入车辆基地线路的车站,联络线出岔处车站,设有渡线可供转线的车站等),以及在车辆基地、材料厂等需要调车作业的部门则设有较多的线路;为了保证调车作业的安全,不致形成冲撞、追尾等可能,轨道交通系统采用联锁的办法来防护保障。

调车作业是列车在车站内有目的地移动位置的作业过程,即转线作业过程。轨道交通各条线路之间由道岔来连接,因此,道岔是列车进入哪一段线路作业的决定因素。至于列车线能否进入那一段线路安全调车,则需要根据整个车站其他相关线路开通的情况决定,从而需要设置信号机来防护和指挥。联锁设备解决了上述相关问题。

一、联锁基本概念

(一)进路

进路是指列车在车站内(或车辆基地等部门)运行的路径。

城市轨道交通系统一般运用地面信号与车载信号结合的方式。

1. 列车进路

列车在车站到达、出发、通过的作业进路。

到达进路:始端,进站信号机;终端,出站信号机。

出发进路:始端,出站信号机;终端,站界点或进站信号机。

通过进路:到达与出发进路叠加。始端,入口端进站信号机;终端,出口端站界点或进站信号机。

2. 调车进路

调车进路是指列车调车作业通过的路径。

始端:调车信号机(可用出站信号机替代)。

终端:阻挡信号机、调车信号机。

3. 敌对进路

敌对进路是指两条或两条以上的进路,有一部分交叉或重叠,有可能产生冲突的进路。

(二)联锁

车站内有许多线路,它们用道岔联结着。列车和调车车列在站内运行所经过的径路,称为进路。按各道岔的不同开通方向可以构成不同的进路。列车和调车车列必须依据信号的开放而通过进路,即每条进路必须由相应的信号机来防护。如进路上的道岔位置不正确,或已有车占用,有关的信号机就不能开放;信号开放后,其所防护的进路不能变动,即此时该进路上的道岔不能再转换。在有调车作业的轨道交通车站(或车辆基地等部门),为了保证站内作业安全,信号、道岔、进路之间的这种相互制约的关系,称为联锁关系,简称联锁。

(三)联锁的要求

(1)开通进路的道岔位置未确定到位之前,防护该进路的信号机不能开放。

(2)进路的道岔开通之后,即进入锁闭状态不能再转换,防护该进路的信号机能开放,敌对进路信号机不能开放。

(3)在主体信号未开放之前,预告信号、复示信号均不能开放。

(四)联锁的种类

(1)电气集中联锁:通过继电器、轨道电路将道岔、信号机用电气回路集中控制与监督。

(2)微机联锁:由计算机控制系统来集中控制和监督道岔与信号机的动作状态。

二、微机联锁

微机联锁是一种新型的车站自动控制系统,要求在保证安全检查的情况下,以最经济、合理的技术措施提高运输效率,改善劳动条件。

微机联锁与电气集中联锁的区别在于:微机联锁保留了电气集中联锁的室外设备、电源屏;室内保留了分线盘,道岔启动电路、信号灯信号、轨道电路、联锁网络、选岔网络均由微机联锁取代。逻辑联锁完全由计算机完成,只在执行环节保留了部分继电器。全电子化的微机联锁完全取消继电器,由故障—安全的电子电路直接控制室外的信号机和转辙机。操作上,控制台小型化、智能化,对操作有清晰的汉字提示,操作方法也多样化。

微机联锁与继电联锁相比,优越性有以下几点:

(1)体积小、可靠性高、可实现无维修,为信号技术结构的改革创造了条件。

(2)微机联锁系统功能更加完善,继电联锁受站场的电路网络层次和结构、继电器数量以及网络线的多寡等限制,在功能及功能扩展方面均受到限制。对上述限制,微机联锁系统通过少量硬件和软件开发即可解决。

(3)微机联锁系统的信息量大为丰富,利用当前的各种网络手段可与其他行车调度指挥系统、列车控制系统联网,提供及交换各种信息,以使协调工作。

(4)微机联锁系统易于实现系统自身化管理,利用自诊断、自检测功能及远距离联网,实现远距离诊断。

(5)随着大规模集成电路的发展,微机联锁的投资将越来越低,与继电联锁相比将更占优势。

(6)微机联锁是双机热备系统,任何一点故障均不会影响行车。维修更加方便,出现故障后,将故障的一系脱离系统,将故障的电路板更换,就可排除故障。

目前,微机联锁在广州等地铁公司已得到了应用,且效果良好。

📖 拓展知识

电子计轴器

现在地铁信号系统大多采用电子计轴器进行轨道区段占用/空闲检查,其基本结构包括室内和室外两部分,室外部分包括地面传感器、电缆盒、传输电缆三部分;室内设备占用是信号处理电路和计数处理电路。在每一轨道区段的两端分别设置计数点,为了区分列车的运行方向,每个计数点设置 2 个电磁传感器。当列车车轮驶经传感器时,随即产生 1 个电信号,经处理后送至室内,进行计数。只有当进入该轨道区段的车轴数与离开该轨道区段的车轴数相等时,系统认为该轨道区段空闲;否则认为有车占用。

沈阳地铁信号系统对轨道区段列车占用的检查,正线采用计轴设备,车辆段采用 50 周相敏轨道电路。

任务三　了解城市轨道交通的闭塞设备

一、闭塞的基本概念

(一)闭塞的定义

为了保证区间内列车运行安全和效率,防止列车发生对向冲突(单线)或同向尾追(单一线或双线),用信号或凭证,保证列车之间必须保持一定间隔距离运行的技术方法,叫行车闭塞(简称闭塞);用于完成闭塞手续的设备即闭塞设备。

闭塞

(二)闭塞的方式

1. 时间间隔法

按规定的间隔时间向区间发车,以时间间隔作为闭塞条件的闭塞方法。不能保障在同一时间同一区间内只有一个列车占用的安全条件,可适用于道路汽车交通的运行组织。

2. 空间间隔法

在同一时间,在同一区间内只有一个列车占用,即前行列车与续行列车始终保持一定的空间间隔,适用于轨道交通。

(三)闭塞的制式

1. 半自动闭塞

采用车站出站信号机的允许显示信号作为列车占用站外区间的行车凭证,区间两端的值班员通过专门的闭塞机来办理闭塞手续,即由发车站值班员请求占用区间,由接车站值班员认可接车,发车站才能开放发车信号;当列车进入区间时,发车信号关闭,区间处于闭锁状态;只有当接车站值班员确认列车到达之后,才能使闭塞机处于解锁状态,才能办理第二次列车占用区间的闭塞手续。其中,办理手续由值班员人工完成,信号显示的转换则是由运行中的列车自动完成的,故称为半自动闭塞。由于半自动闭塞制度保障了两个车站之间区间仅有一个列车运行,因此,区间运行安全得到保障;但线路通行能力较低,适用于单线轨道交通。

2. 自动闭塞

将站间区间划分为若干小区间(称为闭塞分区),并设置通过信号机进行防护。由车站出站信号机和区间内通过信号机的显示共同作为列车占用区间的行车凭证,而且出站信号机的关闭与通过信号机的信号显示变化,均由行进中的列车来自动完成(除了出站信号机的开放仍由车站值班员在排列列车进路时完成,已包含在联锁环节中),故称之为自动闭塞。自动闭塞使站间区间可有多个列车同时占用(只要能保持安全间隔),同时还能对区间内是否有列车占用的信息进行检查监督,是列车运行自动化控制的基础。

从闭塞制式的角度来看,装备列车运行自动控制的自动闭塞可分为固定闭塞、准移动闭塞和移动闭塞 3 类。

1)固定闭塞(fixed block)

前方列车与后续列车之间的最小安全追踪间隔距离预先设定且固定不变的闭塞方式。该种闭塞方式列车间隔较大,不能充分利用线路,使行车间隔较大。

2)准移动闭塞(quasi-moving block)

前方列车与后续列车之间的最小安全追踪间隔距离单元预先设定且固定不变,并根据前方目标状态设定列车的目标距离和速度,是介于固定闭塞和移动闭塞之间的一种闭塞方式。

传统的固定闭塞制式下,系统无法知道列车在分区内的具体位置,因此列车制动的起点和终点总在某一分区的边界。为充分保证安全,必须在两列车间增加一个防护区段,这使得列车间的安全间隔较大,影响了线路的使用效率。

准移动闭塞在控制列车的安全间隔上比固定闭塞进了一步。它通过采用报文式轨道电路辅之环线或应答器来判断分区占用并传输信息,信息量大;可以告知后续列车继续前行的距离,后续列车可根据这一距离合理地采取减速或制动,列车制动的起点可延伸至保证其安全制动的地点,从而可改善列车速度控制,缩小列车安全间隔,提高线路利用效率。但准移动闭塞中后续列车的最大目标制动点仍必须在先行列车占用分区的外方,因此它并没有完全突破轨道电路的限制。

3)移动闭塞(moving block)

前方列车与后续列车之间的最小安全追踪间隔距离单元不预先设定,并随列车的移动、速度的变化而变化的闭塞方式。该种闭塞方式能充分利用线路,实现较小的行车间隔,是地铁中采用较多的闭塞方式。

其想法产生于 20 世纪 60 年代,这项技术是德国最先开发而由加拿大 ALCATEL 公司最终完成的。1982 年开始在试验线上试运行,1985 年在加拿大多伦多 Scarborough 线上商业运行,其后在世界各地 15 个城市的轨道交通中先后应用,近年在我国武汉和广州的轨道交通系统建设中也已经应用。

移动闭塞取消了传统的轨道电路,线路上的列车连续不断地把运行的信息,如列车速度、位置、牵引质量等通过通信系统向控制中心传送,经控制中心连续不断地掌握先行列车和后续列车的间隔距离,当追踪列车和后续列车的间隔等于后车的常用制动距离加安全距离时,控制中心向追踪列车发出惰行或制动的命令,使后续列车与先行列车的间隔距离加大,从而确保列车运行安全。列车的间隔距离不是固定的,而是与列车运行的速度有关。当速度高时,两列车的间隔距离就加大,反之就缩短。这种闭塞方式能够在确保行车安全的条件下,最大限度地增大行车密度,提高运输能力。目前它已成为城市轨道交通信号系统的发展方向。

轨道交通采用移动闭塞的优点如下:

(1)能轻松达到 90s 的行车间隔要求,且当需求增长而需要调整运营间隔时,无需改变或增加硬件。

(2)可取消区间的信号机、轨道电路等地面设备,降低系统的安装维护费用;利用其精确的控制能力,可以有效地通过在折返区域调整速度曲线来减少在尽端折返线的行走防护距离,从而减少折返站的土建费用。

(3)车上—地面可靠传输的信息量大,便于实现全程无人自动驾驶。全程无人自动驾驶方式是列车上没有任何驾驶员或工作人员的全自动方式。站停、发车、运行、折返、入库等过程由操作控制中心直接管理。主控中心可以更精确地控制列车按运行图运行,减少了列车在区间不必要的加速、制动,可节省能源,增加旅客舒适度;同时这种方式具备非常高的灵活性,对突然增长的能力需求和不可预见的事件具备敏捷的反应能力。

(4)易于实现列车双向运行。当轨道交通系统因线路、车辆等故障造成运行中断时,可通过组织临时反向载客运行来保持轨道交通系统不间断运作。

二、自动闭塞的显示制度方式

根据通过信号机显示灯光颜色及其意义,可分为如下几种方式。

(一)二显示自动闭塞

红色灯光:前方闭塞分区有车占用,停车,不准越过该信号机;

绿色灯光:前方闭塞分区无车占用,按规定速度运行。

二显示自动闭塞在绿色灯光条件下,有可能仅有一个空闲区间可供列车占用,因此,列车在很多情况下是在红灯下运行,随时准备减速或停车制动,只适合于运行密度低、速度低的轨道交通系统。

(二)三显示自动闭塞

红色灯光:前方闭塞分区有车占用,停车,不准越过该信号机;

黄色灯光:前方仅有一个闭塞分区空闲,减速通过;

绿色灯光:前方至少有两个闭塞分区空闲,按规定速度通过。

三显示自动闭塞在绿色灯光条件下,至少有两个闭塞分区空闲可供列车占用。因此,列车基本上是在绿色灯光或黄色灯光下运行,可以保持较高速度运行或只需要短暂减速运行,适合于客货列车混行的铁路系统。

(三)四显示闭塞

红色灯光:前方闭塞分区有车占用,停车,不准越过该信号机;

黄色灯光:前方仅有一个闭塞分区空闲,低速列车减速通过;

黄绿色灯光:前方有两个闭塞分区空闲,高速列车减速通过;

绿色灯光:前方至少有三个闭塞分区空间,按规定速度通过。

四显示自动闭塞保证列车在绿色灯光下运行,可以充分发挥列车运行速度,比较适合较高速度的铁路区段或城市轨道交通系统。各种显示制度如图 6-4 所示。

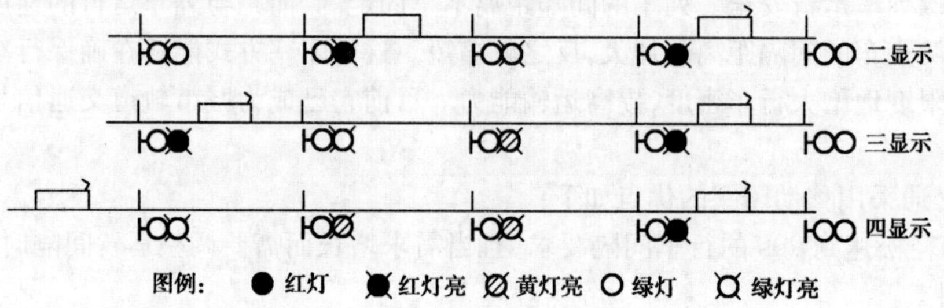
二显示
三显示
四显示
图例:
红灯
红灯亮
黄灯亮
绿灯
绿灯亮

图 6-4　各种显示制度示意图

三、自动闭塞区间列车运行间距与发车间隔时间

前后列车在区间内运行间距越大,通行能力越差,但运行安全程度越高,列车的运行速度也可发挥到最佳点。同样,在自动闭塞区段,车站向区间按一定的间隔时间连续发车,发车间隔时间越长,线路通过能力就越低,但安全可靠性提高;发车间隔时间越短,则线路通过能力越大,但必须保证续行列车与前行列车有安全的间隔距离,这个安全距离可以由自动闭塞的制式来决定。

由于自动闭塞每个闭塞分区均装有轨道电路,因此,可以比较准确地表示前方列车的位置,继而向续行列车传输比较明确的速度指令,从而保证两个列车之间既有可靠的安全制动距离,又能保持最短的空间间距,达到最大的通过能力。

图 6-5 表示某轨道交通系统速度命令控制线。

如图 6-5 所示,虚线表示列车占用该分区,1T ~ 9T 表示各个分区,速度为图中所示 0、20km/h、30km/h、45km/h、55km/h、65km/h、80km/h 等。

当续行列车 A 进入 1T 时,如果前行列车 B 出清 2T 进入 3T,对列车 A 而言,前方仅有一个 2T 分区空闲,此间距不满足最低速度(图例是 20km/h)的制动距离要求,此时 1T 的轨道电路发送器不发码(即指示 0 速度),列车 A 应停车;当 B 列车出清 3T 分区,对 A 列车而言,已有 2T、3T 两个分区空闲,间距已满足最低速(20km/h)的制动距离要求。因此,1T 发送器向列车 A 发出 20km/h 的速度命令,依此类推。当前行列车 B 已出清 8T,进入 9T 时,则续行列车 A 若在 1T 分区,则应收到 1T 发送器发送的速度命令,当中有 7 个分区空间的间距,满足最高速度(80km/h)安全制动距离要求。

控制线上所标明的速度是由安全制动距离所决定的,也即应满足列车在最差运行条件下的制动距离。从图 6-5 中可看出,列车的间隔可根据速度命令来判断。线路也允许在特殊情况下的反向运行,其速度控制与正向运行有很大不同,至少要三个区间空闲才允许以

45km/h 速度运行,而且不允许高于此速度运行。

当然,不同的交通系统其轨道长度不同,列车性能不同,制动距离也不同,所以速度控制线也不尽相同。

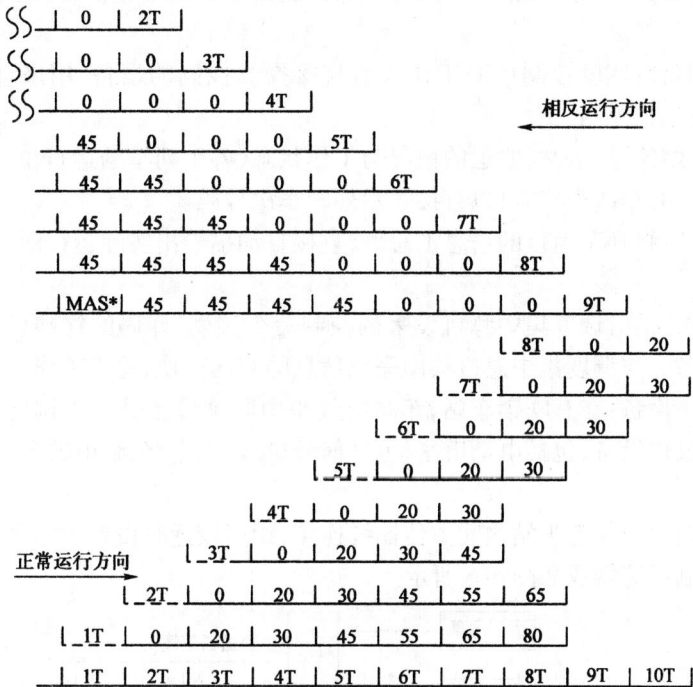

图 6-5 某轨道交通系统速度命令控制线
MAS*-最大允许速度

四、调度集中

在自动闭塞区段,列车在区间运行的安全间隔由通过信号机的显示来保障(如三显示能保证两个或两个以上闭塞分区空闲的安全行车条件)。列车到达车站和从车站出发(包括从车站通过),仍然需要车站工作人员排列进路来实现。

城市轨道交通系统大多数车站是无联锁车站(即无道岔、无调车作业车站),因此,车站的作业主要就是列车到达与出发。为了提高运行调度的效率,减轻工作人员的工作强度,加强运营管理,往往采用调度集中方式,将整个路线的列车运行指挥调度集中在线路的控制中心来完成。

(一)调度集中的意义

利用遥信设备收集汇总线路上各车站的道岔和信号设备的工作状态及列车运行情况,利用遥控设备直接操纵控制线路上所有车站的道岔、信号,达到集中控制的目的。

调度集中是一种自动化、遥控化的远动系统。其功能是调度控制中心的工作人员可以直观清晰地了解每个列车运行情况,可以直接对个别车站的调车作业(如折返、转线、出入段作业)安排进路,可以同步跟踪记录列车运行情况,完成实绩运行图的绘制及相应的技术统计工作。

(二)调度集中的设备概况

1.调度控制中心

调度集中总机:汇总处理各车站道岔、信号机工作状态信息及列车运行状况信息,向各车站调度集中分机发布命令,是信息接受译码和控制命令编制发送设备,是整个调度集中系统的核心。

调度集中控制台:调度控制中心工作人员直接操纵控制的设备,用来直接对各车站信号、道岔设备实施远程控制。

表示盘:各车站信号、道岔、股道的情况与工作状态,各个列车的运行位置的集中表示设备。表示盘上还设有车次窗口,可以直接表示列车车次号码。

运行图记录仪:将列车运行的信息汇总后,直接自动描绘出实际运行图。

2.车站

调度集中分机:是对调度集中总机发来的控制命令接受、译码的终端设备,又是车站信息的编制发送设备。与调度集中总机共同完成信息的双向变换、检出工作。

车站电气集中设备:在有联锁车站,车站电气集中联锁设备是接受调度集中命令,完成进路排列的现场操作设备,包括电动道岔、色灯信号机、轨道电路、继电器等。

3.传输线路

调度集中控制中心与各车站之间由传输线连接,距离较远时设置中继器。

调度集中控制系统构成如图6-6所示。

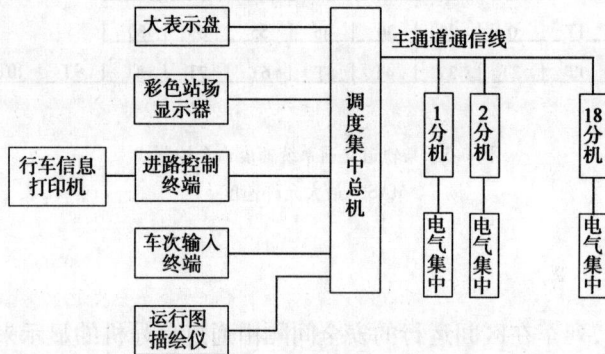

图6-6 调度集中系统构成示意图

拓展知识

现代信号系统——列车自动控制系统

信号系统一般由正线和车辆段两大部分组成,其中正线系统称为 ATC 自动列车控制系统,主要由 ATP 自动列车保护子系统、ATO 自动列车驾驶子系统、ATS 自动列车监督子系统及计算机联锁四个子系统构成。

以广州地铁为例,正线的信号设备采用西门子公司的 ATC 自动列车控制系统,车辆段采用国际领先的铁科院 TYJL-II 型微机联锁。西门子公司的 ATC 信号联锁设备主要由 SI-CAS 子系统、ATP 子系统、ATO 子系统、具备集中和本地操作能力上的 ATS 子系统等组成,室外设备主要采用了西门子公司的 S700K 型电动转辙机和 FTGS(遥控音频无绝缘)轨道电路等先进设备。车辆段采用成熟的 6502 电气集中联锁系统(1 号线)和铁科院 TYJL-II 型微机联锁系统(2 号线),室外设备采用技术成熟的国产 ZD6-D 型电动转辙机、50Hz 相敏轨道电路。

目前,世界各国的城市轨道交通信号系统大都采用列车自动控制 ATC 系统。列车自动控制系统(Automatic Train Control System,ATC 系统)主要包括:列车自动监控系统(Automatic Train Supervision,ATS)、列车自动保护系统(Automatic Train Protection,ATP)、列车自动运行系统(Automatic Train Operation,ATO) 3 个子系统。它是一套完整的控制、监督、管理系统,位于管理级的 ATS 模块较多地采用软件方法实施联网、通信及指挥列车安全运行;发送和接收各种行车命令的 ATP 系统确保列车的安全运行;车载 ATP 设备接收轨旁 ATP 设备传递的信号指令,经校验后送至 ATO 完成部分运行的操作功能。3 个子系统既相互独立又相互联系,完整的 ATC 系统能确保列车安全、快速、短间隔地有序运行。ATC 系统设备分布于控制中心(Central Control)、轨旁(Wayside)及车上(Vehicle)。其系统框图如图 6-7 所示。

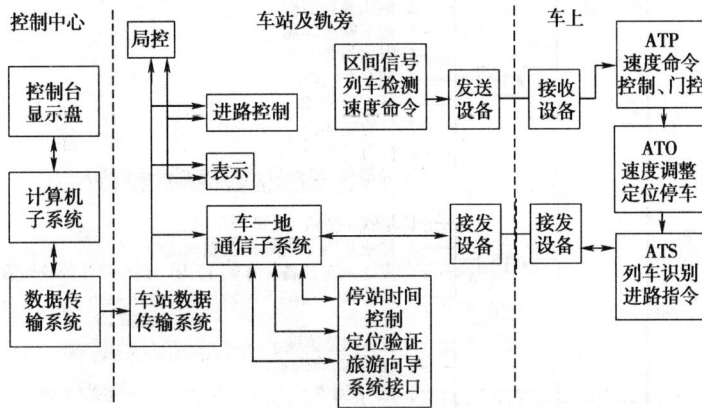

图 6-7 ATC 系统框图

在控制中心内,计算机系统、中心数据传输系统、控制台及 CRT 显示、信息管理系统及调度表示盘等,其控制及表示信息通过数据传输系统与车站及轨旁的信号设备相连接;轨旁设备通过车站数据传输系统与车站 ATC 系统相连,车站的 ATC 系统通过 ATP 子系统发出列车检测命令检查有无列车,并向车上送出 ATP 限速命令、门控指令及定位停车的位置指令;车上 ATC 系统根据 ATP 命令的数据和译码,控制列车的运行和制动,完成定位停车。ATC 系统功能说明如图 6-8 所示。

(一)ATS 子系统

ATS 子系统由控制中心设备、车站设备及车载设备 3 部分组成。

ATS 主要是实现对列车运行的监督,辅助行车调度人员对全线列车运行进行管理。它可以显示全线列车运行状态,监督和记录运行图的执行情况,为行车调度人员的调度指挥和运行调整提供依据,如对列车偏离运行图及时做出反应等。通过 ATO 接口,ATS 还可以向旅客提供运行信息通报,包括列车到达、出发时间,列车运行方向,中途停靠点信息等。

ATS 子系统功能包括:自动显示列车车次、运行位置和信号设备工作状态,自动或人工办理进路;编制和管理列车运行图,自动调整运行计划,自动描绘或复制列车运行实迹,列车运行模拟仿真;车辆维修周期管理;向旅客向导系统提供信息,对运行数据自动统计和制表等。

控制中心
1. 控制功能:自动信号控制, 变更进路, 越站及停站控制, 运行图调整
2. 数据信息交换系统
3. 编、译码控制, 表示, 局控指示
4. 列车轨迹记录
5. 列车位置显示及模拟盘概况显示
6. 故障记录

车站信号设备室

ATS
1. 局控及维修盘
2. 遥控/表示数据编译码
3. 带有调制解调器的ATS接口
4. 车—地发送编码和接收译码
5. 被控指令逻辑
6. 旅游导向、旅客信息显示器, 目的地信号显示
7. 停止控制逻辑及接口

ATO
1. 车站停止程序
2. 停止校核, 车门、屏蔽门控制接口

ATP
1. 列车检测
2. 钢轨破损防护
3. 列车安全间隔
4. 限速指令
5. 列车车门启动
6. 标志器管理
7. 目的地选择
8. 自动启动
9. 局部台、维护台(带有数据传输系统)

列车

ATS
1. 接收、存储、发送列车信息
2. 接收运行等级数据及制动指令
3. 发送列车预备、列车门关闭、列车停站等校核数据
4. 故障接口及ATS控制台操作等级显示

ATO
1. 自动调整速度
2. 运行变更控制
3. 惰力运行
4. 停站程序及调整
5. 停站后再启动
6. 向轨旁发送车停及列车长度

ATP
1. 接收速度指令
2. 超速防护
3. 防滑
4. 破损防护
5. 运行控制
6. 停站校核
7. 检测列车车门数

ATC

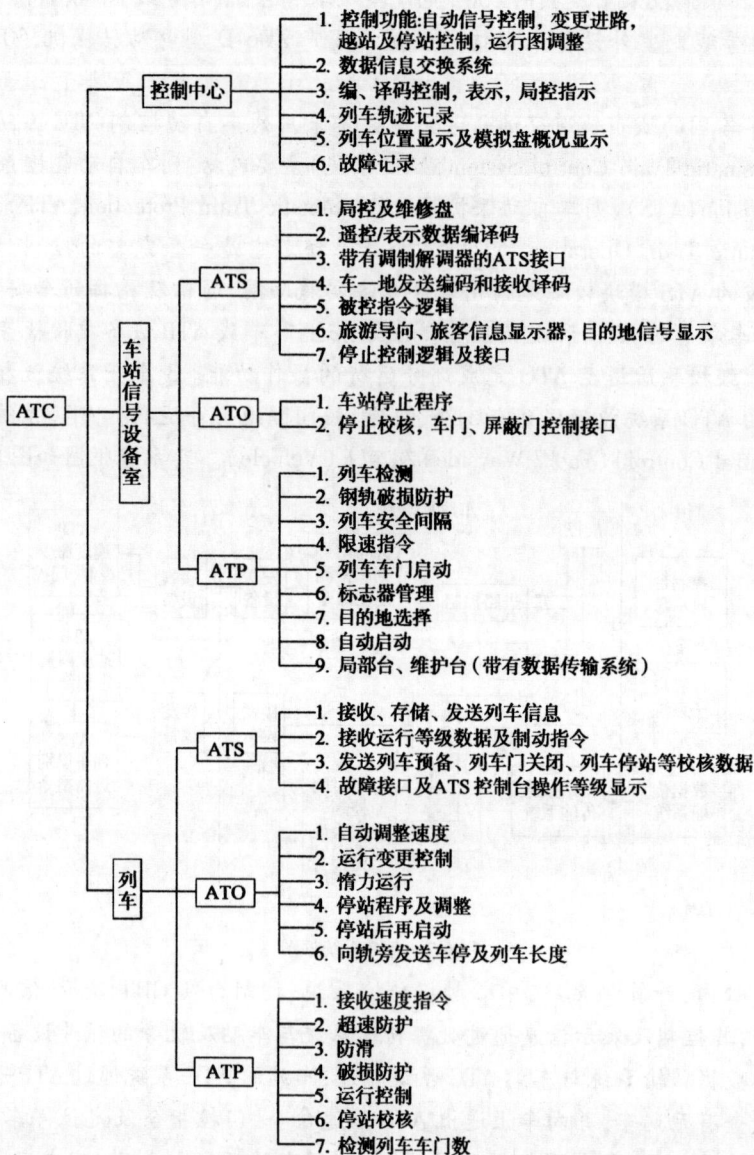

图 6-8 ATC 系统功能说明

(二)ATP 子系统

ATP 子系统由轨旁 ATP 设备和车载 ATP 设备组成。

ATP 主要用于对列车驾驶进行防护,对与安全有关的设备或系统实行监控,实现列车间隔保护、超速防护等功能。ATP 的工作原理是:将信息(包括来自联锁设备和操作层面上的信息、地形信息、前方目标点信息和容许速度信息等)不断从地面传至车上,从而得到列车当前允许的安全速度,依此对列车实现速度监督及管理。

ATP 子系统功能如下:自动检测列车的位置和实现列车间隔控制,以满足规定的通过能力;连续监视列车的速度,实现超速防护(当列车实际速度大于允许速度时,施加常用制动;当列车速度大于最大安全速度时,施加紧急制动,保证列车不冒进前方列车占用的区段)。

（三）ATO子系统

当列车上的主控制器的模式选择开关处于ATC方式时,车载ATO子系统才工作,其作用在于像一个司机那样驾驶列车,即模拟司机驾驶列车。它由车载ATO设备和轨旁ATO设备组成。

ATO主要用于实现"地对车控制",即用地面信息实现对列车驱动、制动的控制。由于使用ATO,列车可以经常处于最佳运行状态,避免了不必要的、过于剧烈的加速和减速,因此可显著提高旅客舒适度,提高列车准点率及减少轮轨磨损。通过与列车再生制动配合,还可以节约列车能耗。这里,列车自动操纵(ATO)有时是为了避免与列车自动控制(ATC)混淆。

ATO的优点是可缩短列车间隔,提高线路的利用率和行车的安全可靠性。ATO子系统的功能包括:控制列车在允许速度下运行,并自动调整列车的速度。列车在区间或站外停车后,一旦信号开放,即可自动启动;系统控制列车到达站台的最佳制动,使列车停于预定目标点;停站结束,保证车门关闭后,列车能自动启动;当列车到达折返站时,自动准备折返。

任务四　了解城市轨道交通的通信设备

一、概述

城市轨道交通通信系统是为确保提供传输服务、给旅客提供信息并且保证车站及车上旅客进行高度控制而建立的一个视听链路网。通信系统为运营、管理及维修人员或其他系统的设备通过传输(诸如语音、数据、图像等)电信号在一定的距离内进行通信,通信的服务范围包括运营控制中心、车站、车辆段、站内及沿线。

通信系统是多个独立子系统的组合。这些子系统在设计上能协调工作,在不同的运营环境下正确地相互作用。各子系统应能对各自子系统内的故障进行检测和报警,从而确保整个通信系统的可靠性。

（一）城市轨道交通系统对通信的要求

系统对通信的要求是能够迅速、准确、可靠地传递和交换各种信息,达到双向联通的要求。

（1）对于运行组织而言,要保证将各站的客流情况、工作状况、线路上各个列车运行状况等信息准确迅速地传输到调度控制中心,同时,将调度控制中心发布的调度指挥控制命令与信号及时可靠地传送至各个车站及运行中的列车。

（2）对于系统的组织管理方面,要保证各部门之间和上下级之间畅通、有效、可靠的信息交流与联系。

（3）要保证本系统与外部系统的联系便捷、畅通。

（二）城市轨道交通通信的分类

城市轨道交通通信按用途可分为:

（1）城市轨道交通专用通信。它是系统内部运行组织的通信网络,用于列车运行调度指挥的通信联系,是最主要的业务通信网。

（2）地区自动通信。它是城市轨道交通系统内部的公务通信网,以及与外界通信网的连通通信网,是主要的公务通信网。

（3）有线广播通信。它是城市轨道交通系统运行组织的辅助通信网,主要布置在车站、车辆基地。

(4)闭路电视系统。它是城市轨道交通系统现代化管理的现场监控系统,主要布置在车站、车辆基地及业务管理系统。

(5)无线通信。相对上述有线通信而言,它更适用于位置不固定的相关业务工作人员间的联络,作为固定设置的有线通信网的强有力的补充。

(6)其他通信。字母钟报时系统,使整个系统在统一的时间概念下运转;会议系统,提供高效的远程集中会议通信,如电话会议、可视电话会议等;传真及计算机通信系统,提供现代化高技术的通信手段。

(三)城市轨道交通通信系统的组成

城市轨道交通通信系统主要包括传输、无线、公务电话、调度电话、站内及旁轨电话、闭路电视、有线广播、时钟、不间断电源等子系统。传输系统、时钟系统除了为各通信子系统提供服务外,还要为其他系统提供传输服务。

二、传输系统

城市轨道交通系统通信网采用两条独立的通信传输线,并将通信传输信息(包括语音、数据、图像等)较均匀地分配到两条传输线上。如果其中一条线路发生故障或中断时,就由另一条线路独立承担传输任务,起到备用线的作用,从而有效地保证城市轨道交通通信的可靠性。

(一)传输线的分类

(1)有线通信系统的光缆和电缆。

(2)无线通信系统的漏泄电缆。

(3)广播系统的屏蔽对称电缆。

(4)连接各类设备的射频电缆、对绞电线电缆、电源线、并行总线等。

连接的设备有无线电台、监视器、摄像机、广播喇叭、电话机、维修终端等。

(二)传输线的特点

(1)采用阻燃、低毒、低烟性能材料制作电缆外套(尤其是安置在地下隧道的电缆)。

(2)加强屏蔽、接地措施,保证安全接地和防止地下迷流造成侵蚀。

(3)采用易于维护保养的充油填充方式,因为电缆、光缆设置的空间有限(无论是地下隧道,还是高架结构的单轨轨道梁)。

(4)要求具有转换速度快、频带宽、容量大、抗干扰能力强、耐腐蚀等性能,一般均选择光纤传输线。

(三)光纤传输系统

随着通信传输技术的发展,城市轨道交通的有线通信系统已普遍采用光纤传输方式。光纤传输系统的主要组成如下。

1. 电端机

将各个通信终端的语音、数据、控制信号、图像信号等汇集;另一方面将其他通信终端送来的汇总后的各种信号进行分路,便于送向本终端的各类设备。

2. 光端机

将电端机汇总后的电信号转换为光信号(E/O),并通过光缆传输到所需送达的终端;另一方面将其他光端机经光缆送达的光信号转换成电信号提供本终端的电端机(O/E)。

120

3. 光纤传输电缆(光缆)

利用光纤通信电缆容量大、抗干扰能力强的特点,完成大容量信息的准确、快速传输。

三、程控交换网

城市轨道交通通信系统交换网的作用是在车站系统完成各个车站之间的信息汇总传输之后,将信号具体转接到每一个用户(如电话机)。目前,通信用交换机已从步进制交换机、纵横制交换机,发展到了体积小、容量大、噪声低、功能强、扩容容易、维护简便的程控交换机,并被普遍采用。城市轨道交通系统是一个现代高新技术运输系统,必然选用程控交换机来组成通信交换网。

(一)城市轨道交通系统程控交换网的组成

1. 轨道交通专用电话网

为系统运行设置的专用业务电话网。

2. 数字式程控电话网

为系统运转和对外联络设置的公务电话网。

(二)城市轨道交通专用电话网

城市轨道交通专用电话网的作用是为调度控制中心的调度员、车站值班员、车辆基地值班员等运行指挥操作人员提供直线电话服务和组呼功能,为轨旁电话和其他专用内部电话提供自动交换功能。具体而言,有如下功能。

1. 站间直线电话功能

为了提高运行组织的效率,保证运行组织通信联络的可靠性与便捷性,站间直线电话只需拿起电话不必按键即可建立相互间的通话关系。站间直线电话的语音信号经由电缆芯线传输,用于相邻两个车站之间进行行车相关业务的联系。

2. 调度电话功能

在调度控制中心,选用带有功能键和液晶显示器的多功能数字电话机作为调度控制台的电话机。在各个车站,选用带有功能键和液晶显示器的双音多频电话机作为调度电话分机。配置液晶显示器,可以显示呼叫方的数字编号信息,形成可见可闻的联络信息。

在调度控制中心,设有若干个调度控制台,如列车调度台、电力调度台、环境控制调度台、防灾报警调度台等业务调度台以及一个总调度台。总调度台不与车站调度电话分机直接联系,仅与各个调度台通话,再由各个调度台向各车站调度分机传达调度命令。

调度电话的功能有:

(1)总调度台的功能。对各调度台进行直线呼叫功能。

(2)各调度台的功能。对所属分机进行组呼的会议功能,一次呼叫部分车站调度分机;对所属分机进行全呼的会议功能,一次呼叫全部车站调度分机;对所属分机进行单呼的直线联系功能,一次呼叫单个车站调度分机。

(3)轨旁电话功能。为了运营需要,在线路旁按规定的间隔距离(上海地铁 1 号线为 450m)设置轨旁电话,便于司机及其他工作人员在需要时能在现场直接与有关部门联系。

轨旁电话机需设置坚固的防护外罩,采用全密封式设计,使其具有良好的防潮性能和抗击打能力。

每 2～3 个轨旁电话并联在一起,通过专用电缆连通最近的程控交换机,使其能与各调度控制台和其他任何一个分机取得直接联系。

(4)集中电话机功能。在各个车站设有集中电话机,在车辆基地也设有若干台集中电话机,便于车站、车辆基地各职能部门能与本站(基地)相关单位取得便捷联系。集中电话机的控制台与分机的组成与调度电话系统相类似。

(三)数字式程控电话网

通过程控交换机及光纤传输系统的连接,车站内属于数字式程控交换电话网的用户(话机)间可通过拨号直接通话,也可通过拨号与其他车站或单位的用户通话,还可通过中继模块的转换,与市内电话用户建立联系。

数字式程控电话网可用人工转接或自动转接方式与市话网连接,提供的使用功能较多:一般自动电话功能、呼叫等待功能、呼叫人工或自动转移、呼叫保持功能、直线电话功能、强插功能、三方或多方会议功能、遇忙回叫功能、呼叫带答功能、重复呼叫功能、快速呼叫功能、移机应答功能等。

四、广播系统

广播系统是将各种语音信息传送到用户的一种通信方式,它具有快速响应的能力,城市轨道交通中使用的广播系统不同于大型娱乐中心、铁路车站、民航机场等地的广播系统,它可以通过控制中心的操作终端指挥整条线路的广播,使整条线路每个车站的广播系统既独立又成为统一的整体,如广州地铁 1 号线采用的广播系统是德国西门子 AG 提供的 VARIO-DYN3000 系列,其主要功能是:向广大乘客发布有关时间、车次变动、列车延时、行车安全、紧急情况以及突发事件等信息。

从广播覆盖范围看,广播系统分为车站广播系统和车辆基地广播系统。

(一)车站广播系统

车站广播系统允许对车站内四个播音区进行广播,包括从车站播音和从控制中心对车站进行播音。四个播音区是:站台 1(上行)、站台 2(下行)、站厅和办公区域。

1. 从控制中心播音

在中央控制室配置有三个广播播音台:列车调度播音台、电力调度播音台、环境控制调度播音台。三个播音台之间实施互锁,即当一个播音台在广播时,其他播音台不能插入或使其中断播音。

三个播音台上均配有麦克风和选择键盘,用来对各车站或各区域进行选择播音。在通信机房内设有前置放大器、功能控制与接口单元等广播设备。麦克风发出的语音信号经过前置放大器放大后,通过电缆中间一对专用屏蔽广播线将信号送达所需广播的地点。选站键盘送出的播音区域选择信号,经过控制与接口单元,由专用通信信道送达各车站广播设备的控制单元。

控制中心广播系统可以达到下列播音功能:

(1)对所有车站、所有区域通过键盘选择后进行播音;

(2)对每个运行方向的站台通过键盘选择后进行播音;

(3)每个车站的所有广播区域通过键盘选择后进行播音;

(4)对全部车站的各个广播区域通过键盘选择后进行播音。

控制中心内每个播音台均装有扬声器,可以对播音进行监听。

2. 从本车站播音

在各车站的行车值班室和副值班室配备带有麦克风和选择键盘的播音台,两台之间实施互锁。在车站的通信和机电室内设有前置放大器、功能控制及接口单元等车站广播设备，这套广播设备可以供本站播音员向本站各广播区域进行播音，还可转接控制中心发来的调度员播音，在本站行车值班室可以对播音进行监听。

各车站的广播播音台对本站的四个广播区域进行播音时具有优先权，即本站播音键盘选择键按下后，既接通该广播区域的广播电路，也中断了控制中心调度台送来的广播播音信号。

(二)车辆基地广播对讲系统

车辆基地广播对讲系统设有维修值班员、信号楼控制室值班员、车辆基地列车调度员使用的三个播音台。播音范围分三个区域：车辆基地入口区域、维修区域和停车库区域。

三个播音台都配置麦克风和键盘，以及对讲控制台。同样，在机房内设有广播设备，用于对信号的放大和对播音区域(或对讲分机)进行选择控制。

(1)三个播音台的优先权如下：

第一优先权——车辆基地列车调度员(在车辆基地运转调度室)；

第二优先权——车辆基地信号楼值班员(在车辆基地信号楼值班室)；

第三优先权——车辆基地维修值班员(在车辆基地检修车间)。

(2)三个广播区域的选叫原则如下：

每个广播台可对某一个广播区域进行广播；

每个广播台可对所有三个广播区域进行广播。

车辆基地广播系统除了安装播音扬声器广播外，还安装了对讲分机。对讲分机通过电缆与三个播音台的对讲控制台相连，对讲机的扬声器与麦克风设在分机内，还设有三个选择键，以便车辆基地内工作人员能够方便地与各个对讲控制台的值班员直接通话而不致大范围的喧哗。对讲分机还可根据需要分成若干个分机组，分布在各个广播区域。

(3)对讲系统的选叫原则如下：

每个对讲控制台可以选叫出所有对讲分机；

每个对讲控制台可以选叫出多达8个分机组中的所有对讲分机；

每个对讲控制台可以选叫出任何一个对讲分机；

每个对讲控制台可以与另一个对讲控制台单独对讲；

每个对讲分机可以单独地与另一个对讲控制台对讲。

如果某一对讲控制台呼叫正在通话的对讲分机，会显示"忙"信息，如果某一对讲控制台正在通话，有分机呼叫它，有相应的声光显示提醒值班员，值班员可将此提醒声切断。

在对讲控制台上，对应于每一个对讲分机都有一个带有灯光显示的按键。

当某个对讲分机组正处于对讲状态时，其他对讲控制台对该机组中的任何一个对讲分机的呼叫都将被视为无效。

五、闭路电视系统

闭路电视系统是安全技术防范中的一个重要组成部分，是一种先进的、防范能力极强的综合系统。它可以通过摄像机及其辅助设备(镜头、云台等)直接观看被监视场所的一切情况，可以把被监视场所的图像内容、声音内容同时传送到监控中心，使得被监视场所的情况一目了然。闭路电视系统的另一个特点是可以把被监视场所的图像及声音全部或部分记录下来，为日后某些事件的处理提供方便条件及重要依据。

城市轨道交通系统闭路电视监控系统分为控制中心设备和车站设备两部分。

(一)控制中心电视监控设备

在调度控制中心的总调度台和列车调度台、环控调度台均设置有控制键盘和监视器。调度员通过键盘来选择所需了解的某个监视部位,通过监视器来观察了解该部位的现场实况。

各车站送来的图像,接入图像切换开关单元的输入端,输出则直接或间接地连通下述设备:

(1)调度用监视器;

(2)磁带录像机;

(3)通信维护用监视器。

在控制中心的通信机房内,除了设有通信维护用监视器之外,还配备相应的控制盘,供通信维护人员使用。

(二)车站电视监控设备

车站内设有若干台监视摄像机,按需要分别安装在站厅层和站台层。设在站台层的摄像机主要拍摄上下行站台始末端。站厅层摄像机则配备有自动云台,可以上下左右偏转进行摄像。

车站值班室、副值班室内设置监视器和控制键盘,可以对站厅摄像机及图像切换开关单元进行控制,供值班员选择所希望看到的监控部位图像。

车站监控摄像机的输出,连接到图像切换开关单元的输入端。图像切换开关单元有10路输入和12路输出。输出端输出中的3路连接车站的3个监视器,供值班员、副值班员使用;另外4路输出经过图像复用调制器合并为一路由光发送机经对电光信号(E/O)转换后,由光纤电缆送达控制中心的光接收机经光电信号(O/E)转换,然后由设在控制中心的图像分路解调器还原后输出4路图像信息,供控制中心调度员使用。输出端输出中的另4路接至站台上的列车工作监视器,供司机监视乘客上下车的情况。输出端输出中的第12路引至车站通信机械室,通过一台9寸监视器,供通信维修人员使用。

(三)闭路电视监控系统的构成

对于车站较多的轨道交通系统来说,并非每个车站发出的四幅图像均可同时进入控制中心的控制与接口单元,而是仅有3个车站可向中心发出各四幅图像。这时,将由调度员按压的选择键来决定。

为了便于识别,每个车站备有图像字符发生器,产生该站的识别字符、图像记录日期和时间。车站值班员、调度员、维修人员均可通过键盘选择所需监视部位图像。而且不仅是指选出一幅图像并使之固定地显示在监视器上,还可通过预先编程的方式提供对众多输入图像进行自动扫描显示功能,扫描顺序可预先编程,也可按键选择,图像切换开关单元具有调节图像停顿时间的功能,以便在0~90s范围内进行调节。

六、无线通信系统

城市轨道交通系统线长、点多、面广,变动因素多,有线通信保证了在固定地点工作人员互相之间的通信联络便捷可靠。无线通信则为处于移动状态的相关工作人员(如运行中的列车司机、车站内流动的工作人员、公安警务人员、各工种抢修或维护人员及意外情况下的组织指挥操作人员等)提供便捷可靠的通信联络手段。

无线通信系统采用双向无线通信,一般采用 4 个频率对,每对频率相差 10MHz。

(一)各个频率相应的工作范围分配(以上海地铁 1 号线为例)

信道 1:列车调度通信,覆盖范围为各车站;

信道 9:治安警务通信,覆盖范围为沿线各站及地面部分;

信道 0:车辆基地通信,覆盖范围为车辆基地;

信道 8:紧急备用信道,覆盖范围为信道 1 和信道 0 的总和。

在地下隧道部分,工作范围是轨道最高处以上 1.5 ~ 3.5m;在站台层及站厅层,工作范围是地板以上 1 ~ 3m;在车辆基地,工作范围是以信号楼为圆心,半径为 2km 的平面圆为底,以地面到钢轨顶面上方 6m 为高的圆柱体空间。

(二)无线通信系统的组成

(1)安装在车站和隧道内(或高架等布置的线路旁)的漏泄同轴电缆;

(2)安装在车站内的天线及射频电缆;

(3)安装在车站内和车辆基地的基地台设备;

(4)安装在列车驾驶室内的列车无线电设备、天线、控制板、电源及电线;

(5)带有电池及充电器的便携式无线电台;

(6)安装在控制调度中心的控制台,比较判断选择器、中继设备、电源及电缆;

(7)安装在各个车站和列车上的无线通信控制台;

(8)安装在高度控制中心的自动指示设备,可以指示正在通话的信道。

实践活动

1.自主查询我国不同城市轨道交通的通信信号系统的基本情况。

2.自主查询沈阳城市轨道交通的通信信号系统的基本情况。

【具体要求】

1.以小组为单位进行查询活动,各组人员为 6 人以下,并推选小组长一人,负责组织活动的开展并督促完成。

2.要求制作成 PPT,并在课堂上进行讲解。

思考与练习

1.城市轨道交通信号的基本颜色有哪些?各表示什么意义?

2.何谓固定信号?何谓移动信号?

3.城市轨道交通信号的固定色灯信号机有哪几种形式?

4.说出下列四种信号表示器的作用:道岔表示器、警冲标、进路表示器、发车表示器。

5.什么叫轨道电路?其组成有哪些?

6.什么叫联锁?联锁设备应满足哪些要求?

7.什么叫进路?什么叫列车进路?什么叫调车进路?什么叫敌对进路?

8.什么叫闭塞?闭塞的方式有哪些?

9.何谓半自动闭塞?何谓自动闭塞?

10. 移动闭塞的基本原理是什么？

11. 什么叫调度集中？

12. 列车自动控制系统包括哪几部分？各部分起什么作用？

13. 城市轨道交通系统对通信有什么要求？

14. 城市轨道交通通信系统按用途分哪些类型？

15. 城市轨道交通广播系统有哪些作用？

16. 城市轨道交通系统中,闭路电视监控系统的作用是什么？它由哪些部分组成？

项目七　城市轨道交通其他设备

背景知识

城市轨道交通的其他设备主要包括自动售检票系统、电梯系统、屏蔽门系统、配电照明系统、机电设备监控系统、环控系统、给排水系统等。这些系统都是现代化城市轨道交通必不可少的基本系统设备。本章主要介绍自动售检票系统、电梯系统、屏蔽门系统、配电照明系统、机电设备监控系统。环控系统、给排水系统在项目八中介绍。

任务一　了解自动售检票系统

一、自动售检票系统的组成及功能

自动售检票系统(AFC)是交通管理部门中(如城市轨道交通)用于自动售票、自动检票和自动统计与结算的一系列设备所构成的系统。它是集机械、电子、计算机应用、计算机网络管理、通信传输、票务政策及票务管理等功能于一体的控制系统和信息管理系统。

AFC系统通常由中央计算机、车站计算机、票房售票机、自动售票机、进/出站闸机、验票机和信息载体—车票等部分组成。

目前,AFC系统主要有三大类型:磁卡系统、接触式IC卡系统和非接触式IC卡系统。由于以非接触式IC卡为媒介的自动售检票系统应用范围最广,技术和设备的发展日趋成熟,在交通行业中的自动收费系统中有一定的代表性。因此,就以非接触式IC卡AFC系统为例进行介绍和分析。

(一)自动售检票系统构成

在AFC系统中,设备构成大致分为三个层次。

第一层为中央计算机系统。其功能为系统数据的处理和储存,并负责系统交易数据的收集、系统运营及控制参数的下达,对全线自动售检票系统设备的运营状态进行监视和控制中央计算机系统中的编码分拣机接受中央计算机制票订单,负责各类车票的初始化编码、赋值、分拣、注销等工作。中央计算机系统通常设于控制中心,通过通信网络与各车站计算机系统实现连通。

第二层为车站计算机系统。其功能为负责车站内AFC设备的状态控制,下达由中央设置的各类控制参数,收集各设备的运行数据,并将数据传输到中央计算机。

127

第三层为现场 AFC 设备,包括闸机、自动售票机、票房售票机、验票机、便携式验票机等。它们按不同的功能各自独立运行,同时设备内配有独立的就地控制装置。在与系统通信中断的情况下,现场 AFC 设备能独立运作,并保存一定时间范围内的设备运营数据,并通过适当的介质将这些数据传送到车站计算机。

整个 AFC 系统可以说是一个计算机通信网络。中央计算机系统和车站计算机通过城市轨道交通内部的专用通信网络以点对点的方式连接;中央计算机系统、中央计算机与车站计算机之间、车站计算机与现场 AFC 设备之间均是通过以太网连接。一个典型的 AFC 系统的网络结构如图 7-1 所示。

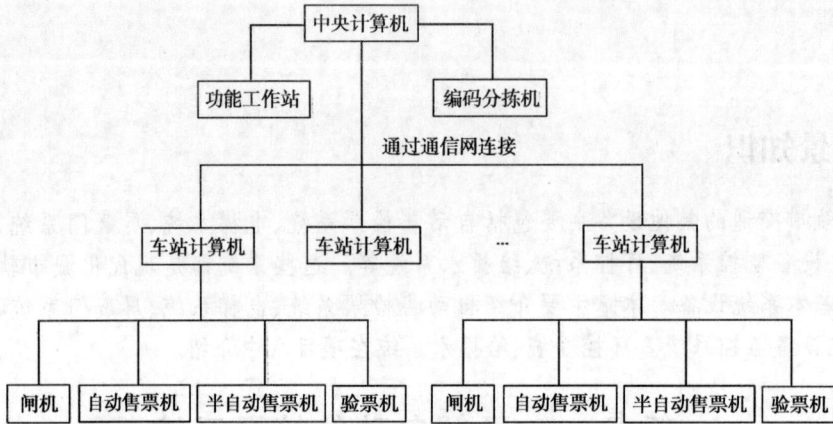

图 7-1 AFC 系统网络结构图

(二)AFC 的有关设备功能

1. 闸机(GATE)

闸机是用于控制乘客进出车站的机电设备,通常分为进(站)闸机和出(站)闸机两种。进/出站闸机将车站站厅分成付费区和非付费区,同时也将城市轨道交通系统围成一个封闭的区域。乘客在进入和离开付费区时,闸机对车票的有效性进行检查,对持有效车票的乘客放行,对持问题车票的乘客进行限制并指示到售票处。乘客出闸时,将有效单程车票回收到票盒中,将有效储值票退还给乘客以便以后使用。如果乘客出闸使用的单程票、储值卡、一卡通卡内余额不足以支付本次车程的车费或乘客在付费区内停留的时间超过了系统设置的时间以及车票没有进站码时,出站闸机则会提示乘客到票房售票机进行相应的处理(即进行超乘、超时、进出站码更新等处理)。

在测试环境下,进/出站闸机每分钟可处理 60(无回收情况下)/40(有回收情况下)张车票;在实际运行中,由于乘客熟练度的问题,这一数字会有所下降。

闸机根据具体情况可设置成不同的功能模式,其功能模式有:紧急打开、正常进出、进出码免检放行、超时乘车免检放行、车费免检放行、时间免检放行、日期免检放行、退出服务、列车运行管理模式以及测试模式。

闸机的结构如图 7-2 所示。

2. 自动售票机(TVM)

自动售票机(图 7-3)位于车站的非付费区,乘客可以选择用现金(纸币、硬币)或有足够余值的储值票(一卡通)在自动售票机上购买不同票价的单程车票以及对储值票(一卡通)车票进行加值。自动售票机的结构组成如图 7-4 所示。

128

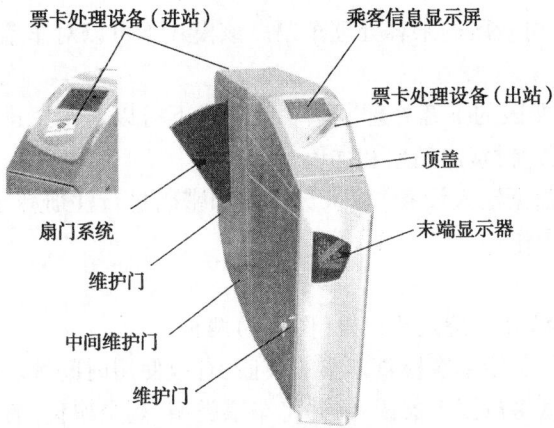

图7-2　闸机结构图

图7-3　自动售票机

自动售票机可接受多种面值(人民币)的纸币和硬币,并对大额人民币进行自动找零。自动售票机还可根据中央计算机所制定的票价表出售普通单程车票和优惠单程票等。乘客在购买车票时,可以根据自动售票机面板上的提示进行操作。

(1)乘客在触摸屏上选取目的地车站及购票数,操作屏上就会显示出乘客所在车站至目的地车站的票价。

(2)乘客投入现金或插入有足够余值的储值票(一卡通),自动售票机就会自动发售一张或多张车票,并视情况进行相应的找零。

(3)乘客取出车票后,自动售票机完成一次售票过程。

如果在售票过程中,乘客按下取消按钮,就可以取消正在进行的交易,并将乘客所投入的现金储值票(不做任何处理)直接退还给乘客。另外,如果连续两步购票操作之间的时间间隔过长(超过系统设定的时间),自动售票机将会自动取消正在进行的交易。

3.票房售票机(BOM)

BOM位于车站的售票处,由站务员操作。BOM可以发售单程车票、储值车票,同时还具有车票的有效性分析、补票和给储值车票(一卡通)加值等功能。票房售票机的组成如图7-5所示。

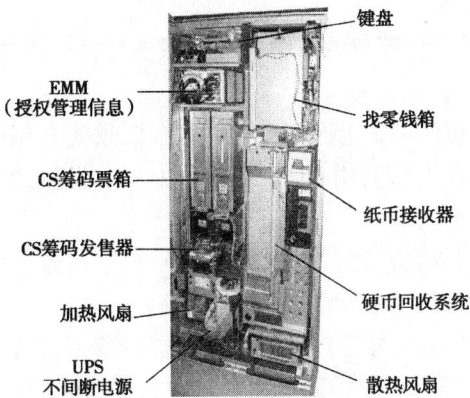

图7-4　自动售票机结构图

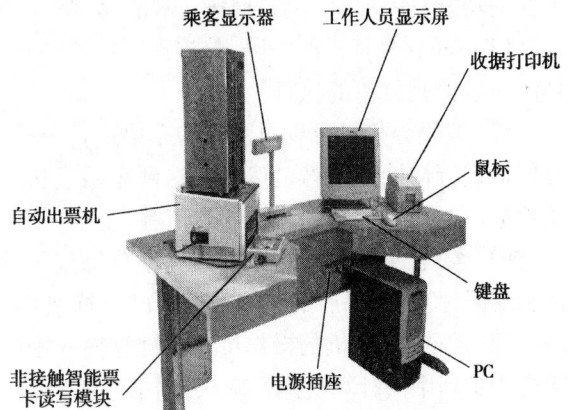

图7-5　票房售票机组成图

BOM 有两种操作模式:售票模式(BOM)和补票模式(EFO)。

(1)BOM 模式。这种模式是给非付费区的乘客处理车票。该模式下可以对车票进行进出码更新、发售和加值。

(2)EFO 模式。这种模式是给付费区的乘客处理车票。该模式下可以对车票进行进出码更新、超乘更新、超时更新、发售免费/付费出站票和加值。

操作员必须通过键盘(或其他的数据输入设备)输入员工号和密码进行注册登录,登录有效后,操作员才被允许进行后续的操作。

4. 验票机(TCM)

验票机分为固定式验票机(图 7-6)和手持式验票机(图 7-7)两种。

固定式验票机安装在非付费区,用于给乘客检查车票的余值、有效使用时间等。乘客把车票靠近验票机的读卡区,车票的信息将被读卡器读入,并将车票类型、剩余票值、有效日期和车票最近的 m 次交易记录(由系统设定交易次数的显示)显示在液晶屏上,这些信息将在液晶屏上保留 n 秒(系统设定)。如果车票无效,TCM 就会指示乘客到售票处去查询。

手持式验票机的功能与固定式验票机基本相同,但它可以被移动使用。通过车站网络设备或车站计算机的串口,手持式验票机可以定时与车站计算机进行信息的交互。

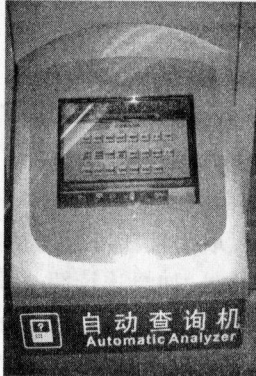

图 7-6　固定式验票机　　　　图 7-7　手持式验票机

5. 编码/分拣机(ES)

编码/分拣机属于中央计算机系统,由城市轨道交通运营单位的票务管理部门使用,其主要的功能是完成对车票的编码、赋值、分拣、注销等。

(1)编码/分拣机的编码、分拣作业订单通过中央计算机的车票管理子系统(TMS)下达,TMS 可以监视订单的执行。

(2)编码分拣机可以对回收的车票进行分拣、重新编码(新投入使用的车票须先在编码分拣机进行初始化编码),然后再送到车站发售。在发售时由 BOM 在车票中写上发售的有关数据(包括日期、时间、地点、票值等)。

(3)编码/分拣机能将车票按类型分拣到不同票箱中,通过车票处理单元对车票进行验证和编码,验证编码后的车票被送入已分拣票箱,废票则送入废票箱中。

(4)编码/分拣机的操作员通过键盘输入密码和员工号进行注册登录。登录数据会通过网络传送到中央计算机进行确认,如果有效则操作员可以根据菜单的提示输入运行数据(如票种、批号、编码日期、编码数量等)。编码/分拣机带有一个打印机,它可打印出编码分拣机运作的记录、车票序列号、输入的车票总数、编码的车票总数和种类、废票数及编出有效票的数量等。同时,上述数据将备份在本机的硬盘中。

(5)编码分拣机的编码、分拣情况也可以通过中央计算机报表来显示、打印,以提供相应的数据给业务监督部门进行审核、监督。

(6)编码分拣机具有不间断电源(UPS),以便在断电情况下能够正常完成正在执行的作业任务,并有序地关闭编码/分拣机。

6.车站计算机(SC)

车站计算机是以工业 PC 机作为主处理器的系统,它包括了一台数据库服务器、一台应用服务器、一台宽带交换机及相应的不间断电源。车站计算机可以监控车站内的自动售票机、票房售票机、进/出站闸机和验票机等车站设备运行状态,对票务收益和客流量进行统计,生成及打印各类报表。车站计算机还向中央计算机发送各种设备运行状态、票务收益和客流信息,同时接受中央计算机下达的运营参数。车站计算机的主要功能如下。

(1)提供客流及收益数据,并最大限度保证数据的安全性及准确性。

(2)控制闸机、自动售票机、票房售票机、验票机等车站现场设备的开关,采集和保存车站现场设备的票务审核及设备维修信息。

(3)根据系统参数,车站计算机能够产生不同时间段的报表。如一天中特定时刻的报表、日报表、某几天的报表等。

(4)将信息格式化并传送至中央计算机进行保存、分析,并根据需要生成各种报表。报表主要有以下几种:

①系统活动日志,记录了现场 AFC 设备的状态信息和相关的操作信息,如设备通信情况、设备状态更换信息、操作员登录注销信息、操作员更换钱箱及票箱信息等。

②每天车站自动售票机发售车票的数量及收益统计表。

③每天车站票房售票机发售车票的数量、补票的数量和收益统计表。

④每天出闸机车费扣除统计表。

⑤每天自动售票机钱箱统计表。

⑥每天票房售票机操作员各班操作的情况。

⑦每天进/出闸机每 15min 的客流统计。

⑧每天车站设备故障状态统计。

(5)从中央计算机接收重要的系统运营参数(系统时间、车费表、黑名单、设备运行时间表、操作员用户名及密码等),并下达至车站现场设备。

车站计算机的运作有两种模式:一种是与中央计算机相连时的"在线运行模式",另一种是与中央计算机通信中断时的"离线运行模式"。如果中央计算机与车站计算机通信出现故障,在车站计算机主存储器中至少可以保存 7d 的 AFC 设备数据,直至中央计算机确认接收数据后才将数据从车站计算机中删除,这些数据亦可以人工方式用软盘复制。

7.中央计算机

中央计算机具有下列功能:

(1)通过车票管理模块与编码分拣机进行通信下载制票计划。

(2)采集编码分拣机的制票数据,进行分类统计。

(3)从车站计算机收集客流、收益、审核数据,并保存在相应的数据库表中。

(4)从车站计算机查询现场 AFC 设备的状态信息,并建立 AFC 设备管理数据库,同时也能像车站计算机一样控制各种车站 AFC 设备(如闸机、自动售票机、票房售票机和验票机)。

（5）保存或更新车站计算机的黑名单数据文件。

（6）利用通信主系统时钟与车站计算机进行日期和时间的同步。

（7）对票价参数、运营参数和控制参数进行有效管理，如制定灵活适用的票价表、设备运作时间表等以及针对这些参数进行灵活的下载，可以按单台设备、一组设备、单个车站、所有车站进行参数下载。

（8）具有完善的病毒入侵检测及系统异常报警机制。

（9）编制每日运营收入、客流、维护状态、管理信息报告和累计票务数据。

（10）分析和归纳 AFC 数据库信息，编制对城市轨道交通系统有效管理的报告（包括设备运作次数的计算，可在工作站编写并打印）。

（11）提供了一个储值票使用跟踪系统，可以查询一定时间范围内任意一张储值票的详细使用记录。

为了准确、可靠、高效地实现以上功能，城市轨道交通自动售检票系统的中央计算机系统采用两台服务器作为主机，两台主机进行在线冗余备份。中央主机通过核心交换机与车站级交换机进行连接，通过防火墙路由器与城市一卡通清算中心的服务器连接。中央计算机按照一定的时间间隔从车站级设备收集数据，并通过车站计算机将系统的票价参数、运营参数和控制参数下载到站级设备。另外，AFC 系统各级设备都可以独立运作，确保在系统出现局部故障时，不至于影响整个系统的运作。

中央计算机系统还配备有维修、财务、点钞、运营计划、安全保密、操作员等终端工作站。

二、自动售检票系统的运行管理

（一）运行管理的任务和内容

1. 运行管理的任务

AFC 系统是城市轨道交通机电设备中承担客运组织的重要系统，该系统对 AFC 设备的运行进行有效的管理，是城市轨道交通客运及票务组织有序、高效运作的前提保证。为实现系统的良好运转：

首先，必须制订合理的设备运营管理方案，规范车站票务人员的操作。通过制订和完善 AFC 设备的操作手册、指引及流程，使得车站操作人员可以安全可靠地控制和科学管理车站设备，最大限度地利用 AFC 系统功能为城市轨道交通运行服务。

其次，需要建立专门的 AFC 设备维护及维修队伍，加强对 AFC 设备故障处理的组织及研究，明确故障类型及等级的划分，保证系统设备良好的技术及经济性能。

然后，要加强对 AFC 系统高科技含量的应用，利用系统提供的各种原始数据（数据库）、日志、审核、报警信息来提高城市轨道交通对安全事件的反应处理能力，保证乘客的人身安全和系统的收益安全。

最后，还要加强对乘客使用设备的教育和宣传，让乘客了解票务政策和票价政策，熟悉设备的使用特性，爱护设备，维护设备的完整性。

2. 运行管理的内容

AFC 设备按功能权限大致可以分为中央系统维护人员、制票人员、票务审查及核对人员、车站督导员、车站售票员、车站维修人员等几个级别。其中，中央系统维护人员负责中央计算机系统各种设备的日常管理及维护；票务制票人员利用编码/分拣机对车票进行编码、赋值、分拣、注销等操作；票务审查及核对人员利用中央计算机系统的各个功能工作站进行票务收益的审查及核对工作;车站督导员及售票员负责车站设备的日常使用及管理;票务稽查人员会定期和不定期对车站票务的运作情况进行抽检,根据公司的票务政策对票务违章或违规行为进行处理;车站维修人员负责车站设备的维护维修,确保车站设备的正常使用。

另外,财务部门、营销部门、车务部门和稽查部门也可以通过中央计算机的工作站进行客流统计、票价分析、营收统计、客流断面分析、员工票使用分析等工作。

(二)运行管理组织及职责

1.相关的运行管理图(图7-8)

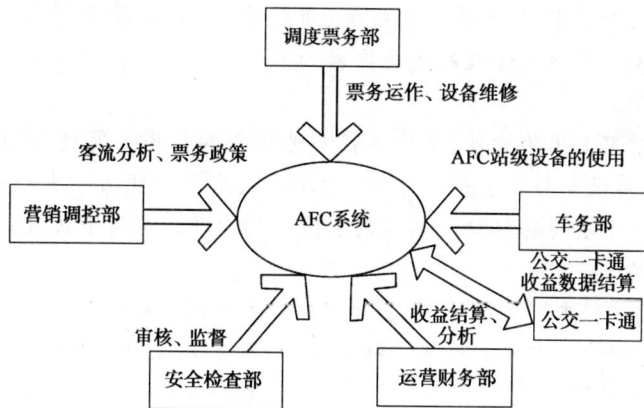

图7-8 运行管理图

2.有关部门的职责

1)票务管理和维修部门的职责

票务管理和维修部门负责 AFC 系统设备的运营维护、维修工作,确保系统设备的正常运行;对系统设备的使用提供功能及技术上的支持;负责为票务相关的部门提供相应的设备运营数据;为公司在制定票务相关的政策和决策时,提供技术支持和专业建议;配合相关部门开展与"一卡通"管理中心的技术协调工作;负责制订 AFC 系统的操作手册和维修规程;负责对票务相关部门进行 AFC 系统新功能的操作培训;负责车票的初始化、编码、赋值、注销等工作;负责制票机的日常清洁维护工作和简单的故障处理;负责运营相关收益数据的核对、分析,产生每日的营收日报;负责依据 AFC 系统的功能制订票务规章制度和作业程序;参与票务政策的制订工作;负责 AFC 系统现场设备(包括 BOM,TVM,GATE,SC)的日常运作管理;负责车站 AFC 设备的表面清洁维护及简单设备故障的处理。

2)票务稽查部门的职责

票务稽查部门负责从收益安全的角度审核整个 AFC 系统票务运作的程序及 AFC 设备使用的稽查工作,负责 AFC 系统密钥和参数及黑名单车票的管理。

3)营销调控部门的职责

根据市场的调研及 AFC 系统的实际运营数据,制订并完善公司的票务政策;利用 AFC 系统的功能,适时推出针对票种、票价、优惠时段等方面的优惠促销活动。

4)财务部门的职责

财务部门根据 AFC(包括城市轨道交通一卡通)系统的收益数据报表进行票款的结算及相应的收益分析工作。

拓展知识

运行管理的有关规定

AFC 系统的参数管理主要包括票价参数、设备运作参数、设备控制参数等几大类。其中的部分参数是由公司的票务政策所决定的,对于这部分参数的调整是由运营总部或公司各职能部门经过充分论证的前提下,再对票务政策进行调整,最后由票务管理部门在系统中实现。另外一部分参数会根据公司的乘客服务、市场营销、安全稽查等方面的工作需要,在AFC 系统中进行调整。其运行管理的主要内容如下。

1.黑名单的管理

城市轨道交通对黑名单的管理,主要是控制违规票的使用。通过对城市轨道交通储值票、员工票进行黑名单设置与取消等工作(一卡通的黑名单管理由一卡通公司负责,城市轨道交通系统只提供一个实现的接口),实现对黑名单的管理。对城市轨道交通储值票设置黑名单的原因主要有两个:

(1)车票在使用过程中发生问题,如余额突然发生巨额跳变;

(2)由于种种原因导致需要回收某一批车票,如车票存在问题、由于行政管理需要而规定对某些车票停止使用等。

对员工票进行黑名单设置的原因主要有车票丢失或在系统中发现车票存在违规使用的问题等。

2.密钥的管理

密钥的管理主要是利用密钥管理系统(KMS)对设备安全认证模块(SAM)的制作管理。KMS 是中央计算机系统的一个子模块,在设备的运营过程中,常会发生 SAM 卡损坏的情况,此时就需要利用密钥管理系统制作新 SAM 卡,或者是当系统的密钥需要更换时,也需要用KMS 对所有设备的 SAM 卡进行密钥更新。每次制作设备 SAM 卡时都必须有主密钥卡的参与才能完成,主密钥卡须由专人负责保管。

3.车站 AFC 设备的运行管理

1)正常情况下车站的运行管理

车站设备的运作是通过系统的运作参数进行控制的,AFC 系统针对每个车站的每类设备设置开启、关闭时间;同时,根据车站运作的需要也可通过车站计算机临时关闭某些设备。

每日运营开始前,车站人员对 TVM 进行补币、补票,然后 TVM 开始运营服务。在运营过程中值班员通过车站计算机监视 TVM 内车票和现金的状况,并及时安排补票、补币。售票员则通过 BOM 进行售票、充值、乘客事务处理等工作。

当设备发生故障时,车站人员通过 AFC 轮值人员通知 AFC 维修人员进行抢修。AFC 维修人员修理完工后将故障处理情况反馈给轮值人员,由后者对故障及处理情况、故障处理人员、修复故障消耗的材料和备件、故障发生时间、故障修理完毕时间等进行登记,以便维修统计。

2)特殊情况下车站的运行管理

当车站出现突发客流、火灾等情况,或出现列车晚点、列车运行中断等情况时,车站可以将 AFC 系统设为降级运营模式中的一种或几种的组合来满足客运服务工作的需要。这些降级模式是:列车故障模式、紧急模式、进出免检模式、时间免检模式、日期免检模式、车费免检模式。

当车站 AFC 设备部分或全部发生故障,影响车站的正常运作时,车站人员需按照提前制订好的应急预案开展工作;同时维修人员根据《AFC 系统重大故障处理预案》进行故障抢修,保证车站 AFC 系统在尽可能短的时间内恢复运作。

3)编码分拣机的运行管理

通过 AFC 中央计算机的车票管理模块(TMS)制订每日的制票(注销)计划,TMS 自动将作业计划下发给编码分拣机,编码员可以控制和监视作业计划的执行情况。作业计划执行完毕后,制票员需清点车票的数量并完成和车票管理员的交接,车票管理员可以通过编码分拣机报表来核对编码员的计划作业完成情况。

当编码分拣机发生故障,车票编码员通过 AFC 轮值通知维修人员进行抢修。

4)设备的维修保障

AFC 系统的维修通过 AFC 轮值来进行维修调度。在第一时间将系统内发生的情况通报给票务主任及相应的设备工程师,同时轮值又代表票务主任行使维修调度的权利,从而保证维修工作有序、高效地进行。

AFC 轮值通过 AFC 故障管理系统可以随时跟踪现场设备的故障情况和故障处理情况,以保证维修信息快速、准确地传递。AFC 故障管理系统记录了大量的维修数据,通过对这些数据的分析,可以掌握各种设备以及设备内各个部件的运作性能,从而为科学、合理地安排设备及其部件的定期维护检修流程提供有益的参考,并保证对设备的科学维护与维修。

票务管理部门应制订检修工的岗位职责和维修规程,并通过对员工进行维修技能、技巧以及设备重大故障应急预案的培训,从而提高检修工的故障判断能力和故障处理能力。

任务二　了解车站机电设备

一、车站电梯系统

电梯系统包括液压梯、自动扶梯及楼梯升降机,是城市轨道交通系统的重要组成部分,担负着方便旅客进出车站的任务,对及时疏散旅客起到至关重要的作用。

城市轨道交通系统配置液压梯、自动扶梯及楼梯升降机的基本原则为:站台至站厅间根据车站远期客流量设置上、下行自动扶梯;出入口及过街隧道根据人流量设置上、下行或上行自动扶梯;当提升高度达到 6m 以上时,设上、下行自动扶梯,以保证人流的疏散和服务质量;车站内设置残疾人液压梯或楼梯升降机,以满足残疾人等特殊人群的需要。

(一)液压梯

液压梯(图 7-9)靠液压传动,其液压传动采用柱塞侧置式,油缸柱塞设置在轿厢侧面,借助曳引绳通过滑轮组与轿厢连接,利用电动泵驱动液体流动,由柱塞使轿厢升降。全过程通过先进的电控与液控集成技术进行可靠、准确的控制。其液压传动系统主要由以下几部分组成。

1.液压泵站

液压泵站主要设有螺杆泵、潜油电机、电液比例阀及液压油冷却装置等。

图7-9　香港地铁车站液压梯

2. 阀组

阀组是液压系统中的控制元件,它们对液压梯的启动、运行、减速、停止及紧急情况起着控制作用。

3. 管路

管路是液压系统必不可少的附件,其材料在符合压力要求的前提下可以是刚性或柔性的。

4. 油温过热保护

当液体温度超过预定值时,这套装置将泵站制动直到温度正常为止。

(二)自动扶梯

自动扶梯是带有循环运动梯路向上或向下倾斜输送乘客的固定电力驱动设备。按驱动装置位置可分为端部驱动自动扶梯与中间驱动自动扶梯。

端部驱动自动扶梯的驱动装置位于自动扶梯的头部,并以链条为牵引构件。它由一系列的梯级与两根牵引链条连接在一起,运行在按一定线路布置的导轨上。牵引链条绕过上牵引链轮、下张紧装置并通过上、下分支的若干直线、曲线区段构成闭合环路。该环路上分支中的各个梯级应严格保持水平,以供乘客站立。上牵引链轮通过减速器等与电动机相连以获得动力。扶梯两边装有与梯级同步运行的扶手装置,以供乘客手扶之用。为了保证自动扶梯上乘客的绝对安全,要求装设多种安全装置。

中间驱动自动扶梯的驱动装置位于扶梯中部,并以齿条为牵引构件的自动扶梯。一台自动扶梯可以装多组驱动装置,也称多级驱动组合式自动扶梯。运行时,电动机通过减速器将动力传递给两侧构成闭合环路的传动链条,每侧的传动链条之间铰接一系列的滚子,滚子与牵引齿条的牙齿啮合,驱使自动扶梯运行。

自动扶梯主要由桁架、梯级、裙板、扶栏、驱动链、梯级链、减速机、电动机、主驱动轴、梯级链张紧装置、导轨、扶手带驱动装置、扶手带、梳齿板、控制系统、安全装置等组成。

(三)楼梯升降机

楼梯升降机(图7-10)属于液压梯的一个分支,安装在车站站台到站厅及地面到站厅步行楼梯一侧,提供给坐轮椅的乘客上下楼梯使用,弥补了车站现有液压梯不能到达地面的不足。楼梯升降机能沿着楼梯连续作上升、水平和90°转角运行,运行倾角不大于35°。车站出入口的楼梯升降机是室外型,能在全天候条件下工作。车站内楼梯升降机是室内型,按室内条件设计。该机能适应地铁每年工作365d,每天工作20h的工作要求。它主要由轮椅平台、驱动机、导轨、控制柜、充电装置、低电源蜂鸣器、安全装置几部分组成。

二、屏蔽门系统

1. 屏蔽门系统功能

屏蔽门系统(图7-11)是安装于城市轨道交通沿线车站站台边缘,用以提高运营安全系数、改善乘客候车环境、节约运营成本的一套机电一体化的机电设备系统。屏蔽门系统作为站台公共区与轨道列车之间的可控通道,其功能是:列车进站时配合列车车门动作打开或关闭滑动门,为乘客提供上下列车的通道。屏蔽门系统的使用,隔断了站台侧公共区空间与轨道侧空间,从而解决了人员跌落轨道的安全隐患以及驾驶员驾车进站时的心理恐慌问题;隔离了列车运行时所产生的噪声、活塞风,保证了站内乘客良好的候车环境;并避免了活塞风造成的站内空调冷量的损失,节省了运营成本;同时还可减少设备容量及数量、减少土建工程量等投资建设成本,产生了良好的社会、经济效益。

图7-10　楼梯升降机　　　　　　　　　图7-11　香港地铁屏蔽门

屏蔽门系统控制模式设置有系统级、站台级、人工操作(或称手动操作)三种正常控制模式。系统级控制即执行信号系统命令的控制模式;站台级控制即执行站台操作盘发出命令的控制模式;手动操作即站台工作人员在站台侧用专用钥匙解锁或由乘客在轨道侧推动解锁装置打开滑动门。此外,屏蔽门系统设置有火灾控制模式,即在相应的火灾模式下,车站值班人员能在车站控制室操作消防联动盘的屏蔽门紧急控制开关,配合打开滑动门,疏散乘客和配合环控系统排烟。上述模式的控制优先权从高到低依次为人工操作(或称手动操作)模式、火灾控制模式、站台级控制模式、系统级控制模式。

屏蔽门系统具有障碍物检测功能,在滑动门关闭时检测到障碍物,会后退作短暂停止以释放夹到的障碍物,然后再关闭,从而避免夹伤乘客。

屏蔽门系统与车站机电设备监控系统(EMCS)之间或主控系统(MCS)之间设有通信接口,用于传送屏蔽门系统运行状态、故障诊断信息,便于车站控制室人员、维修人员监视屏蔽门状态。

在站台监控亭设有屏蔽门系统监控器(PSA),车站工作人员、屏蔽门维修人员可在此PSA上监控屏蔽门系统运行状态,查看、下载屏蔽门系统运行历史记录,修改、下载屏蔽门系统控制程序、参数等。

屏蔽门系统在站台设有应急门、端门。应急门一般当作固定门使用,在列车进站无法停靠在允许的误差范围位置时,必有一道列车门对准应急门,此时若需要由应急门紧急疏散时,可由乘客在轨道侧列车上打开相对应的列车门后推动应急门的解锁装置或由站台工作人员在站台侧用专用钥匙打开应急门进行紧急疏散。应急门使用后必须确保关闭与锁紧。端门是车站工作人员通道,可在轨道侧推动端门的推杆锁的解锁装置或由站台工作人员在站台侧用专用钥匙打开。

2. 相关术语及名词缩写

(1)PSD—Platform Screen Door,即屏蔽门,包括屏封与滑动门,能将站台与轨道间隔开。

(2)EED——Emergency Exit Door,即应急门,列车进站不能准确停靠时的紧急疏散通道。

（3）PED—Platform End Door，即端门，车站工作人员由站台侧两端进入轨区侧的通道。

（4）ASD—Automatic Slide Door，即滑动门，正常运行时乘客上下车的通道。

（5）PEDC—Platform Edge Door Control，即屏蔽门主控制器。

（6）PSL—Psd local Control Panel，站台操作盘，用于实现站台级控制。

（7）PSA—Remote Warning Panel，屏蔽门监控器，用于监视屏蔽门状态及诊断屏蔽门故障状态。

（8）DCU—Door Control Unit，门控单元，安装于门机内，进行门单元运动控制，并反馈控制状态给 PEDC。

3. 系统组成

屏蔽门系统是机电一体化设备。该系统集成了现代微机控制、伺服驱动、网络技术、UPS电源技术、钢化玻璃技术、精密机械技术等，大致由门体、门机、系统控制及电源组成。

（1）支撑结构，包括（上、下底部）支撑部件、门梁、立柱、顶部伸缩装置等构件，能承受屏蔽门的垂直荷载、隧道通风系统产生的风压、列车运行时形成的正负水平风压荷载、乘客挤压荷载等。

（2）门槛，包括固定门门槛和滑动门门槛。固定门门槛承受固定门的垂直荷载，滑动门门槛承受乘客荷载。门槛结构中有滑动导槽，配合滑动门滑动。

（3）滑动门，是正常运行时乘客上下列车的通道，有系统级、站台级、手动操作三种控制模式，由钢化玻璃、门框、门吊挂连接板、门导滑板、门胶条、手动解锁装置等组成。门吊挂连接板设有滑动炭刷架，使金属门框接轨地。

（4）固定门，由钢化玻璃、门框等组成。门框插挂于立柱的方孔内，门框与立柱之间设有橡胶减振垫。

（5）应急门与端门，由钢化玻璃、门框、闭门器、推杆锁等组成。

（6）顶箱，包括铝合金型材（用于安装门机部件）、门楣、前后盖板、电缆线槽、密封胶等。

任务三　了解供电系统

一、供电系统的组成

城市轨道交通的供电系统负责提供车辆及设备运行的动力能源，一般包括高压供电系统、牵引供电系统和动力照明供电系统。

高压供电系统是城市电网对城市轨道交通系统内部的变电所的供电方式，一般视各城市的情况而定；牵引供电系统供给电动车辆运行的电能，由牵引变电所和牵引网组成；动力照明供电系统提供车站和区间各类照明、扶梯、风机、水泵等动力机械设备用电和通信、信号、自动化等设备用电，由降压变电所和动力照明配电线路组成。

二、高压供电方式

一般，高压供电方式有三种：集中式供电、分散式供电和混合式供电。

1. 集中式供电

沿城市轨道交通线路，根据用电容量和线路的长短，设置专用的主变电所。主变电所一般为 110kV,由主变电所变压为内部供电系统所需的电压级,一般为 10kV 或 35kV。由主变电所所构成的供电方案为集中式供电。

主变电所应有两路独立的 110kV 电源,上海、广州、香港地铁即为此种供电方式。

2. 分散式供电

城市轨道交通线路沿线直接由城市电网引入多路电源,电源电压等级一般为 10kV,供给各牵引变电所,这种方式为分散式供电。分散式供电应保证每座牵引变电所和降压变电所皆能获得双路电源。

3. 混合式供电

混合式供电即前两种供电方式的结合,以集中式供电为主,个别地段引入城市电网电源作为集中式供电的补充,使供电系统更加完善和可靠。北京地铁 1 号线和 2 号线即为此种供电方式。

三、牵引供电系统

1. 电压等级

目前,世界上城市轨道交通系统的牵引网均采用直流牵引,牵引电压等级较多,有 600V、750V、825V、1 000V、1 200V 和 1 500V 等,其发展趋向——牵引供电系统组成国际 IEC 电压标准为 600V、750V、1 500V,而我国国标电压标准为 750V 和 1 500V 两种。所以,目前国内各城市的地铁和轻轨采用的电压制均在 750V 和 1 500V 之间进行选择。

这两种电压等级各有优势。1 500V 的供电距离较长,可减少牵引变电所的数量,但提高了牵引变电所及车辆电动机、电器设备的电压绝缘水平。目前,国内正在运行的轨道交通系统中,广州、上海采用了 1 500V 电压制,其 1 500V 系列的直流电器设备及 1 500V 电动车辆均为国外进口,造价较高。今后,随着我们国家城市轨道交通工程项目的不断建设,1 500V 系列的直流电器设备及 1 500V 的电动车辆将逐步实现设备的国产化。

如采用 750V 电压制,变电所数量将增加,但国内有比较成熟的 750V 直流电器设备及电动车辆,造价较低。北京地铁即采用了 750V 的电压制。

2. 牵引网

城市轨道交通系统的牵引网为沿线路敷设专为电动车辆供给电源的装置,它由两部分组成,正极接触网供电,负极走行轨回流。牵引网可分为接触轨和架空接触网两种方式。

接触轨的主要优点是:使用寿命长,维修量小,在地面对城市景观没有影响,适应于电压较低的制式。北京地铁即采用了 750V 接触轨供电的方式。

接触网的主要优点是:安全性较好,适应于电压较高的制式。上海、广州地铁均采用了 1 500V 接触网供电的方式。

接触轨和接触网两种供电方式,目前在世界上许多国家同时并存。究竟采用何种方式,各城市应根据自己的特点,进行车辆和供电系统的综合比较。

3. 牵引变电所设置

牵引变电所的位置和容量,应根据运行高峰小时的车流密度、车辆编组及车辆类型通过牵引供电计算,经多方案比较确定。原则上,牵引变电所应尽可能设在地面。地面变电所投资小,运行费用低,运行管理方便。

牵引变电所可沿线路均匀布置;也可结合车站,与降压变电所合建于车站站端。均匀布置可减少变电所数量,馈电质量较好,但管理不方便;设在车站,可与降压变电所合建,同时管理比较方便。

牵引变电所的设置应保证高峰时最大运营负荷的需要,同时应保证系统中任何相隔的两座牵引变电所发生故障解列时,靠其相邻变电所的过负荷能力仍能保证列车正常运行。同时,牵引变电所内应留有大型设备的进出口和运输通道,应考虑通风、散热、防火、防雷电的要求。

四、动力照明供电系统

动力照明供电系统由降压变电所及动力照明组成。

每个车站应设降压变电所,地下车站负荷较大,一般设于站台两端,其中一端可以和牵引变电所合建为混合变电所。地面车站负荷较小,可设一个降压变电所。

(一)低压配电

1. 低压配电

将低压电力(380/220V)安全、可靠、合理地配置给各个用电负荷。

2. 配电的组成

(1)动力配电,包括供电线路、电气设备(环控、电扶梯、屏蔽门、水泵、通信、信号等)。

(2)照明配电,包括供电线路、各种类型灯。

3. 配电的作用

给用电负荷提供电源,其主要的用电负荷有:

(1)环控设备,包括风机、冷水机组、组合式空调箱、风机盘管等。

(2)各种水泵,包括污水泵、废水泵、雨水泵、消防水泵等。

(3)电扶梯,包括电梯、自动扶手扶梯等。

(4)屏蔽门设备。

(5)照明,包括各种类型的灯。

(6)EMCS设备。

(7)通信设备。

(8)信号设备。

用电负荷分为一级负荷、二级负荷和三级负荷。

(1)一级负荷。平时由两路互为备用的独立电源供电,末端切换(双电源切换),以实现不间断供电。

(2)二级负荷。平时由两路互为备用的独立电源供电,当电网只有一路电源时,允许将其从电网中切除。

(3)三级负荷。平时由一路电源供电,当该电源故障时,可中断供电;当电网只有一路电源时,应将其从电网中切除。

城市轨道交通的设备中,属于一级负荷的有:通信、信号、FAS、EMCS、SCADA、风机、风阀、空调机组、车站工作/应急照明、自动售检票、屏蔽门、电梯等;属于二级负荷的有:自动扶梯、一般照明、污水泵等;属于三级负荷的有:冷水机组、冷冻水泵、冷却水泵、冷却塔、广告照明、清扫机械等。

在火灾情况下,FAS系统直接切断三级负荷总电源。

(二)照明系统

地铁照明的种类很多,一般可以分为如下几类。

1.一般照明(工作照明、节电照明)

采用交流双电源交叉方式供电(出入口照明、站厅层、站台层、隧道区间照明、设备房照明)。

2.事故照明

原则上为长明灯。正常时采用交流双电源以交叉方式供电,当双电源事故失电后,由事故照明电源装置(蓄电池)供电。

3.广告照明

采用一路电源供电。

4.设备房屋照明

设备房屋(站长室、配电室、车站综合控制室、水泵房、气体消防设备室、防排烟机房等在事故工况下仍需继续工作的场所)照明,应采用两路电源供电,其中一路由交流供电,另一路由事故照明电源供电。

5.标示照明

出入口等指示标灯等。

6.疏散引导照明

安全出口标志灯、疏散标志灯(通道转弯处、太平门顶部、直线段)。

7.安全照明

站台板下电缆沟设安全灯和安全灯插座,使用24V、60W的白炽灯。电力是保证城市轨道交通列车正常运行及各种设备系统不间断工作的能源,一般取自城市电网,且大部分为一级负荷,要求比较高。通常引入双路独立电源,保证不间断供电。

五、电力监控系统

电力监控系统(SCADA)的作用是保证在控制中心对供电系统的主变电所、牵引变电所、降压变电所的供电设备的运行状态进行监视、控制及数据采集。它由三部分组成,即设在控制中心的主机、设在各变电所的远程控制终端以及连接终端与中心的通信网络。

实践活动

1.自主查询我国不同城市轨道交通的 AFC 系统概况。

2.自主查询沈阳地铁 1 号线 AFC 系统的概况。

【具体要求】

1.以小组为单位进行查询活动,各组人员为 6 人以下,并推选小组长一人,负责组织活动的开展并督促完成。

2.要求制作成 PPT,并在课堂上进行讲解。

思考与练习

1.闸机有哪几种? 它有什么作用? 闸机有哪些功能模式?

2.TVM 有什么功能?

3. BOM 有哪些功能?

4. 屏蔽门系统有哪几种正常控制模式?

5. 组成屏蔽门系统的设备有哪些?

6. 什么是一级负荷、二级负荷、三级负荷? 地铁设备中哪些属于一级负荷? 哪些属于二级负荷? 哪些属于三级负荷?

项目八　环保、防灾与安全系统

背景知识

地铁与轻轨的环境特点：

(1)由于地铁与轻轨的车站和区间隧道除出入口(地面线和高架线除外)等极少部位与外界相连通外，其余基本上与外界隔绝，所以只有用人工气候环境才能满足乘客的要求。

(2)列车各种设备的运行和乘客都将释放出大量的热，若不及时排除，将使车站和区间隧道的温度上升，乘客在此环境中将难以忍受。

(3)地铁与轻轨隧道是狭长的地下建筑物，列车及各种设备的运行产生的噪声不易消除，对乘客的影响较大。

(4)地铁与轻轨列车在区间隧道运行时产生"活塞效应"，若不能合理应用，会干扰车站的气流组织，使乘客感到不舒适，并影响车站的负荷。

(5)地铁与轻轨车站和区间隧道需要不分昼夜地照明，因此车站和车厢的照度、色调、装饰和布置都会成为影响乘客心理的重要因素。

(6)当发生事故尤其是发生火灾事故时，将导致环境恶化，不易救援，要采取有效措施。

由此可见，要建立一个能满足乘客、工作人员生理和心理要求的人工环境，是一项复杂的系统工程，它包括环境中空气的温度、湿度、空气流动速度、空气质量和环境照度、色调、装饰、布置以及噪声控制、安全措施等诸因素。

任务一　了解通风与空调系统

通风和空调的任务是采用人工的方法创造和维持满足一定要求的空气环境。它包括空气的温度、湿度、空气流动速度和空气质量。当列车阻塞在区间隧道内时，能维持车厢内乘客短时间能接受的环境条件；当地铁与轻轨发生火灾事故时，能提供有效的排烟手段，给乘客和消防人员输送足够的新鲜空气，形成一定的风速，引导乘客迅速撤离现场。

一、地铁与轻轨通风空调系统

地铁与轻轨通风空调系统一般分为开式系统、闭式系统和屏蔽门式系统。根据使用场所不同、标准不同，又分为车站通风空调系统、区间隧道通风系统和车站设备管理用房通风空调系统。

143

(一)开式系统

开式系统是应用机械或列车"活塞效应"的方法使地铁与轻轨内部与外界交换空气,利用外界空气冷却车站和隧道。这种系统多用于当地最热月的月平均温度低于25℃,月运量较少的地铁与轻轨系统。

1.活塞通风

当列车的正面与隧道断面面积之比(称为阻塞比)大于0.4时,由于列车在隧道中高速行驶,如同活塞作用,使列车正面的空气受压,形成正压,列车后面的空气稀薄,形成负压,由此产生空气流动。利用这种原理通风,称为活塞效应通风。

活塞风量的大小与列车在隧道内的阻塞比、列车行驶速度、列车行驶空气阻力系数、空气流经隧道的阻力等因素有关。利用活塞风来冷却隧道,需要与外界有效交换空气,因此,对于全部应用活塞风来冷却隧道的系统来说,应计算活塞风井的间距及风井断面的尺寸,使有效换气量达到设计要求。实验表明,当风井间距小于300m、风道的长度在25m以内、风道面积大于10m² 时,有效换气量较大,在隧道顶上设风口效果更好。由于设置许多活塞风井对大多数城市来说都是很难实现的,因此,全"活塞通风系统"只有早期地铁应用。现今建设的地铁与轻轨多设置活塞通风与机械通风的联合系统,其通风方式如表8-1所示。

通风方式概况表
表8-1

方 式		略 图	要 点
自然通风	利用列车活塞通风		路面每隔70～100m设一通风口,无列车时,丧失排烟功能
半机械通风	车站:机械通风 区间:自然通风		车站环境得以改善
	车站:自然通风 区间:机械排风		隧道中间设置通风井,安设小型风机
机械通风	车站:机械给风(排风) 区间:机械排风(给风)		协调车站和隧道的通风,是地铁与轻轨标准的通风方式
	车站、区间互相独立的给、排风方式		在单线区间或双线带隔墙的车站较为有效
	车站区间均为独立的给、排风系统,车站风流为横向形态		在地铁与轻轨客运量急剧增加的情况下,为控制站内温升而采用的通风方式

2.机械通风

当活塞式通风不能满足地铁与轻轨排除余热与余温的要求时,要设置机械通风系统。

根据地铁与轻轨系统的实际情况,可在车站与区间隧道分别设置独立的通风系统。车站通风一般为横向的送排风系统;区间隧道一般为纵向的送排风系统。这些系统应同时具备排烟功能。区间隧道较长时,宜在区间隧道中部设中间风井。对于当地气温不高、运量不大的地铁与轻轨系统,可设置车站与区间连成一起的纵向通风系统,一般在区间隧道中部设中间风井,但应通过计算确定。

(二)闭式系统

闭式系统使地铁与轻轨内部基本上与外界大气隔断,仅供给满足乘客所需的新鲜空气量。车站一般采用空调系统,而区间隧道的冷却是借助于列车运行的"活塞效应"携带一部分车站空调冷风来实现。

这种系统多用于当地最热月的月平均温度高于25℃,运量较大的地铁与轻轨系统。

(三)屏蔽门系统

屏蔽门系统作为站台公共区与轨道交通的可控通道,其功能是:列车进站时配合列车车门动作打开或关闭滑动门,为乘客提供上下车通道。

在车站安装空调系统,隧道用通风系统(机械通风或活塞通风,或两者兼用),若通风系统不能将区间隧道的温度控制在允许值以内时,应采用空调或其他有效的降温方法。

安装屏蔽门后,车站成为单一的建筑物,它不受区间隧道行车时活塞风的影响。车站的空调冷负荷只需计算车站本身设备、乘客、广告、照明等发热体的散热,及区间隧道与车站间通过屏蔽门的传热和屏蔽门开启时的对流换热。此时屏蔽门系统的车站空调冷负荷仅为闭式系统的22%~28%,且由于车站与行车隧道隔开,减少了运行噪声对车站的干扰,不仅使车站环境较安静、舒适,也使旅客更为安全。

采用屏蔽门式系统时,应核算区间隧道温度是否能达到允许的设计温度。

二、通风空调设备

地铁与轻轨通风空调设备大部分与地面建筑工程所用设备相同。现就地铁与轻轨的专用通风设备简介如下。

1.隧道通风机

地铁与轻轨隧道通风机需要风量较大,风压较低。一般风量为40~90m³/s,风压为800~1200Pa。同时有正风与反风的要求,因此多为轴流式风机。

地铁与轻轨所用的风机,主要有以下特点:

(1)风量在40~90m³/s,风压为800~1200Pa。

(2)可逆转,逆转风量不低于正转风量的90%,正、反转置换时间不大于60s。

(3)电动机内置式,轴联传动。

(4)适用的环境条件,温度为-15~45℃,相对湿度为30%~95%。

(5)输送的介质:空气、150℃烟气,因此风机需耐温150℃,持续工作1h。

(6)低噪声。

(7)设有运行状态的反馈信号。

(8)设有各种安全保护装置。

2.组合风阀

由于地铁与轻轨通风系统的风量较大,运行模式较复杂,需设置大型组合风阀来满足系统的要求。从我国目前所用的组合风阀来看,面积为 20m² 左右。其特点有:

(1)由若干单元阀组合。

(2)承受静压 1 400Pa 时开启自如。

(3)组合阀只设一个执行机构来执行命令。

(4)全程时间不大于 60s。

(5)耐温 150℃,连续工作 1h。

(6)全开启的流通面积不小于外轮廓尺寸面积的 85%。

(7)符合立式安装及卧式安装的要求。

(8)可手动、远动调节,带运行状况的反馈信号。

3.消声器

地铁与轻轨隧道通风系统的风机为大风量、中低风压的轴流式风机,其噪声以中、低频为主,频谱范围宽,峰值出现多为低频,因此隧道通风所用的消声器多为厚片组成的片式消声器。

片式消声器应具有防火、防潮、耐腐蚀、无异味、经久耐用,便于安装、清洗、维护,不老化等特点,片间的风速在 12m/s 时对低频有良好的消声效果。

一般消声器要根据风机的声学频谱特性、总声功率级及环境噪声要求专门设计。由于地铁与轻轨风道形状较复杂,消声器的外形要根据断面的形状特定加工。

三、通风建筑物

通风建筑物主要包括:地面风亭、风道、风机室、消音室等,如图 8-1 所示。

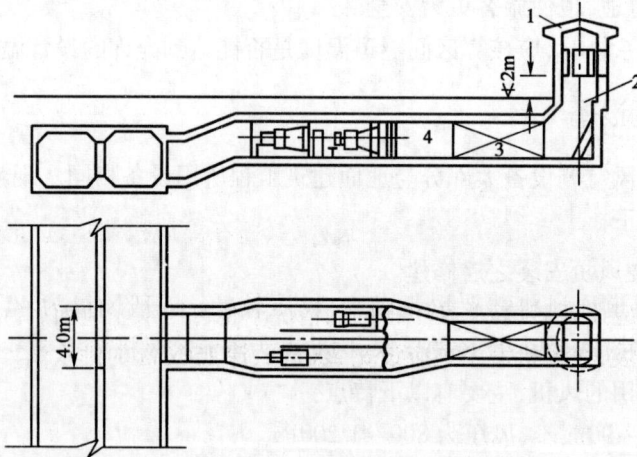

图 8-1　通风建筑物
1-地面风亭;2-金属门;3-消音室;4-风机

(一)风亭

风亭是地铁和轻轨与外界交换空气的主要渠道,进风质量的好坏又直接影响地铁与轻轨环境,因此风亭的设计就显得十分重要。

地铁与轻轨的进风亭应设于空气洁净的地方,任何建筑物距通风亭口部的直线距离应大于 5m。当进风亭与排风亭合建时,排风口要高出进风口 5m。有时由于受规划所限,风亭

146

不能建得太高,进、排风口之间的距离应大于5m。

为了避免地面纸屑、砂土进入风亭,进风亭格栅底部距地面的高度应大于2m,各风口应尽量错开方向。进风亭建于绿化地带内时,其高度可降低,但不宜低于1m。

排风口单独设置时,其格栅可设于地面绿化带内,但应高出地面30cm,并配有排水设施。风亭的外形宜作为建筑小品进行处理,应和周围环境及建筑物相协调。

(二)风道

风道为连接隧道及地面风亭的一段渠道,它在隧道边墙上形成的风洞,其上边应尽量靠近隧道顶板,其下边应尽可能接近轨顶平面,风道断面一般为4m宽,即使在最狭窄的地方也不应小于2m×3m。

风道断面为矩形或正方形,其覆盖厚度应不小于1m。选择埋深时,应考虑风道线路遇到城市地下建筑物及管网,此时如不妨碍风道运用的话,可让其穿越风道,不必拆迁。

风道具体线路应会同城建有关部门共同决定。风道应有经常的电力照明。风道靠近线路隧道的地方,应设金属栅栏,栅栏上设有1.8m×1.0m的门。风道纵向坡度不得小于0.3%。中央应设150mm×150mm的敞口排水沟,沟边至风道侧壁的横向坡度不得小于0.2%。

(三)风机室

风机室的尺寸应根据安装在其中的风机限界、风机安装及拆卸的方便条件以及通风设备运用的便利条件来决定。

风机室一般设置在靠近区间隧道或车站隧道的风道内,本身就是风道的扩大部分。浅埋地铁与轻轨中,风机室离开隧道的距离,要使风道设在离地表1m的地方,因为这样可减少土方量,比较合理。

若在风机室内安装两台风机,则最方便的方法是前后交错排列。若并排安设,则在两侧都必须设置过道。

风机室内,除风机外,还设有金属闸门,借助这些闸门可使1台或2台风机停止工作。在风机及电动机的轴线位置风机室顶板安设一根装配梁,梁长为自风机叶片开始至电动机外1.5m处。

为了将通风网的吸风部分和压风部分隔离开,在风机上方设有一道120mm厚的钢筋混凝土墙。为避免通风机开动时扩散器发生过大振动,在离风机端不远处设置第二道同样的隔墙,这两道墙均在风机安装之后修建。

风机室的地板应用瓷砖铺砌,在不得已的情况下也可用水泥地面,并应有从风机室两侧向中央倾斜的横向坡,在风机室中央应设宽200mm、深150mm的排水沟。

(四)消音室

消音室的尺寸,应按消音的需要经计算确定。当浅埋车站时,风机室两端都要设消音室,以便在地面风亭一边和在车站那一边都能消除风机开动时发出的噪声。

任务二　认识给排水系统

给排水系统的功能是满足车站及车辆段生产、生活和消防用水对水量、水质和水压的要求,保证车站和车辆段排水畅通,为轨道交通安全运营提供服务,同时对车辆段内的生活和生产污水进行收集和处理,以达到排放标准。

给排水系统由给水系统和排水系统两部分组成。其中给水系统包括生活给水系统、生产给水系统和消防给水系统,排水系统包括污水系统、废水系统和雨水系统。

一、给水系统

(一)用水量及水质

用水量:工作人员生活用水量为 30~60L/(人·班),小时变化系数为 2.5~2.0。冷水机组水系统的补充水量为冷却循环水量的 2%~3%。车站公共区域冲洗用水量为 2~4L/(m²·次),每次按冲洗 1h 计算。生产用水量按工艺要求确定。

水质:生活用水的水质,应符合现行国家标准《生活饮用水卫生标准》(GB 5749—2006)的规定;生产用水和消防用水的水质按工艺要求确定。

水压:生活用水设备和卫生器具的水压,应符合现行国家标准《建筑给水排水设计规范》(GB 50015—2003)(2009 年版)的规定。生产用水的水压按工艺要求确定。

(二)水源

地铁与轻轨给水水源,应优先选择城市自来水,除消防要求及特殊情况外,不宜选择地下水或地表水。当选择城市自来水时,其设计应符合当地自来水公司等有关部门的规定。地铁与轻轨水源的供水量必须满足地铁与轻轨各项用水量的需要。

为满足地铁与轻轨消防用水的要求,每个车站宜由城市自来水干管引入地铁与轻轨 2 根给水管,如有困难也必须引入 1 根给水管。

(三)给水系统

地铁给水系统的选择,应根据生产、生活和消防等各项用水对水质、水压和水量的要求,结合市政给水系统等因素确定,一般按下列情况选择给水系统:

(1)为保证人员饮用水的水质,地铁宜采用生活和消防分开的给水系统。生活给水管宜由市政自来水管引入。但生产用水可和消防或生活给水系统共用。

(2)当城市自来水的供水量能满足生产、生活和消防用水的要求,而供水压力不能满足消防用水压力时,应和当地消防及市政部门协商设消防泵和稳压装置,不设消防水池。

(3)当城市自来水的供水量和供水压力能满足生产和生活用水,而不能满足消防用水量要求时,则应设消防泵、稳压装置和消防水池。

(4)如设自动喷水灭火系统时,应采用独立的给水系统,不应和生产、生活及消火栓给水系统共用。

(四)主要给水设施

1.阀门及冲洗给水栓

地铁与轻轨 2 条给水干管的车站两端及区间连通管处应设阀门。每个用水点的给水支管应设阀门。消火栓给水系统每个独立的供水区段宜设手动电动阀门分隔。当车站由城市自来水引入 2 根消防给水管时,宜在区间连通管的前后设 4 个手动电动阀门;当车站由城市自来水引入 1 根消防给水管时,则在车站两端连通管处分别设 4 个手动电动阀门。

车站应设置 DN25 的冲洗给水栓,一般 50m 设一个。在生产、生活及消防共用的给水系统中,冲洗给水栓宜设在消火栓箱内。在分开的给水系统中,宜单独设置。区间隧道考虑调用冲洗车冲洗,一般不设冲洗给水栓。

2.消火栓设置

地铁与轻轨消火栓的布置,应保证 2 支水枪的充实水柱能同时到达地铁与轻轨内任何部位。如采用双口双阀消火栓,车站消火栓间距为 40~50m,区间为 50~100m。目前我国地铁与轻轨区间消火栓的间距除北京地铁为 100m 外,其他城市地铁与轻轨均为 50m 左右。当采用单口消火栓时,车站消火栓间距不宜超过 30m。

3. 水泵接合器

地铁与轻轨消防给水系统,应设水泵接合器。水泵接合器的数量应根据消防用水量确定,并应设在地面出入口或通风亭附近便于消防车通行的地下或墙壁上,距接合器 40 m 范围内必须设置室外消火栓或消防水池(也可利用城市的室外消火栓)。

如设区间通风道,水泵接合器也可设在区间通风亭附近。接合器引入管通过风道和区间消防管网相接。

4. 水表及水表井设置

车站或区间的给水引入管,必须根据当地自来水公司的要求,设置水表及水表井。

当生产及生活给水管网与消防给水管网分开设置时,则在生产及生活管网上设置水表,在消防给水管网上不设水表。但由城市自来水引入的给水总管必须保证消防用水的需要。

当生产及生活用水和消防用水给水管网共用时,则只设生产及生活用水的水表,另外在给水引入总管设水表的前边接出能满足消防流量的旁通管,平时由手动电动阀门关闭,消防时能由消防控制室控制开启。

二、排水系统

(一)排水系统分类及排水量

地铁与轻轨排水系统可分为:结构渗漏水排水系统,消防及冲洗废水排水系统,粪便及生活污水排水系统,隧道洞口及露天出入口雨水排水系统等。

计算各系统排水量时,可参考下列标准:结构渗漏水按隧道结构每昼夜不大于 $0.5L/m^2$ 计算;消防废水按消防用水量计算,冲洗废水按 $2~4L/m^2$ 计算;粪便污水量按我国现行《建筑给水排水设计规范》(GB 50015—2003)的规定计算;隧道洞口及露天出入口的雨水量按当地 30 年一遇的暴雨强度计算;车站每次冲洗时间宜按 1h 计算,区间隧道冲洗时间按冲洗车喷头的喷水量、隧道断面及长度计算。

(二)各类排水系统的排水方式

1. 结构渗漏水

结构渗漏水主要通过设在车站及区间隧道的线路排水沟,自流集中到线路某区段坡度最低点处的排水泵站集水池,然后提升排至地面城市雨水或雨污合流排水系统。消防及冲洗废水也通过线路排水沟集中到邻近的区间或车站排水泵站排除。线路排水沟的流水坡度一般不小于 0.3%。

2. 粪便及生活污水

其主要指车站及折返线厕所的粪便及卫生器具的生活污水。将这些污水通过下水管道集中到厕所附近的污水泵房的污水池,利用排水泵提升排至地面的化粪池,然后再自流到城市污水排水系统。

3. 隧道洞口及露天出入口的雨水

应在洞口部就近设置排雨水泵站,将雨水汇流至泵站集水池,然后提升排至地面城市雨水排水系统。该泵站所处位置如能利用地形高差使雨水按重力流排放,则不必设排雨水泵站。

(三)排水泵站(房)

1.排水泵站(房)的种类及主要技术规定

(1)主排水泵站,主要排除结构渗漏水及消防冲洗废水,应设在某区段线路坡度最低点,每个泵站担负的隧道长度单线不宜超过3km,双线不宜超过1.5km。在我国地铁与轻轨中,主排水泵站有的设在车站端部,有的设在两站之间的区间隧道变坡点的凹处。设在区间时,有的和区间风道合建,有的和防灾联络通道合建,也有单建的。泵站的集水池容积按结构渗水量和消防废水量之和30min的水量确定,但不得小于30m³。泵站室内地坪宜高出轨面0.25~0.30m。太高则造成人员出入及设备安装不便。

(2)辅助排水泵站。当主排水泵站所担负的区间隧道长度超过规定,结构渗水和消防废水量较大,或者车站结构需要设倒滤层排水时,宜设辅助排水泵站。泵站设置地点根据具体情况确定。

(3)污水泵房,设在厕所附近,主要排除粪便及生活污水,泵房污水池容积按不大于6h污水量确定,并应满足污水泵排水能力的需要。污水池底面应设不小于1%的坡度,坡向吸水坑。为便于清理维修污水池,顶板上进入孔的位置应设在水泵吸水坑的上方。

(4)局部排水泵房,宜设在出入口自动扶梯机坑、折返线车辆检修坑端部、车站盾构端头井、碎石道床区段等不能自流排水的低洼地点,集水池的容积宜按10~30min的结构渗水量与平时冲洗废水量之和确定。如消防废水大于冲洗废水量时,则应按消防废水量计算。

(5)临时排水泵房,设在分期修建的隧道先建段的最低点,泵房集水池的有效容积按10~30min的结构渗水量与消防废水量之和来确定。

(6)隧道洞口排雨水泵站。如果列车出入线隧道洞口的地形不能按重力流方式排水时,则必须在洞口适当地点设排雨水泵站。泵站水泵的排水能力,应按汇水面积及当地30年一遇的暴雨强度计算。泵站的设计必须保证行车的安全。除执行《地铁设计规范》(GB 50157—2003)的规定外,还应执行我国现行《室外排水设计规范》(GB 50014—2006)的规定。

(7)露天出入口排水泵房。当露天出入口的雨水不能按重力流方式排除时,宜在出入口适当地点设排雨水泵房,排水泵房的集水池容积和排水泵能力,根据汇水面积按当地设计降雨重现期30年计算。

2.排水泵站(房)的排水泵台数及排水泵能力

各种排水泵站(房),均按2台泵设置,平时1台工作,1台备用。其排水泵能力,宜按最大小时排水量确定。当排除消防废水和结构渗水时,应考虑2台泵同时工作,这时排水泵总的排水能力按消防废水量和结构渗水量的最大小时排水量确定。位于河湖等水域下的主排水泵站,应增设1台同等能力的排水泵。

厕所粪便污水泵的排水能力,因污水量很小,故排水能力宜按所选排水泵的排水能力考虑。

隧道洞口的排雨水泵站,宜按3台泵设置,平时1台或2台泵工作,雨水达到设计雨水量时,3台泵同时工作。

为了行车的安全,保证排水的可靠性,主排水泵站、辅助排水泵站及排雨水泵站宜按一级负荷供电。

各种排水泵站(房)的排水泵,应设计为自灌式,宜选用立式或潜污排水泵。

任务三　了解防灾系统

地铁与轻轨可能发生的灾害有火灾、水灾、地震、风灾、雷击、停电、设备损坏、行车事故及人为事故等,但发生次数最多、影响最大、造成人员伤亡和经济损失最严重的是火灾事故。所以地铁与轻轨的防灾设计,应把防火灾措施放在首要地位。

防灾设计应贯彻"预防为主,防消结合"的消防工作方针。

首先,在建筑设计及各种机电设备设计中所选用的材料和设备必须是非燃型或阻燃材料,要求做到安全可靠。同时,防灾设施采用先进的自动报警系统和自动灭火系统,一旦发生火灾或其他事故,应能尽早发现,迅速排除,使灾害事故可能造成的人员伤亡及经济损失减小到最低限度。

地铁与轻轨属于一级防火的建筑物,在地铁与轻轨内设置了防灾报警监控管理系统,即由防灾报警指挥中心和车站综合控制室两部分组成。车站综合控制室可监控整个车站灾情,记录并显示受灾部位,显示防灾设施设备运行状况,并随时向防灾报警指挥中心传送灾情信息,接受报警指挥中心的指令,及时指挥救灾工作。

在车站,应设置防火分区、防火墙、甲级防火门及防火卷帘门,同时在结构和建筑装修裸露部分都要采用非燃材料,各种管道保温也要采用非燃材料制作,各种电缆、电线要采用阻燃型或耐火型材料。变电所采用干式变压器、真空开关、电缆桥架外涂防火材料等防火措施。

地铁与轻轨内的防火设备主要有消防系统和防灾通信系统。

一、消防系统

地铁和轻轨中涉及消防方面的系统有很多,如防灾报警系统(Fire Alarm System,FAS)、水消防系统、自动气体灭火系统、机电设备监控系统、防排烟风机等。本节主要介绍水消防系统、火灾自动报警系统和自动气体灭火系统。

(一)水消防系统

该系统主要由消火栓灭火系统和自动喷淋灭火系统组成。

(1)消火栓灭火系统,主要设在车站的管理用房、站厅层、站台层、出入口、车站和区间风道内,在区间隧道内每100m设一个消火栓。当发生火灾时,打破消火栓的玻璃,信号传送到车站综合控制室,由报警控制器主机确认后自动和远动控制消防泵启动灭火。

(2)自动喷淋灭火系统,主要设置在车站的票务房间、易燃的库房、备品库及商业区部分。当喷淋灭火分区发生火灾时,由于现场温度升高而使闭式喷头上低熔点合金熔化或玻璃球爆裂,喷头即行喷水灭火。这时管网中水压力骤然下降,压力开关把信号送给综合控制室,经确认后自动或远动控制喷淋泵的启动(消防泵和喷淋泵合用),不流指示器触点闭合,车站综合控制室立即显示着火部位,并设音响报警。

(二)火灾自动报警系统

火灾自动报警系统分布在站厅、站台、一般设备用房等位置,能监督车站消防设备的运行状态、接收车站火灾探测器、手动报警按钮等现场设备的报警信号并显示报警位置,优先接收控制中心发出的消防救灾指令,并能在火灾发生时,发出模式指令使机电设备监控系统运行转入火灾模式,实现消防联动,同时可通过事故广播系统的闭路电视系统组织疏散乘客,对气体灭火系统保护区域进行火灾监视,达到及早发现火灾,通报并发送火灾联动指令的作用。

在不能采用水和泡沫灭火的部位则采用"1301"灭火剂。在地铁内主要用于车辆变电所、机械室、信号继电器室、计算机房及总机房等设备房间。

火灾自动报警系统主要由探测器和控制器及信号线组成。

(三)自动气体灭火系统

自动气体灭火系统布置在重要的设备房,如高低压室、通信设备室、环控电控室、信号设备室等,能实现火灾信号采集、系统信息处理、声光报警控制、信息报告、相关环控设备联动控制和气体释放全过程自动控制。其控制方式一般有自动控制、电气式的手动控制和机械操作控制三种。目前应用的全自动灭火系统绝大部分是气体灭火系统,而常用的气体灭火系统则以卤代烷(如1301、FM200、烟烙尽等)和二氧化碳灭火系统为主。

全自动气体灭火系统可以分为两大部分,即药剂储存和喷放设备、报警和控制设备,主要包括存储气体的钢瓶、驱动钢瓶内气体释放的阀门、输送气体的管网、整个系统的中央控制单元(通称控制盘)、火灾探测器、声光报警设备及一些辅助使用的开关等。

为了保证在发生火灾情况下,乘客能安全迅速疏散,在车站出入口、楼梯口、通道拐弯处、区间隧道内及联络通道内等适当位置都设置了明显的疏散诱导标志灯或安全信号标志。

二、防灾通信系统

地铁的防灾通信系统,由防灾调度电话系统、防灾广播系统和闭路电视监视等系统组成。

(一)防灾调度电话

在指挥中心设 FSDI 调度总机 1 台,在各车站的综合控制室及车辆段防灾控制室设 1 台程控调度电话分机。考虑防灾调度电话的重要性,在指挥中心同时设置 YD-Ⅲ-4 型调度电话总机 1 台,在各车站综合控制室及车辆段防灾控制室设 DFY-1 型音频选号调度电话分机1 台。在火灾报警系统内设有独立的消防对讲专用电话(主要设置在手动报警按钮旁、消防泵房、变电所、通风空调机房、机械室、信号继电器室等重要设备用房内),在消火栓旁设对讲电话插孔。这样能及时通知车站综合控制室值班人员尽快采取措施及时灭火。

(二)防灾广播系统

地铁与轻轨防灾广播和行车、客运广播共用一套广播系统,是由防灾报警监控管理中心和车站两级组成。防灾报警监控中心设广播控制台,车站广播控制台设在车站的主值班室,各车站综合控制设防灾广播控制盒。当发生火灾时,综合控制室值班人员可通过防灾广播控制盒来操纵车站广播、控制台,对车站管辖范围内的任一广播区域或根据灾情进行分区广播,也可以对所有广播区域进行广播。

(三)闭路电视监视系统

地铁与轻轨内闭路电视监视系统是为防灾报警监控管理中心和车站综合控制室值班人员提供图像信息的监视系统,系统由图像摄取、图像显示、录制、车站控制、监控管理中心控制、视频信号传输等部分组成。其图像摄取范围为:在站台两侧不同行车方向各设 2 个摄像机,站台层楼梯出入口设 1~3 个摄像机,在站厅层的两端售检票厅处各设 1 个摄像机。通过闭路电视监视系统,车站综合控制室值班人员可观察站台层、站厅层内乘客候车、乘降开车及车站出入口和自动扶梯乘客疏散的情况,特别是在灾情情况下,为指挥乘客安全疏散提供图像信息。

三、防洪、防地震、防雷击及防风灾

（1）跨越河流的高架结构应按当地 100 年洪水频率标准进行设计。位于江河岸边附近的出入口的台阶高度应高出 100 年一遇的洪水位，或设计临时防洪挡板。地铁与轻轨出入口台阶及通风亭门洞下沿应高出室外地面 150～450mm。必要时应设防洪挡板。位于江河等水域下的区间隧道两端应设手动、电动防淹门，其排水泵站应增加排水泵台数。地铁与轻轨列车出入线洞口及露天出入口的排雨水泵的排水能力，按当地 30 年洪水频率标准进行设计。其隧道洞口宜设防洪门。

（2）地下、地面、高架车站及区间结构的设计，应符合我国现行有关抗震设计规范的规定。

（3）列车及地面和高架线路结构应采取防雷击及防风的措施。

实践活动

1. 自主查询世界各国城市轨道交通发生的安全事故，并分析其原因，制订相应的预防措施。

2. 自主查询我国城市轨道交通发生的安全事故，并分析其原因，制订相应的预防措施。

3. 谈谈你对城市轨道交通安全性的认识。

【具体要求】

1. 以小组为单位进行查询活动，各组人员为 6 人以下，并推选小组长一人，负责组织活动的开展并督促完成。

2. 要求制作成 PPT，并在课堂上进行讲解。

思考与练习

1. 通风和空调设备的任务有哪些？

2. 地铁与轻轨的通风空调系统有哪几种形式？

3. 何谓活塞效应通风？

4. 地铁与轻轨的通风建筑物主要包括哪些？

5. 地铁与轻轨的主要给水设施有哪些？

6. 地铁与轻轨的排水系统有哪些类型？

7. 地铁与轻轨可能发生的灾害有哪些？

8. 水消防系统由哪几部分组成？各用于什么场所？

9. 防灾通信系统由哪几部分组成？

项目九　城市轨道交通的运营管理

◆ 背景知识

城市轨道交通运营管理是一个系统工程,它必须遵循轨道交通的客观规律,在运输组织上,实行高度集中、统一指挥、按图行车;在功能实现上,车辆、车务、机电、通信信号、供电、工建等专业紧密配合,确保隧道、线路、供电、车厂、通信信号、机电各系统设备状态良好,运行正常;在行车安全控制方面,主要依靠合理行车组织和可靠的设备运行来保证行车间隔和正确的行车路径。

在运营组织上,城市轨道交通具有以下特点:

(1)相对其他公共交通方式而言是安全、高速、舒适、污染少、大运量的系统。

(2)一般只有客运业务,没有货运业务(除了少数线路承办邮件运输之外)。

(3)均采用双线运行(即上下行分线运行)。

(4)全日客流分布在时间上有较为明显的高峰(早、晚高峰)和低谷之分,个别线路可能会出现多个高峰(或称为平峰)。高峰时段客流量集中,时间性强;在空间上又有不同的区间客流密度分布,如在某个时段某个区间的客流量特别大。

(5)列车运行间隔时间短,发车密度高。

(6)全日运营时间内无法实施设备维护保养,需在运营时间外用专门的检修时间进行。

(7)运行指挥集中,设备先进,牵涉的部门较多。

任务一　掌握城市轨道交通客运组织工作

一、车站客运工作概述

车站客运工作是城市轨道交通系统非常重要的组成部分,其工作直接面对乘客。车站能否安全、便利、舒适、文明地为乘客服务,是反映轨道交通运营管理水平的重要标志。

车站人员的岗位设置通常为:站长、副站长、值班员、售票员、检票员、站台服务员、车站保安员和车站勤杂员等。其中站长负责车站的全面工作(包括行车工作和客运工作),副站长协助站长做好车站各项工作,值班员主要负责车站行车工作,其他人员的工作性质则属于车站客运工作的范畴。

车站客运工作根据乘客的性质可以分为发送作业和达到作业。为在车站乘车的乘客所提供服务的各项作业叫做发送作业,其内容主要包括引导、售票、进站检票和站台候车服务等;为在车站下车的乘客所提供的各项服务作业叫做达到作业,其内容主要有下车站台服务、出站验票、疏导出站等。

车站客运工作根据其工作性质又可分为站务工作和票务工作两大类,二者都是车站客运工作的基础,无论哪项工作做得不好,都将给乘客留下不可挽回的影响,同时站务工作和票务工作既有分工,又联系紧密。因此,车站工作人员除了要求掌握有关工作业务外,还要求具有全心全意为乘客服务的思想。

二、城市轨道交通客运组织工作的主要内容

(一)客运公司客运组织工作内容
(1)完成客流调查、预测等基础资料的准备工作;
(2)完成年度客运计划;
(3)审定、修改客运组织的有关规章制度;
(4)制订车票印制计划;
(5)制订列车开行计划,审批加开列车计划。

(二)站段客运组织工作内容
(1)贯彻执行有关规章、命令、指示;
(2)编制和下达、执行季度计划和月计划;
(3)制订车站客运管理办法,并执行该办法;
(4)组织协调各车站完成客运计划;
(5)实施客流调查工作,车站检、售票工作,卫生与服务工作。

三、站务工作

站务工作主要是直接为乘客服务,其工作内容涉及面很广,其中包括安全、卫生、问讯、引导等诸多方面。站务工作的好坏将直接影响行业形象,因此对站务工作有以下基本要求。

(一)设备完好
车站设有许许多多各种各样的设备,保持这些设备的完好状态是车站站务工作必不可少的基本内容。设备的完好,就意味着车站运输工作的安全有了基本保证,同时乘客在车站应得到的服务也有了硬件设施的保障。

(二)站容整洁
车站的窗明几净和各种设施的摆放有序,可以使乘客在车站上下车的过程中有宾至如归的快感,从而使车站的服务质量得到提升。

(三)标志明确
由于运输管理和方便乘客进出车站的需要,轨道交通的车站站内布局一般都有多种功能的分割和多个方向的进出站口。为了保障乘客安全,帮助乘客在站内能够快捷、方便地按照自己的意愿进入有关功能区域或快速进出车站,车站应在醒目的地方设置简洁的警示标识、说明标识和导向标识。这样不但方便乘客、保证乘客安全,还有利于快速疏导乘客并便于车站管理。

(四)文明礼貌
文明礼貌是车站客运工作者应具备的基本职业素养。车站客运工作人员不仅要做到接

待乘客彬彬有礼,而且在口头用语和形体语言上要规范标准、训练有素。

(五)服务热情

主动热情、耐心细致是客运工作人员应该遵守的基本道德规范,这一基本道德规范是建立在全心全意为人民服务的思想基础上。做好员工的思想工作才能全面改善车站的服务质量,要使员工们懂得"用心工作,待客真诚"的道理。

(六)联劳协作

车站的各项工作虽然有分工,但各工种之间联系很紧密。为了保证乘客在车站的乘车安全、方便、快捷、有序,车站员工应该加强联系、密切配合、协同工作。

(七)遵章守纪

严格执行规章制度、服从命令听指挥是轨道交通运输的基本要求,行业全体职工都要统一着装、佩戴标志,树立行业的良好形象。

(八)观察客流

观察客流就在于随时了解客流变化,并根据客流变化适时地调整工作方式,并能够在客流高峰来到时最大限度地为乘客提供良好的服务。同时为了使轨道运输能够适应客流的变化,车站客运工作人员也有必要密切注意客流的动态变化,随时做好客流的调查和统计工作,为编制客运计划提供可靠资料。

四、票务管理工作

城市轨道交通运营主要收入是票务收入,票务工作主要涉及售票、检票、客票及票款的管理等工作。售票和检票工作都要面对乘客,具有很强的服务性;客票及票款的管理工作则属于行业内部的财务工作内容。

(一)售票

车票是乘客和车站办理的运输合同,售票是车站向乘客办理运输合同的一个过程,乘客应购票上车。为了减少乘客在购票时的排队等候时间,车站应加强售票组织工作(如多开售票窗、派人维持售票秩序等)。

售票方式有自动售票和人工售票两种方式。自动售票是利用自动售票机通过乘客投币或刷卡向乘客售出车票,这种方式效率高,还能自动收集客流信息,向乘客自动提供有关票务信息,便于全线联网进行客票及客流信息

售票作业

的管理,这种方式在乘客素质不太高的地区易招受投币尴尬和刷卡误读的问题。人工售票是由售票人员通过售票窗口向乘客出售车票,由于我国城市轨道交通自动售票使用不久,有许多乘客还不适应,特别是上岁数的乘客,使用还有一定的困难,因而人工售票方式是目前城市轨道运输不可缺少的一种方式,这种方式要求售票人员能够熟练做到"一收、二唱、三撕、四找"。

(二)检票

检票主要是检验乘客车票的有效性,以便维持正常的运输秩序。检票分为进站检票和出站验票。在检验车票的过程中,检票人员应该礼貌待客并做到"一看、二撕、三放行",从而有序地组织乘客进出车站。检票方式也有自动检票和人工检票两种方式。目前我国不少的城市轨道交通都采用了自动检票系统。自动检票的优越性主要是准确,能力大,还能自动统计客流。

(三)客票及票款管理

客票属于有价票证,对于未出售的客票要和票款一样由专人进行专项管理。在管理过

程中要有完善的管理制度,其中包括保管余票及预留零钞的管理制度、客票及票款的交接与保管管理制度等,在大额度的客票和票款的移交过程中,还要有相应的保安措施,有关人员必须要严格按照相关制度办事,以保证客票和票款的安全。

(四)票价与票制

1. 票价

票价是指票面价格,是乘客乘车购票时应支付的钱款数。票价的制定是一个复杂的过程,要经过多方多次论证才能最终确定,一旦确定就不宜再变。如若再变也是在物价指数变化积累到一定程度,通过再次论证来确定。

由于城市轨道交通系统是带有一定公益事业性质的公共交通系统,无法单纯考虑企业盈利而将票价定得过高。同时,票价高低又直接影响客流量与系统吸引力。因此,城市轨道交通系统票价制定应考虑:

(1)城市轨道交通系统运营成本。

(2)城市交通其他交通方式的票价水平。

(3)城市经济发展水平与市民生活水平。

(4)政策因素。物价政策、交通费补贴政策等。

在考虑上述因素后,兼顾轨道交通运营企业的经济效益与城市发展的社会效益,确定较合适的票价,并随上述因素的变化而调整。

2. 票制

票制是票价制度的简称,主要有以下三种形式。

(1)分段计程票价制:按乘客乘坐列车距离远近,划分不同的票价等级。

(2)单一票价制:一条路线按统一票价核收。

(3)综合票价制:综合考虑乘客运距,乘客占用收费区(如地下站台层,一般以检票口为界,检票口内即为收费区)时间,乘坐时间段(如节假日与工作日,高峰与低谷等)等因素核算票价。

(五)车票种类

AFC系统可使用的车票类型很多,有普通纸票、硬纸票、塑胶票等,且大小规格不统一。目前世界各地较通用的可循环车票为信用卡大小(ISO标准)的塑胶车票,又称磁卡车票。磁卡车票的尺寸一般为长86mm,宽54mm,厚0.25~0.28mm。车票上的数据信息全部记录在票面磁带上。票面上设有两道磁记录条,一条为进入系统不可变的初始化固定编码,另一条为在系统中使用的可变编码。

在车票制造工艺方面,除满足制造工艺标准外,还应具备抗拉强度高、抗折强度高、表面光滑平整、抗高湿变形、无分层等机械性能。

AFC系统使用的车票种类一般可分为以下几种。

(1)按制作材料分:用于人工检售票系统的纸质车票(分软、硬两种),用于自动检售票系统的磁性车票和非接触式IC卡车票。

(2)按车票内涵分:普通票、优惠票(包括老人、学生用的优惠单程票和储值票)、贵宾票和纪念票;单程票和多程票;出站票和来回票;当日票、定期票、联运票和储值票;实验票、团体票、员工票等。

如果采用磁性车票或非接触式IC卡车票,则可包含众多的内容。

任务二　掌握城市轨道交通行车组织工作的主要内容

轨道交通运输系统都要通过列车的开行才能实现对乘客的运送。列车的开行是一个系统工程，为了保证列车安全、快速、有序地运行，客运部门在做好客运组织工作的前提下，行车部门也必须做好有关行车工作组织。

城市轨道交通运输系统的行车工作主要包括：编制列车开行计划、绘制列车运行图、接发列车、控制中心行车调度指挥、车站（车场）调车及行车能力查定等。

一、列车开行计划

列车开行计划主要是根据客流特征计算列车开行数、确定列车交路。列车开行数包括各小时列车开行数和全日列车开行数。

（一）列车开行数

列车开行数是根据客流量来确定的。首先是通过小时客流量确定各小时的列车开行数，再根据各小时的列车开行数来确定全日列车开行数。

1. 小时列车开行数

小时列车开行数根据小时内最大客流方向的最大客流区间的客流量确定。因为上下行列车是成对开行，列车开行只要能满足小时内最大客流方向的最大客流区间的客流需求，就能同时满足另一方向以及各区间的客流运输需求。

2. 全日列车开行数

全日列车开行数根据小时列车开行数或全日最大客流断面区间客流量来确定。

3. 列车满载率及列车平均满载率

列车满载率是列车载客人数与列车定员数之比的百分数。由于客流因时间段和区间断面的不同有很大的差别，因而各次列车的满载率也会有很大差异。为了满足某一时间段的客流运输需要，正确确定列车的开行数，通常需要明确列车平均满载率。列车平均满载率是指在单位时间内开行列车所完成的乘客人公里数与列车定员人公里数之比的百分数。

列车满载率是一个衡量轨道运输的运营经济指标，也是一个衡量乘客舒适度的服务指标。列车满载率越大，说明列车单列载客量越多，其相应的运营支出也就越少，因此轨道运输的运营经济指标就会越好；但是列车满载率越大，全天开行的列车数就越少，乘客的候车时间相对就越长，乘客在车站候车及在车上乘车所拥有的空间就会越小，因此乘客的舒适度服务指标就会越差。

确定列车满载率的大小不但要考虑轨道运输业的经济收入和乘客对舒适度的要求，同时还要根据线路的通过能力、车辆的内部构造（即座位的布局情况）、城轨所在的地理位置和全线的运行时间等综合因素来考虑。另外，在不同的时间断面因客流大小的不同，乘客对列车拥挤的容忍度也不同，因此不同时间断面的列车满载率也不一样。在高峰小时列车满载率有时可达120%，在低谷小时列车满载率甚至只有30%多。

（二）列车交路

列车交路是指列车在规定的运行线路上往返运行的方式，其形式主要有长交路、短交路和长短结合交路，如图9-1所示。

长交路是指列车在城轨全线往返运行的方式；短交路是指列车从始发站到某一能够折

返的中间站往返运行的方式;长短结合交路是指在全线有的列车采用长交路方式往返运行,有的列车则采用短交路方式往返运行。

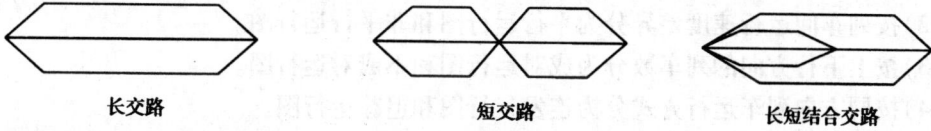

长交路　　　　　　短交路　　　　　　长短结合交路

图9-1　列车交路

通常情况下,城轨交通都采用长交路的列车运行方式;而长短结合交路的列车运行方式则是在全线某一端的半程客流较大且比较集中的情况下,同时折返中间站又具备折返设备时采用。长短结合交路的采用,可降低运输成本,提高列车车组的利用率。短交路一般不单独采用,除非在城轨线路中部的某处由于某种原因不能通车,而在不能通车地点的两边车站又具有折返条件的情况下,为了维持通车,才单独采用短交路。

二、列车运行图

(一)列车运行图概述

1.列车运行图的定义

列车运行图是用坐标原理方法表示列车运行状况的一种图解形式。

2.列车运行图的作用

(1)行车组织工作的基础:各部门、各单位的工作人员相互配合协调的主要依据。

(2)行车组织工作的日常计划:列车运行图对列车运行的各种要素作了详尽的描述,是列车运行的依据。

(3)行车组织工作的调整计划:对运行中可能发生的变化作全面可行的调整,如节假日、事故等情况下的运行图。

3.列车运行图的要素表示法(图9-2)

(1)横坐标:表示时间变量,按要求用一定的比例进行时间划分,一般城市轨道交通系统列车运行图采用1分格或2分格,每一等份表示1min或2min时间。

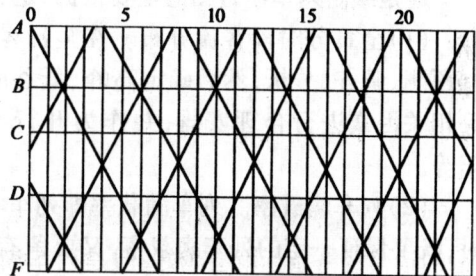

图9-2　列车运行图的要素表示法

(2)纵坐标:表示距离分割,根据区间实际里程,采用规定的比例,以车站中心线所在位置进行距离定点。

(3)垂直线:是一簇平行的等分线,表示时间等分段。

(4)水平线:是一簇平行的不等分线,表示各个车站中心线所在位置。

(5)斜线:列车运行轨迹线,一般以上斜线表示上行列车运行线,下斜线表示下行列车运行线。

在列车运行图上,列车运行线与车站线的交点即该列车到达、出发或通过的时间。由于城市轨道交通列车停站时间较短,一般不标明到、发时间。

在列车运行图上,每个列车均有不同的车号与车次。按不同的列车类别规定代号与列车号,如专运列车、施工列车等;按发车顺序编列车车次,上行采用双数,下行采用单数。列车车号表示每个列车的顺序编号。

(二)列车运行图分类

(1)按区间正线数目分为单线运行图和双线运行图。

(2)按列车间运行速度差异分为平行运行图和非平行运行图。

(3)按上下行方向的列车数分为成对运行图和不成对运行图。

(4)按同方向列车运行方式分为连发运行图和追踪运行图。

(5)按使用范围分为日常运行图、节假日运行图及其他特殊运行图(如分为冬季、夏季、施工运行图等)。

城市轨道交通系统的列车运行图因其系统特征所致,一般均为双线成对追踪平行运行图。

(三)绘制列车运行图的组成要素

1. 时间要素

(1)区间运行时分,指相邻车站之间的运行时分,需经过列车牵引计算和实际查表后确定。

(2)停站时分,指列车停站作业(包括减、加速,开、关车门等),乘客上下车所需时间总和。

(3)折返作业时分,列车到达终点站或在区间站进行折返作业的时间总和。折返作业时分包括确认信号时间、出入折返线时间、司机换岗时间等。折返作业时间与折返线形式(即折返方式)、列车长度、列车制动力、信号设备水平、驾驶员操作水平等众多因素有关。

(4)出入车辆基地作业时分。

(5)营运时间,指列车全日正常运营时间。

(6)停送电时间,指在营运开始前和营运结束后的停电、送电所需要确认的操作时间。

2. 数量要素

这是编制列车运行图的主要依据,是直接影响运行图编制的主要内容。

(1)全日分时段客流分布。在全日客流量经预测确定之后,还需按客流的时间分布进行预测、调查、分析,然后确定高峰、低谷时段客流量,从而对列车编组数或列车运行列数等相关因素进行合理安排,并作为开行不同形式列车的主要依据,如区间列车、连发列车等。

(2)列车满载率。列车满载率即列车实际载客量与列车定员数之比。编制列车运行图时,既要保证一定的列车满载率,又要留有一定余地,以应付某些不可测因素带来的客流量异动,并能保证乘客的舒适度(拥挤度)。

(3)列车最大载客量。列车最大载客量即一个编组列车按车辆定员计算允许装载的最大乘客数,分为定员载客量和超员载客量。

(4)出入库能力。由于列车出入库的次数较多,运营列车数量多,车辆基地与线路车站之间的出入库线有限,因此,每单位时段通过出入库线路的最大列车数,即出入库能力,是编制列车运行图的一个重要因素。

3. 相关因素

(1)与其他交通方式的衔接,包括大交通系统如铁路、港口、机场、公路交通枢纽等;城市交通方式如公交线路、车站布置、自行车停放、其他车辆停放等。

(2)列车检修作业。为保证列车状态完好,需均衡安排列车运行与检修时间,既使每个列车均有日常维护保养时间,又使各列车日走行公里数较为接近。

160

（3）列车试车作业。检修完的列车除了在车辆基地试验线试车之外，某些项目有可能在正线上试车，此时需在运行图编制时考虑周全。

（4）驾驶员休息时间安排。根据驾驶员的休息制度、交接班地点与方式、用餐时间等，均衡安排各个列车的运行线。

（5）车站的存车能力。线路上的车站大多数无存车线，在终点站、区间站等个别车站设有停车线，可存放一定数量的列车，在日常运行时可作为停车维护之用，在夜间可存放列车减少空驶里程，均衡早晨发车次序。

（四）城市轨道交通列车运行图的编制

1. 城市轨道交通列车运行图编制原则

（1）在保证运量需求的条件下，运营车数达到最少。

在高峰时间运量最大时段，也是线路上运营列车数最多的时候，综合考虑高峰时段列车运行速度、折返时间、列车开行方式等要素，使运营列车数达到最少，从而降低系统的车辆保有量与运营成本。

（2）在保证安全可靠的条件下，提高列车运行速度，减小列车的运行时间。

列车运行速度高是城市轨道交通系统的主要优势，在安全得到保证的前提下（如采用现代化信号控制设备，选用性能良好的优质车辆，加强运行管理手段等），通过提高列车运行旅行速度，压缩折返时间，减少出入库作业时间等方式，提高线路上列车的运送速度，从而提高系统的运行效率和系统的服务水平。

（3）尽量方便乘客。

城市轨道交通系统是城市公共客运交通的骨干，编制运行图时必须尽量顾及乘客的利益。主要考虑列车发车间隔在满足运行技术要求前提下尽量选择较小的值，从而减少乘客候车时间。在高峰、低谷的安排，区间列车开行，特殊时段列车开行（如大型文体场馆散场时密集客流疏散方案）等方面，要有周详的考虑。

2. 列车运行的牵引计算与运行时分的核定

为了确定各个区间的列车最优运行时分，必须综合车辆、线路、信号、运行组织等各个专业的技术指标与要求，进行列车运行牵引计算，即根据各个区间不同的线路平、纵断面情况，选用的车辆特性，信号与控制的限制条件，能耗指标，计算出每个区间的运行时分曲线，并结合查标与验算，最后确定可行的运行时分。牵引计算的目的，使列车在区间运行时，能耗最少，速度最佳，各种设备的效能发挥最好。牵引计算由计算机设定程序来完成。

3. 列车运行图的编制顺序

列车运行图的具体编制可分为人工铺画与计算机铺画两种。

（1）人工铺画：

确定运行图编制原则及具体要求；

按列车运行图组成要素，搜集资料并计算、查定各要素的值；

铺画列车运行方案图；

计算运行所需的运用列车数；

确定全日列车开行对数；

征求有关人员的意见；

调整并绘制正式的列车运行图；

编写列车运行图说明书。

（2）计算机铺画：

由工作人员将运行图编制要素的数据输入计算机，由计算机铺画出列车运行图，通过人—机对话进行修改。这种功能可以由工作人员预先编制软件实现。而在 ATC 系统中，已经设计有计算机编制运行图的功能。ATC 系统自动编制运行图，既可以用传统的坐标图解形式表示，也可采用时间序列形式表示。

在列车运行图编制完成后，客运部门应编制相应的列车运行时刻表，并向乘客公布；车辆部门则应编制列车驾驶员专用的运行图。

三、城市轨道交通列车运行调度工作

城市轨道交通列车运行调度工作由调度控制中心实施，实行各部门、各工种高度集中的统一指挥，保证列车运行安全、准点，及时调整与实现各种情况下的乘客运输任务，运行调度工作是城市轨道交通系统运行的核心。

（一）列车运行调度工作的基本任务

（1）组织指挥各部门、各工种严格按照列车运行图工作；

（2）监视列车到达、出发及途中运行情况，保证列车运行正常秩序；

（3）在运行秩序因故不正常时，能够采取措施，尽快恢复正常运行秩序；

（4）及时、准确处理行车异常情况，防止行车事故；

（5）随时掌握客流情况，及时调整列车运行方案；

（6）检查监督各行车部门执行运行图情况，发布调度命令；

（7）当区间与车站发生行车事故时，按运行组织工作规定的程序和内容汇报上级主管部门，并采取措施防止事故扩大，参与组织救援工作。

（二）列车运行调度工作的主要设备

随着城市轨道交通系统运行控制系统的设备逐步向自动化、远程化、计算机化的方向发展，列车运行调度设备也已从人工电话调度指挥方式，向电子调度集中和计算机调度集中控制设备发展。

1. 人工调度指挥系统

（1）调度所设备：调度电话总机，传输线。

（2）车站设备：调度电话分机，传输线。

（3）车上设备：无线调度电话。

由调度员通过调度电话与车站值班员直接对话，由值班员安排列车进路，了解列车到达、出发信息，下达列车运行调整调度命令。通过车站值班员调度电话分机呼叫列车司机室的无线调度电话，传达调度命令。调度员人工绘制实绩运行图。

2. 电子调度集中设备

（1）调度所设备：调度集中总机、运行显示屏、运行图绘制仪、传输线等。

（2）车站设备：调度集中分机、传输线等。

（3）车上设备：无线调度电话。

电子调度集中设备实现了运行调度指挥的遥信与遥控两大远程控制功能（尚缺遥测这一项自动控制基础功能）。此时，调度员将直接安排列车进路，直接指挥列车运行调整，并通过显示屏监督列车运行情况。在必要的时候，则可将列车运行进路排列工作下放至车站，由值班员执行。

3. 计算机控制的自动调度设备（CATS）

即 ATC 系统中央控制室（OCC）中的调度指挥系统。其主要功能有：

(1)具有列车运行显示及人工控制功能；

(2)能发出控制需求信息，并从线路轨道及信号设备接收信息；

(3)能由 OCC 自动或由调度员人工将调度指挥信息传送到车站设备（如停站时间、运行等级等）；

(4)实现列车的动态显示，如列车位置、到站出发时分、车次车号等；

(5)存储多套列车运行图：如正常运行图、节假日运行图、施工运行图、事故调整运行图等；

(6)按当前正在使用的列车运行图调整列车运行；

(7)监视列车运行、调整列车发车时间、控制列车停站时分、控制终点站列车进路；

(8)非正常情况报警；

(9)生成与修正运行报告、记录运行数据信息、提供实时记录的重放，包括运行图、统计指标等。

四、城市轨道交通的车站与车辆基地行车组织工作

(一)车站的行车组织工作

在 ATC 系统中，设在车站控制室（一般为中心站）的现地控制盘，可以现地控制操纵信号变换，但不允许现地控制盘与 CATS 工作站同时控制，CATS 工作站控制优先。正常情况下，由 CATS 控制即中央控制，当调度中心行车调度员允许时，可以由"中央"模式换到"现地"模式。

(二)车辆基地行车组织工作

在 ATC 系统条件下，列车出入库作业由车辆基地信号楼操纵电气集中联锁设备（如6502 型大站电气集中联锁），排好进路，列车可进入出入库线路。然后，由 ATC 车辆基地终端来完成正线运行工作。

车辆基地内部的调车作业由电气集中联锁设备保障进路安排，由车辆基地信号楼指挥调车作业。司机操纵列车完成调车作业。其主要工作如下。

1. 列车解体与编组作业

列车需要检修作业时必需的解体、编组作业。

2. 列车取送车作业

车辆基地与铁路车站通过联络线相通，城市轨道交通运营与生产所需物质可通过取送车作业送达。

3. 转线作业

车辆基地内有各种线路，列车在完成各种作业时所必需的转线作业。

任务三　认识城市轨道交通的安全管理

一、运输安全的重要性

任何交通运输方式在实现运输的过程中都存在着安全隐患，城市轨道交通运输系统也

不例外。由于城市轨道交通采用了高科技的技术装备、现代化的管理模式,其安全性远远高于其他的交通运输方式。

正因为城市轨道交通的快速性、准确性、安全性、方便性、舒适性等特性,从而其承担了大量的乘客运送任务,也使城市居民的出行对轨道运输方式产生很强的依赖性。一旦安全防范工作没有做好,导致事故发生,其后果往往是非常严重的。它不仅涉及乘客的生命财产安全、行业的经济利益,甚至还会严重影响整个城市的正常秩序。它由许多设备系统所组成,不同的设备系统完成着轨道交通不同的功能,而各个部门之间又是相互配合、紧密联系、互为整体的,犹如一架庞大、复杂的联动机,在实现运营服务过程中,如果某一环节出现问题,就可能危及整个系统的运行安全。运行安全不但关系到整个系统的正常运作,而且关系到广大乘客的生命及国家财产的安全,所以运行安全是城市轨道交通的生命线、效益线。

城市轨道交通是城市中心的交通工具,它运送乘客的数量与其他交通工具相比多得多。特别是地铁车站,它一般设在地下,是人口高度集中的场所,而紧急逃生口有限,不像在地面上。另外,地铁本身的成本相当高,所以地铁的安全性尤为突出、尤为重要。人们非常重视地铁的安全,在地铁安全方面的投入也是相当大的,在地铁安全方面的管理也更为严格。

二、运输安全的影响因素

运输安全的影响因素涉及面非常广,在运输生产工作中任何一个细小问题的出现,如果没能及时解决,都有可能导致一场严重事故的发生。从安全系统总体来看,影响运输安全的主要因素是人、设备和环境三方面。

1. 人

人系指参与运输的工作人员和乘客。

运输工作人员的职责就是坚守工作岗位,做好本职工作,维持好运输秩序,确保运输安全。然而运输工作人员能否做到这一切,则涉及工作人员本身的职业道德素质、业务素质、心理素质和生理素质四个方面。

职业道德素质主要是指工作责任心,业务素质则表现为工作能力,心理素质则体现为遇事是否冷静,生理素质则是身体条件是否适应工作岗位。运输工作人员在这四个方面的任何一个方面存在问题都会对运输安全埋下隐患。

乘客是运输系统的服务对象,然而乘客在运输过程中的一些不良行为也会对运输安全构成威胁,如乘客随身携带危险物品、乘客在乘车过程中的抢上抢下以及乘客对运输设备的过分好奇而乱动等都可能导致事故的发生。因此,在运输生产过程中加强对运送对象的组织与管理,也是保证安全的重要环节。

2. 设备

运输设备是实现运输的重要物质条件,运输设备的良好状态是保证运输安全的一个非常重要的方面。

再先进的技术设备都不可避免地会发生故障,而设备故障的发生如果没有被及时发现和排除,就有可能引起事故的发生而危及安全。因此,及时发现故障、排除故障是保证设备状态良好的关键,同时也是保证运输安全的关键。

3. 环境

环境包括工作环境和自然环境。

工作环境是针对工作人员岗位的工作舒适状态而言的,它受噪声、温度、湿度、粉尘、光线以及空间大小等物理因素的影响。工作人员在恶劣的工作环境下,容易产生生理、心理的变异,从而引起误操作,给安全运输埋下隐患。

自然环境则指外部环境,主要是指气候条件。恶劣的外部环境对列车运行安全也会产生很大影响,如雨天、雪天和雾天对能见度的影响,地震、洪水等对线路稳定性的影响等都会危及行车安全。

三、运输安全的保障措施

运输安全的保障是一个系统工程,贯穿于运输生产的全过程,涉及运输生产的每个环节和人员。为了保障轨道运输生产安全,就必须要有相应的管理措施和方法。

1.建立健全各项规章制度

健全的规章制度是行业工作正常开展的基本保障,它明确了行业人员的工作行为规范,使行业系统的各部门、各单位人人有章可循。工作人员只要严格按照有关规章制度行事,就能保证行业工作的有序开展,这就有了安全生产的基本保障。

城市轨道交通行业的基本规章主要包括《轨道系统运营技术管理规程》、《轨道系统行车组织规则》、《车站及车辆段的行车组织细则》、《轨道系统客运组织规则》、《轨道系统行车事故处理规则》以及轨道系统各专业的操作规程与安全规则、各个岗位的岗位责任制等。

2.加强管理,督促各项规章制度的落实

规章制度只是明确了行业人员的工作行为规范,然而行业工作能否正常地有序开展,则取决于各项规章制度的落实与执行。如何保证各项规章制度能够得到有效的落实和执行,则是行业工作有序开展的关键。为了保证各项规章制度的落实和执行,除了要求行业全体员工要有很好的自律性外,加强管理与监督,则是必不可少的基本手段。

3.加强员工素质培训

加强员工素质培训是树立行业形象、保证运输安全的基础工作。通过开展政治思想教育,可提升员工的思想道德素养、培养员工的责任感和自律性;通过规章制度的学习并结合实做训练与考核,可提高员工的业务能力;再对员工进行适当的心理素质训练和生理素质要求,从而保证员工在工作岗位上有良好的心理状态和身体条件。

4.采用先进的技术设备和故障检测手段

设备的可靠性与先进性是保障行车安全的前提。为了确保列车的行车安全,相关设备的先进性固然重要,而可靠的设备故障检测手段则是关键。及时发现设备故障则可有效避免相关事故的发生,因而城市轨道交通采用高科技的设备监控系统来保证行车安全势在必行。

有了先进的设备和可靠的监控系统,加强设备管理和设备维修养护工作仍然非常重要,只有保证设备的状态良好,才是保证行车安全的根本,而加强设备维修养护则是保证设备状态良好的基础。

5.建立标准化作业机制

标准化作业在行车指挥过程中,可以避免人为无意识操作而导致的行车事故。人们在日常生活中常常会有一些无意识行为,这都是正常的。然而在城市轨道交通运输的行车指挥过程中,绝不允许无意识行为存在。因为无意识行为可能引起错误的行车指挥操作而导致行车事故的发生,如错发命令、错办进路等,这些都是很不安全的。

为了确保行车指挥的正确性,除了采用先进的监控设备,还需建立标准化作业机制,以加强行车指挥的有意识行为,使行车指挥作业能够按照标准作业程序进行,避免误办、错办。

6.制订各种事故抢救预案

客观地讲,引发事故的原因有很多,虽然人们采取了很多措施和办法来尽量避免事故的发生,这也只能减少事故的发生次数,然而要完全消灭事故则不太现实。为了能够在事故发生时及时施救,将事故造成的损失控制到最低限度,城市轨道交通还应根据现实情况设计可能发生的事故,再根据这可能发生事故的性质、类型和程度制订出切实有效的抢救预案。

有了抢救预案,还应有计划地组织有关员工进行演练,帮助员工熟练掌握抢救预案,同时对员工也是很好的安全教育。

7.组建独立的事故调查机构

事故发生后的调查分析是查清事故责任的关键。为了保证事故调查的科学性和公正性,对事故责任人有一个公平、公正的处理,就需要有一个能够排除一切干扰的、独立的事故调查机构来进行事故调查分析。

由于我国城市轨道交通运输还处于起步阶段,有关事故调查分析和安全技术管理还很不完善,因而有必要借鉴国外有关轨道交通事故调查分析的经验,组建一个独立的事故调查机构,用一套科学的事故调查分析程序,以事实为依据、以科学技术为手段进行事故调查分析。

8.加强安全宣传

安全管理的一个很重要的手段就是安全宣传。城市轨道交通运输系统的各级领导都必须重视安全宣传工作,要不断地通过安全宣传将安全意识植根于全行业员工的心中,从而做到人人讲安全、时时讲安全;同时,还要不断对旅客进行安全宣传,提高旅客的安全意识。只有我们大家都重视安全,城市轨道交通运输的安全才能得到根本性的保证。

四、运行安全的规章制度

为了实现城市轨道交通的运行安全,使地铁员工都能有章可循、有法可依,各轨道交通公司均应建立健全运行安全规章制度。其主要内容包括:

(1)城市轨道交通行车组织规则。

(2)突发事件应急处理办法。

(3)各类应急预案处理办法。

(4)车厂运作手册。

(5)车站运作手册。

(6)特种设备质量安全监察规定。

(7)各专业的操作规程、手册。

(8)事故管理规则。

(9)行车设备施工管理规定。

(10)安全、消防管理办法。

拓展知识

一、运行安全的内容和分类

所谓城市轨道交通安全就是指不发生行车、客运、人身伤亡、火灾爆炸、设备设施等事故。事故是指在运营过程中,因违反规章制度、违反劳动纪律、违反作业纪律或技术纪律、技术不良、设备不良及其他原因造成的人员伤亡、设备损坏、影响正常生产作业或危及安全生产的事件,达到事故规则规定的标准。城市轨道交通事故根据事故的基本性质可分为行车事故、客运事故和自然灾害。

车辆大破范围,即破损程度达到下列条件之一时:

(1)中梁、侧梁、端梁、枕梁中任何一种弯曲或破损合计够两根(中梁每侧按一根计算)。

(2)牵引梁折断两根,或折断一根加上述各梁弯曲或破损一根(贯通式中梁牵引部分按中梁算,非贯通式及无中梁的按牵引梁计算)。

(3)车体破损,需施修车棚橼子、侧梁、侧柱、通过台顶棚中梁、车棚内角柱、端柱之任何一项。

(4)火灾或爆炸内部烧损需要修换的面积达 20m²(包括顶、端、侧、地、门板以及间隔板)。

车辆中破范围,即破损程度达到下列条件之一时:

(1)中梁、侧梁、端梁、枕梁中任何一根弯曲或破损。

(2)牵引梁折断一根(牵引梁定义与大破同)。

(3)转向架的侧架、摇枕、均衡梁或轮对破损需要更换任何一项。

(4)火灾或爆炸内部烧损需要换修的面积达 10m³(包括顶、端、侧、地、门板以及间隔板)。

(一)行车事故及分类

列车在运行过程中,由于有关作业人员的工作差错、设备故障等原因,造成人身伤亡、设备损坏、影响列车正常运行等都属于行车事故。在轨道交通运输事故中,行车事故一般所占比例较高,其结果也较为严重,因此轨道交通运输需要重点防范的就是行车事故。

行车事故根据其事故损失和对行车的影响程度可分为重大事故、大事故、险性事故和一般事故。

1.重大事故

(1)客运列车发生冲突、脱轨、火灾或爆炸,造成下列后果之一时认定为重大事故:

a.人员死亡 3 人或死亡、重伤共 5 人。

b.客车中破 1 辆。

c.正线行车中断 150min。

(2)其他列车发生冲突、脱轨、火灾或爆炸,调车作业发生冲突或脱轨,造成下列后果之一时认定为重大事故:

a.人员死亡 3 人或死亡、重伤共 5 人。

b.客车大破 1 辆或中破 2 辆。

c.内燃机车大破 1 辆或轨道车报废 1 辆。

d.车辆报废 1 辆或车辆大破 2 辆。

e.正线行车中断 150min。

2.大事故

(1)客运列车发生冲突、脱轨、火灾或爆炸,造成下列后果之一时认定为大事故:

a.人员死亡 1 人或重伤 2 人。

b. 客车小破1辆。

c. 正线行车中断90min。

(2)其他列车发生冲突、脱轨、火灾或爆炸,调车作业发生冲突或脱轨,造成下列后果之一时认定为大事故:

a. 人员死亡1人或重伤2人。

b. 客车中破1辆。

c. 内燃机车中破1辆或轨道车大破1辆。

d. 车辆大破1辆。

e. 正线行车中断90min。

在进行重大事故、大事故认定时,人员的认定是事故发生时执行职务的作业人员和持有效乘车凭证的乘客,重伤的认定根据国家有关标准、规定进行;对客车、车辆和机车破损,大破、中破和小破的认定依据是车辆主管部门的有关规定;对行车中断时间,按从事故发生时起至客运列车恢复连续通行时止进行统计。

3. 险性事故

凡事故性质严重,但未造成损害后果或后果不够大的事故列为险性事故。险性事故的认定依据是发生下列情形之一。

(1)与行车有关:与行车有关的情形包括列车冲突、脱轨或分离;在进路未准备好的情况下接、发列车;未经许可,向占有区间发出列车或向占用站线接入列车;列车冒进信号;列车开错方向或进错股道;电话闭塞法行车时,未办或错办闭塞发车。

(2)与客运有关:与客运有关的情形包括客车错开车门、运行途中开门或车未停稳开门;客车车门夹人、夹物并造成后果。

(3)其他情形包括:列车运行中,客车齿轮箱或其他重要悬挂件脱落;列车发生火警;障碍物侵入车辆限界并造成后果。

4. 一般事故

凡事故性质及损害后果不够险性事故的列为一般事故。一般事故的认定依据是发生下列情形之一。

(1)与行车有关:与行车有关的情形包括调车冲突、脱轨;挤岔;因错误开放或未及时开放信号致使列车停车;应停站列车在车站通过或应通过列车在车站停车;因车辆故障或其他原因致使行车中断30min;因行车作业人员出务延迟、影响列车正点运行;调度命令漏发、漏传或错发、错传;错误办理行车凭证发车,或因此应向列车正点发车。

(2)其他情形包括:列车运行中,车辆部件脱落或货物装载不良刮坏技术设备;安全主管部门认定为危及行车安全的情形。

(二)设备安全及设备事故

设备安全就是在生产活动过程中,保障设备的状态良好、安全运行。

设备事故是指运营总部所属设备因非正常损坏造成停机或使设备质量、技术性能降低而影响正常使用,直接经济损失超过规定限额的行为或事件。

设备事故分为一般事故、重大事故和特大事故。

一般事故为:直接经济损失在1万~20万元;重大事故为:直接经济损失在20万(不含20万元)~100万元;特大事故为:直接经济损失在100万元(不含100万元)以上。有专业规定的设备按有关规定执行。

（三）客运事故

1. 客运安全的范畴

凡在车站的收费区内（如收费区站厅、站台）以及列车车厢内发生的危及乘客人身安全的事件，均属客运事故，主要有列车车门、屏蔽门、自动扶梯、列车在进站与出站时乘客没在安全线以外等造成的客伤。为了避免客运事故的发生，加强客运组织与管理是非常必要的。

2. 易造成客伤的部位

列车的车门、站台屏蔽门、站台边缘与列车停车后的缝隙、自动扶梯、客车进出车站等是易造成客伤的部位。

（四）自然灾害

因自然因素造成的事故与灾害属不可抗拒自然灾害。如暴风、暴雨、雷击、地震等自然因素对列车运行造成的影响都属于自然灾害。随着人们对自然灾害预测能力的提高和防灾、防害意识的加强，城市轨道交通运输中自然灾害导致事故发生的可能性正在得到有效控制。

二、事故的预防与处理

1. 事故的预防

"安全第一，预防为主"是安全工作的方针。要做到安全行车就必须进行事故的预防，在不同的阶段针对不同的情况，有针对性地进行事故预防，具体体现为做好以下两个方面的工作：

（1）严格执行"两纪一化"，即作业纪律、技术纪律和作业标准化。

（2）突出重点，防患于未然。

安全管理是运营组织的重要组成部分。它是以控制危险、防止事故，最大限度减少事故损失为目标而进行的决策、组织与控制等一系列活动。安全管理涉及技术设备选型、作业人员规范、有关规章制定、应急预案编制、安全教育与检查、事故调查与处理、安全状况统计分析等各方面，有效的安全管理是运营安全有序可控、基本稳定的保证。

2. 事故的处理

以行车事故为例，行车事故的处理程序如下。

（1）事故报告在发生重大事故、大事故，或一时难以判定，但属于列车冲突或脱轨等严重事故时，应立即按规定程序报告。事故发生在区间时，由列车司机报告行车调度员；如不可能，则报告最近车站的车站值班员，由其转报行车调度员，事故发生在车站或段管线内时，由车站值班员或车辆段运转值班员报告行车调度员。

事故报告的事项包括：发生时间（月、日、时、分），发生地点（区间、公里、米、某站、上行或下行正线），列车车次、车组号，关系人员姓名、职务，事故概况及原因，人员伤亡及车辆、线路等设备损坏情况，是否妨碍邻线和是否需要救援等。

行车调度员接到事故报告后，应立即向值班调度主任、公司值班室以及有关基层段的值班室报告。值班调度主任应立即向公司经理、主管副经理和安全主管部门负责人，以及有关基层段段长和公安分局局长报告。

（2）事故应急处置。在接到行车重大事故、大事故报告后，控制中心应立即采取应急处置措施，最大限度减少人员伤亡，降低事故损失和防止事故升级，尽快开通线路和恢复按图行车。

（3）事故调查、分析与处理。事故调查是掌握事故发生经过与基本事实的过程；事故分析在事故调查的基础上进行，重点是分析事故原因和分清事故责任；事故处理，除对事故责任单位、责任人做出处理决定外，还应提出防止同类事故再次发生的技术组织措施或进一步研究建议。

另外，事故处理应坚持"四不放过"原则，即事故原因没有搞清楚不放过，事故责任人没有受到处理不放过，相关人员没有受到教育不放过，预防事故措施没有落实不放过。

三、行车安全规章制度和法规

为了实现地铁的运行安全并使各部门、各单位、人人都能有章可循、有法可依，各城市都建立健全了相应的运行、安全规章制度。以上海城市轨道交通为例，已制定了一整套规程、规则和规章，主要涉及以下内容：

（1）地铁运营技术管理规程。

（2）地铁行车组织规则。

（3）各车站"细则"和车辆段"细则"。

（4）地铁客运组织规则。

（5）地铁行车事故处理规则。

（6）各专业的操作规程、安全规则。

（7）行车事故救援方法等。

上海市人民政府还批准、核准、颁布了《上海市地铁管理方法》，上海市市政工程局也批准颁发了《上海市地铁管理方法实施细则》。另外，还制订了一系列预案，包括《地铁运营中大客流爆满突发事件处理》、《地铁外部人员伤亡现场事故处理预案》、《地铁发生火灾、爆炸、投毒等突发性事件的处置预案》、《地铁停电、水管爆裂列车脱轨等意外事故处理方案》等。

实践活动

1. 自主查询我国不同城市轨道交通系统的运营管理概况。

2. 就某城市轨道交通的列车运行图进行实物学习，掌握列车运行图的基本要素，并具有列车运行图的识别能力。

【具体要求】

1. 以小组为单位进行查询活动，各组人员为 6 人以下，并推选小组长一人，负责组织活动的开展并督促完成。

2. 要求制作成 PPT，并在课堂上进行讲解。

思考与练习

1. 城市轨道交通运行组织的特点是什么？

2. 城市轨道交通客运组织工作主要内容是什么？

3. 站务工作的主要内容有哪些？

4. 票务工作的主要内容有哪些？

5. 列车的开行计划主要内容有哪些？

6. 何谓列车运行图？它的作用是什么？

7. 列车运行图上的横坐标、纵坐标、水平线、垂直线、斜线的含义是什么？

8. 列车运行图如何分类？

9. 列车运行调度工作的主要设备有哪些？

10. 车辆基地行车组织工作主要有哪些内容？

11. 什么叫行车事故？其种类有哪些？

12. 城市轨道交通运输安全保障的基本措施是什么？

13. 简述运输安全管理的重要性。

项目十　城市轨道交通系统发展展望

背景知识

我国的城市轨道交通已经进入快速发展阶段。未来 20 年,在机动化的同时,我国百万人口以上的 30 多个大城市将可能兴起城市轨道交通建设热潮,既有铁路进入城市交通领域将成为可能。本章从我国几个特大城市轨道交通规划与建设目标出发,研究指出了我国城市轨道交通系统下一步规划与设计中需要重点考虑的几个战略问题,包括一体化战略、小汽车发展策略、投融资策略等。

任务一　认识世界城市轨道交通发展趋势

自 19 世纪 60 年代伦敦建成世界第一条地铁以来,各国在城市轨道交通的投资、建设、运营和监督管理等方面都经历了不同模式选择,走过了不同道路。各国在这些职能不断变化并逐步走向成熟和完善的过程中,体现了以下 4 个发展趋势。

1. 投资的多元化

城市轨道交通系统的投资规模越来越大,为了解决资金问题和提高轨道交通的效率,很多城市轨道交通都选择由政府和社会资本等共同投资。投资主体的多元化现已成为世界城市轨道交通的发展趋势。

通过由政府独家投资变为面向社会筹资而形成多元化的投资格局,既可解决资金问题,也可减轻政府的财政压力,政府只是投入少部分起导向作用的资金。投资主体的多元化可以发挥各个投资主体的优势,同时又可以相互监督和约束,从而使城市轨道交通更有效率。

2. 经营的市场化

很多城市轨道交通充分发挥市场作用以提高城市轨道交通的运行效率,在城市轨道交通运营上引入市场机制已成为一种发展趋势。

为避免政府垄断经营或者政府干预太多,使建设和运营成本相对较高而效率却很低,发展城市轨道交通应通过市场化的方式,引入竞争机制,打破垄断,推动经营市场化。市场化的经营方式充分考虑市场经济规律,能够根据市场信号做出较好的反应,最终可以提高城市轨道交通的运行效率。同时市场化经营放大了政府资金的乘数效应。

东京在可经营的市郊铁路上积极引入私铁概念。香港则借助了市场的力量,从资金管理、建设成本控制、运营管理等全方位提高效率,为全世界提供了商业化运作的楷模。相反,纽约城市轨道交通由于没有形成合理的竞争机制等原因,导致目前城市轨道交通的服务质量和运行效率不高。

3. 管理的法制化

很多城市对城市轨道交通实行全面法制化管理,以规范各方行为和维护各方利益,以法制化的管理来保障城市轨道交通持续、稳定和高效地运行。城市轨道交通的全面法制化管理也是世界城市轨道交通发展的重要趋势。

德国的城市轨道交通建设和运营已经有百年历史,和德国的其他行业一样,德国的城市轨道交通领域也由法律、技术法规和技术标准构成了完善的技术控制体制。对城市轨道交通来说,其建设和运营必须经过国家授权机构批准,接受国家监督机构的监督,建设与运营单位必须遵循有关的技术标准及企业内部规章。德国的《乘客运输法》和《城市轨道交通建设与运营规则》适用于城市轨道交通领域。

4. 服务与管理的信息化

城市轨道交通计算机控制与安全系统大大提高了城市轨道交通车辆的运行自动化程度。无人驾驶技术更是受到了世界广泛的关注,如伦敦的道克兰轻铁系统(DIR)。城市轨道交通系统配备实时到达信息系统,向乘客及时提供列车到发信息;有轨电车系统则通过GPS定位技术优化运营;开发非接触式售票系统,实现一体化联合售票,使现代公共交通体系更具吸引力。

任务二　了解我国城市轨道交通建设的目标

现代社会的特点是高度流动化,因而需要高质量、安全、舒适、准点和快速的交通工具来为城市提供交通服务。传统的公共汽、电车方式不能完全适应现代城市发展的需要,换言之,单一的公共交通模式不能承担大、中、低客运量并存的运输需求,必须利用不同能力的交通工具来完成不同需求规模的运输任务。因此,大城市公共交通的发展应是以大、中运能的快速城市轨道交通为骨干客运手段,配合低运能的公共汽、电车方式,最终形成结构合理、运能与需求匹配的公共交通网络体系。

到2004年,我国百万人口以上的大城市已达37个,这些大城市原则上都可以建立以城市轨道交通为骨干的公共交通网络。由于不同城市所处的地理位置、自然条件和经济发达程度都不尽相同,是否都需要制定大、中、低运量方式齐全的公共交通网络规划,要从实际出发去分析研究。根据国外城市公共交通发展的经验和我国城市的具体情况,可以将城市交通方式分为大、中、低客运量三类。

大运量快速城市轨道交通,一般指地下铁道,一般适用单向高峰小时客运量为3万人以上的线路,平均运营速度可达30~45km/h。

中动量快速城市轨道交通,一般指轻轨交通。其形式较多,除钢轮钢轨系列外,还包括跨座式单轨交通、新交通系统空中客车以及线性电机车等。单向高峰小时客运量为1万~3万人次,平均运营速度为20~35km/h。

低运量客运交通,指传统的公共汽车和无轨电车等。单向高峰小时客运量为0.4万~1万人次,平均运营速度为10~25km/h。

影响城市交通的因素是多方面的,但就公共交通而言,主要矛盾是如何发展大、中运量的快速城市轨道交通系统,以便充分发挥各种城市交通自身功能的有效作用。城市轨道交通系统建设费用昂贵。资料表明,我国20世纪90年代初上马的部分地铁建设项目造价很高,如广州地铁1号线平均造价6.89亿元/km、2号线4.75亿元/km,北京地铁5号线概算4.43亿元/km,南京地铁南北线期工程3.91亿元/km,上海地铁2号线为6.54亿元/km,深圳地铁一期工程5.44亿元/km。轻轨交通造价相对要便宜些,约为地铁造价的1/5~1/2。因此,城市轨道交通形式选择对城市投资有较大影响。

城市轨道交通建设的目标包括:

(1)便于城市居民出行,达到安全、舒适、快速和准时的目的。

(2)缓解城市道路交通混乱局面,建立互不干扰的独立运行系统,产生足够的吸引力,使大量居民放弃自行车而充分利用轨道客运系统,从而改善道路机非混行的条件。

(3)提供与其他公共客运方式甚至与自备小汽车匹配的运营服务质量。

(4)促进土地有效利用及沿线土地开发,尽量减少轨道系统的占地面积,减小受地理条件制约的影响。

(5)节省能源,降低公害。地铁和轻轨交通的动力主要是电能,比用其他能源做动力要节省很多,没有废气排放问题,因此,大大降低了对周围环境的污染。

(6)充分采用新技术、新工艺和新材料。现代化城市轨道交通系统是高新技术集中应用的典范,通过这些高新技术的引进和消化,可以推动我国产业生产体系的革新进步。

(7)经济实用。我国城市人口众多,但经济实力还不强。每修建一条城市轨道交通线路都应本着经济而实用的精神办事,不能追求高标准、豪华而脱离我国的国情。

(8)建立相对统一的城市轨道交通建设标准和技术标准。

不少城市制订了城市公共交通发展的目标,提出提高公交系统份额的建设计划。一般来说,城市越大,越利于公共交通的发展。市区人口在300万人以上的特大城市的公共交通系统的市场份额达到全方式(含步行)的35%以上、100万~300万人口的城市达到20%以上应当是我国城市交通系统2010年前发展的重要目标。

任务三　掌握我国城市轨道交通发展的趋势

我国城市交通的总体发展趋势是:城市交通需求仍保持较高的增长速度,城市交通基础设施发展迅速,城市交通功能进一步完善。具体可以从以下几方面来分析。

1.城市居民出行持续增长

由于城市化进程的加快和农村劳动生产率的明显提高,农业所占的劳动力减少,大批劳动力离开农村进入城市,使得城市居民出行总量大幅增加。同时,随着人民生活水平的提高,人们的消费和出行观念也在发生改变,在生产性出行增加的同时,与外界的交流日益增加,也会导致城市居民出行的持续增长。

2.个人机动车保有量将保持较高的增长速度

"轿车进入家庭"被确定为国家扶持汽车工业发展的重要战略。随着我国经济的发展、人民生活水平的提高,汽车走入城市家庭已成为必然发展趋势。多数城市小汽车保有量增加迅速,年均增长率达15%以上。2011年年末,中国民用汽车保有量达到10 578万辆,比上年末增长16.4%,其中私人汽车保有量7 872万辆,增长20.4%。

3.城市综合交通供给能力的扩张将是城市交通发展的重点

为满足日益增长的交通需求,城市交通供给能力的扩张将是未来城市交通的发展重点。

"十一五"期间,城市交通基础设施建设已得到进一步加强,各城市将重点构筑城市综合交通网络及公共交通体系。

4.科技进步和交通结构的调整将进一步加强

20世纪末出现的知识经济、信息化、网络经济对全球经济产生了巨大的影响,技术进步在城市交通发展中将发挥关键作用,采用先进技术成为城市交通实现现代化的重要标志。"十二五"期间,ITS、GIS、GSP、EDI等技术将在城市交通中得到更广泛的应用;同时交通结构将日趋合理,交通结构调整将使得资源的利用率提高,公共交通的作用更加突出。

5.城市交通需求管理政策将逐步得到重视

由于城市资源的限制,需求的过度增长将影响城市经济发展和居民生活质量的提高。因此,对于交通需求的消费进行适当引导将成为部分特大城市交通管理部门解决交通拥挤和污染等问题的重要举措。

"十二五"规划纲要提出,"适应城市群发展需要,以轨道交通和高速公路为骨干……推进城市群内多层次城际快速交通网络建设","科学制定城市轨道交通技术路线,规范建设标准,有序推进轻轨、地铁、有轨电车等城市轨道交通网络建设。"规划纲要还明确了"十二五"交通建设重点:在城市轨道交通上,"建设北京、上海、广州、深圳等城市轨道交通网络化系统,建成天津、重庆、沈阳、长春、武汉、西安、杭州、福州、南昌、昆明等城市轨道交通主骨架,规划建设合肥、贵阳、石家庄、太原、济南、乌鲁木齐等城市轨道交通骨干线路。"

具体包括:

(1)开展国家"公交都市"建设示范工程,加快建立以公共交通为导向的城市发展模式,不断完善城市公共交通在规划、资金、土地、路权、财税、技术等方面的支持政策。

2013年年底前,将确保全部启动30个城市的示范工程试点工作,到"十二五"末,初步建成1~2个具有国际水准的国家"公交都市"和若干个国内领先的国家"公交都市"。到"十二五"期末,有轨道交通的城市公共交通出行分担率达到45%以上,没有轨道交通的,城市公共交通出行分担率达到40%以上,公共交通平均能耗强度下降10%以上,初步形成公交快线、干线、支线分工明确、衔接顺畅、运营高效的公交运营网络。

据悉,城市交通拥堵已成为我国大中城市普遍面临的一个突出问题和社会各界广泛关注的热点。国家"公交都市"建设的核心,就是通过实施科学的规划调控、线网优化、设施建设、信息服务等措施不断提高公共交通系统的吸引力。优先选择人口较为密集,公共交通需求量大,公共交通发展水平较高,轨道交通或快速公交系统发展较快,政府对城市公共交通发展有明确的扶持政策的大中城市作为试点城市。试点城市的公共财政必须对公共交通发展有明确、稳定的资金投入渠道和保障制度,资金保障能做到基本到位。如对试点城市综合客运枢纽等重大交通基础设施建设、智能交通运输系统建设、城市公共交通节能减排等,各级地方财政要按照规定程序报批后给予必要的资金支持和政策扶持。

(2)城市轨道交通将成为继京津城际铁路、武广高铁、京沪高铁等之后的新一轮铁路投资热门领域。

对于城市轨道交通来说,未来5年是很好的发展机遇,该领域的投资会进入频繁期。统计显示,截至2010年年底,我国已有36个城市向国家主管部门上报了城市轨道交通建设规划,其中28座城市的轨道交通近期建设规划获批,共规划线路90多条,总里程约2 700km,总投资超过10 720亿元。

"十二五"期间,我国城市轨道交通将要建成投运2 500km左右,年均500km左右。中国轨道交通运输协会城市轨道交通专业委员会主任高毓才透露,预计到 2020 年,中国内地将有约 40 个城市发展轨道交通,总规划里程 7 000 多公里。相关的产业各方将因此而受益,如机车设备制造企业、相关配套设备生产企业、钢材企业、智能交通系统解决方案企业、交通监控视频生产企业等。

(3)城市轨道交通作为城市公共交通系统的一个重要组成部分,其建设仍处于初级发展阶段,但势头渐旺。

城市轨道交通目前主要有地铁、轻轨、市郊铁路、有轨电车等类型,号称"城市交通的主动脉"。目前,不仅北京、上海、广州等中心城市,而且其他一些大城市也陆续呈现严峻的拥堵状态。发达国家大城市解决拥堵的经验告诉我们,出路就在于加快建设轨道交通网。当前包括成都、昆明、南昌等所谓"二线城市"正抓紧地铁项目规划或建设的举措。

我国的城市轨道交通建设热潮始于 20 世纪 90 年代末期,截至目前,已有 36 个城市制订了城市轨道交通规划,其中 29 个城市已获得国务院的审批。

(4)我国城市化进程加快,城市规模扩大,建设发达的市郊轨道交通是解决居民出行时间过长的最佳途径。

目前,我国人口超过 100 万的大城市已达 43 个,预计到 2015 年,100 万人口以上城市将达到 125 个,而其中 200 万人口以上的特大城市将达到 50 个左右。这说明,我国城市化进程加快,城市正处于从中心区向外蔓延扩展、卫星城及新城逐步建立的发展阶段。在城市规模扩大的同时,居民居住地与工作岗位之间的平均距离逐渐加大,由此造成市郊干线道路交通拥挤,居民出行时间在 1 h 以上。这种现象发达国家的一些大城市也已经历过,那些城市通过建设发达的市郊轨道交通较好地解决了这一问题。这对我国市郊交通发展具有可借鉴性。

(5)汽车社会的发展不仅需要市区的地铁交通系统,也需要城市郊区、周边副中心轨道交通系统的支撑。

纽约、柏林、巴黎、伦敦和东京等大城市,都已发展形成完善的市郊轨道交通线网,并能很好地与城市公共交通衔接,真正实现郊区、卫星城及新城同中心城之间快速、便捷和大运量的交通功能。同时,国外市郊轨道交通的发展也带动了卫星城、新城及周围城镇的发展。比如,巴黎地区快速铁路网的建设极大地推进了城市格局的变化,为新城的发展提供了强有力的交通支持;东京都市圈内错综复杂而又繁忙的市郊铁路系统,也推动了如多摩、千叶、筑波等新城的发展,承担着每日大部分通勤乘客的交通需求。

与国外大城市相比,我国大城市普遍缺乏市郊轨道交通这个层次。事实也证明,大城市的周边新城和卫星城发展起来,仅依靠公共汽车和小汽车是很难满足交通需求的。市郊轨道交通是大城市交通中不可或缺的一个层次,在带动新城、卫星城以及中心城区的发展上起着十分重要的引导作用。因此,加快轨道交通建设,必须重视市郊轨道交通的发展,未雨绸缪、提早做好规划与建设计划。应在新城或卫星城镇尚未完全发展起来时进行土地控制,避免以后的拆迁和征地问题;市郊轨道交通车站应根据沿线客流需求布设,不能拘泥于某种标准站距设置,要充分考虑与郊区公共汽车、小汽车等交通方式的衔接,以扩大市郊轨道交通的客流吸引范围,增加可达性。

值得一提的是,位于北京南部的大兴区新城已经实现了与地铁线路同步规划,将新城规划与地铁建设统一起来。而像这样位于北京周边的新城区并不在少数,这些新城正在逐步分散着中心城区的职能,缓解日益严峻的交通拥堵、环境污染等问题。

据不完全统计,目前全国公共交通在城市出行中的比例仅为20%,与发达国家城市70%~80%的比例相去甚远。数据显示,截至2010年年底,北京市民公共交通出行比例已达40.1%,而5年前这一比例只有29.8%,预计到2015年,这一比例将达到50%。

(6)轨道交通并不可能代替所有城市公共交通系统,轨道交通发展要与城市发展保持一致,避免盲目扩大规模,形成巨大浪费的问题。

作为准公共产品,城市轨道交通投资大、回收期长、公益性强,项目本身经济效益不高,主要依靠政府投资。有业内专家强调,城市轨道交通具有大运量、长运距的优势,但同时也具有高投资、高成本的特点,所以各大城市在建设规划中要注意轨道交通并不可能代替所有城市公共交通系统,也要注意轨道交通发展要与城市发展保持一致,尤其要与客流需求成正比,要避免盲目扩大规模,造成线网过密,与实际客流需求不成正比,形成巨大浪费的问题。

任务四　了解加快我国城市轨道交通系统建设的途径

快速城市轨道交通系统所采用的技术都很复杂,耗资也很巨大。要想更有效地发展快速城市轨道交通,需要解决以下问题。

1.筹集建设资金

由于城市轨道交通项目属于公益性城市基础设施工程,其建设资金按一般原则讲,应由中央投资、地方自筹、社会集资(国内外贷款或融资)三部分组成。我国经济实力有限,要重点依靠中央投资很难实现,近期筹建城市轨道交通的城市,资金来源主要是靠借贷外资和地方自筹解决。一般情况下,国外资金的利用带有诸多附加条款,这些条款主要以推销其机电产品为目标,对我国城市轨道交通的标准制式、技术水平和产品价格都有很大制约和影响,对我国城市采用相对统一的标准制式带来很大干扰,实际工作中应慎重考虑。

2.选择合理的技术路线和方案

建成一条耗资巨大的地铁或轻轨交通工程,必然要做出许多复杂而有深远影响的决策。首先要根据客流预测数据,确定采用何种客运交通系统模式,是地铁还是轻轨交通,并选定线路走向和车站数量,明确工程总规模;其次,要确定工程和设备的技术标准,既要考虑与国内现行标准制式相一致,也要考虑与国际上先进技术标准相呼应,从而确定技术成熟而实用的机电设备和车辆。

3.保障良好的项目过程管理

现代化的快速城市轨道交通系统建设的成败、周期的长短、质量的好坏,其关键之一是要拥有一个高效率的项目过程管理。由项目总管理者对工程在预算范围内按期完工承担法律责任,然后分项逐层次进行分工管理,并配备计算机,进行辅助项目管理,确保对整个项目的最佳控制,还可作为在项目执行过程中,制订工作计划和检查工作质量的手段。科学的管理方法,将是项目建设走向成功的保障。

4.完善城市轨道交通系统建设标准

由于过去拥有地铁的城市较少,没有形成具有一定规模的行业市场,因此还未能建立相应的政策、规章和标准。为规范城市轨道交通建设和管理,促进全国城市轨道交通建设健康发展,目前需要完善城市轨道交通系统建设的标准。

目前我国地铁建设已形成两种标准制式:一是以北京地铁为基础的标准模式;另一种是以上海地铁为基础的标准模式。目前,需要避免出现更多的完全依赖国外支持的模式,形成事实上的"万国牌"布局,这将会使我国的基础工业无所适从。因此,应尽早确定选用城市轨道交通标准与模式的相关政策法令,制定切实可行的城市轨道交通技术标准及各项配套技术工业的标准化、国产化生产体系。

5.土地开发利用政策

众所周知,快速城市轨道交通的修建,需要庞大的资金与长期的准备时间。与其他大型建设项目相比,其经济收益能力很低,国家如果没有适当的扶持政策,要实现这种公益性强的基础设施项目是非常困难的。

经验表明,建设城市轨道交通系统的有效措施之一是充分利用沿线土地开发利用手段,确定科学而合理的土地配额标准,使由土地产生的经济效益转化为政府投资指标,利于城市轨道交通系统的建设。

总体来看,城市轨道交通在我国还是一项新兴事业。要形成比较理想的、具有高服务水平的城市公共交通网络体系,每个城市都必须根据自身的特点和地理环境,做好近远期的客运量预测工作,并结合城市道路等级的布局,规划出适当而完善的、以城市轨道交通系统为骨架的现代化公共交通网络。

实践活动

1. 选取你最了解的城市,分析其过去 10 年来城市交通发展的历史,指出其存在问题和下一步应采取的措施。

2. 随着机场运输量的增长,机场的集疏运问题日益突出,谈谈你对解决机场与城市之间的交通联系的观点。

【具体要求】

1. 以小组为单位进行查询活动,各组人员为 6 人以下,并推选小组长一人,负责组织活动的开展并督促完成。

2. 要求制作成 PPT,并在课堂上进行讲解。

思考与练习

1. 选取某个有城市轨道交通的城市,查阅资料,从旅客角度出发,分析其城市轨道交通系统建设中存在的问题,论述城市轨道交通系统在该城市中的功能及前景。

2. 根据我国城市组织机构的特点,分析论述城市轨道交通系统投资、建设、运营和监督管理四方面职能之间的关系。

3. 查阅资料,分析城市交通系统一体化设计的主要内容。

4. 选择一个大型枢纽为案例,剖析该枢纽多方式换乘设计的思想。

5. 结合实际例子,论述 2010 年前后我国大城市综合交通体系的合理结构问题。

6. 试述改善我国城市轨道交通系统运营效果的策略。

参 考 文 献

[1] 毛保华.城市轨道交通规划与设计[M].北京:人民交通出版社,2008.

[2] 张庆贺,宋合华.地铁与轻轨[M].北京:人民交通出版社,2006.

[3] 林祝顺,阎国强.城市轨道交通系统[M].上海:上海科学技术出版社,2008.

[4] 孙章,等.城市轨道交通概论[M].北京:中国铁道出版社,2000.

[5] 孙有望,等.城市轨道交通概论[M].北京:中国铁道出版社,2000.

[6] 毛保华,姜帆,等.城市轨道交通[M].北京:科学出版社,2004.

[7] 张国宝.城市轨道交通运营组织[M].上海:上海科学技术出版社,2006.

[8] 李建国.城市轨道交通系统概论[M].北京:机械工业出版社,2009.

[9] 王珏.城市轨道交通系统概论[M].北京:中国铁道出版社,2008.

参考文献